UTB 3-8252-2351-5

Eine Arbeitsgemeinschaft der Verlage

Beltz Verlag Weinheim und Basel
Böhlau Verlag Köln · Weimar · Wien
Wilhelm Fink Verlag München
A. Francke Verlag Tübingen und Basel
Paul Haupt Verlag Bern · Stuttgart · Wien
Verlag Leske + Budrich Opladen
Lucius & Lucius Verlagsgesellschaft Stuttgart
Mohr Siebeck Tübingen
C. F. Müller Heidelberg
Ernst Reinhardt Verlag München und Basel
Ferdinand Schöningh Verlag Paderborn · München · Wien · Zürich
Eugen Ulmer Verlag Stuttgart
Vandenhoeck & Ruprecht Göttingen
WUV Facultas · Wien

Johann August Schülein, Simon Reitze

Wissenschaftstheorie für Einsteiger

WUV

Johann August Schülein (1947) ist Professor für Soziologie an der Wirtschaftsuniversität Wien.
Simon Reitze (1970) lehrt Wissenschaftstheorie an der Wirtschaftsuniversität Wien.

Die Deutsche Bibliothek - CIP-Einheitsaufnahme
Ein Titeldatensatz für diese Publikation ist bei der Deutschen Bibliothek erhältlich

© 2002 Facultas Verlags- und Buchhandels AG, Berggasse 5, A-1090 Wien
WUV Universitätsverlag
Alle Rechte, insbesondere das Recht der Vervielfältigung und der Verbreitung
sowie das Recht der Übersetzung, vorbehalten.
Satz: GRAF+ZYX
Einbandgestaltung: Atelier Reichert, Stuttgart
Druck: Facultas Verlags- und Buchhandels AG

Printed in Austria
ISBN 3-85076-8252-2351-5

UTB-Bestellnummer: ISBN 3-8252-2351-2

„Folge deinem Hange zur Wissenschaft, aber deine Wissenschaft sei menschlich."

(David Hume)

Vorwort

Man weiß, wie ein Frosch quakt, wieso die Sonne scheint, was auf der Rückseite des Mondes los ist. Man schaltet den Computer an, fliegt nach Honolulu, lässt sich ein künstliches Gelenk einsetzen. Keine Frage: die moderne Wissenschaft hat unser Wissen und Können enorm ausgeweitet. Dies ist ihr gelungen, weil sie mit ausgearbeiteten Methoden und Theorien die Welt erschlossen hat. – Man darf aber nicht vergessen, dass sie sich auch schon enorm geirrt hat und dass es viele Dinge gibt, die nicht gut verstanden, geschweige denn beherrscht werden – und dass Vieles, was Wissenschaft hervorgebracht hat, sich als zwiespältig erwiesen hat.

Erkenntnis ist ein schwieriges, folgenreiches und in gewisser Weise riskantes Unterfangen. Um Glanz und Grenzen der Wissenschaft besser zu verstehen, ist es sinnvoll, sich ein Bild von ihrer Funktionsweise zu machen. Dazu gehört auch ein genaues Verständnis, wie Wissenschaft zu ihrem Wissen kommt. Dies verweist einerseits auf die allgemeinere Frage, wie Erkenntnis überhaupt funktioniert, andererseits auf die Frage der besonderen Bedingungen von Wissenschaft. – Beide Fragen sind Gegenstand unzähliger Überlegungen und Untersuchungen. Seit versucht wird, objektive Erkenntnis über diese Welt zu gewinnen, wird auch versucht, zu begründen, wie dies möglich ist und wie dies zu geschehen hat ... Antworten auf diese Fragen lassen sich am sinnvollsten geben, indem man in der Geschichte ein ordentliches Stück zurückgeht und beim zentralen Thema einsteigt: Erkenntnis. Die Fähigkeit dazu ist eine jener Leistungen, mit der sich der Mensch gegenüber anderen Lebewesen abzuheben begann. Ihre Resultate sind Mythos, Religion, Philosophie und schließlich Wissenschaft – jeweils mit nicht zu unterschätzenden Kommentaren, die das, was als Erkenntnis ausgegeben wird, als solche legitimieren.

In diesem Buch werden die wichtigsten Konzepte, die dabei entwickelt wurden und die wichtigsten Dimensionen des Themas, die sich daraus ergeben haben, in ihrer Entwicklung dargestellt. Da es sich um eine Einführung handelt, werden nur die Hauptlinien der verschlungenen Pfade von Erkenntnis- und Wissenschaftstheorie dargestellt – die noch viel verschlungeneren Einzelheiten der Diskussionen werden ausgeklammert. Wir haben versucht, das Thema einerseits durch einige biografische Notizen zu wichtigen Theoretikern, andererseits durch die Erläuterung zentraler Begriffe und grafische Darstellungen von theoretischen Modellen zu illustrieren. Das Glossar am Ende des Buches gibt die wichtigsten Begriffe, die unterwegs besprochen werden, noch einmal in konzentrierter Form wieder.

Wir hoffen, dass es uns gelungen ist, das schwierige Thema weder zu sehr zu vereinfachen noch zu kompliziert darzustellen. Wer es genauer wissen will, findet im Literaturverzeichnis Texte zur Vertiefung und Verbreiterung. Über Kommentare, Anregungen und Kritik würden wir uns freuen (johann.schuelein@wu-wien.ac.at).

Johann August Schülein
Simon Reitze

Wien, August 2002

Inhaltsverzeichnis

1 Wieso Erkenntnis- und Wissenschafts-theorie?

Die Antwort ist eigentlich einfach (und daher kompliziert): Wenn eine Erklärung den Anspruch stellt, mehr zu sein als eine bloße Meinung (die man hat, aber nicht weiter begründet, weil sie nicht mehr ist als eine persönliche Präferenz), dann muss sie diesen Anspruch rechtfertigen und ihm gerecht werden. Sie muss also sagen können, warum sie wie argumentiert. Gleichzeitig will eine theoretische Erklärung ihren Gegenstand vollständig erfassen, kann also keine Lücken, keine Unstimmigkeiten enthalten. Theorien stehen daher unter einem „selbsterzeugten" doppelten Druck – unter Leistungsdruck, weil sie ihren Gegenstand vollständig erklären wollen/müssen und unter Legitimationsdruck, weil sie darüber Auskunft geben müssen, was sie warum tun.

Der Leistungsdruck hat zur Folge, dass Theorien ihr Erklärungsarsenal maximal ausrüsten und der Legitimationsdruck dazu, dass die Fähigkeit zur Begründung so gut wie möglich entwickelt wird. Dies kann wiederum nur in Form von Theorie geschehen, da eine bloße Meinung nicht genügt. Theorie verlangt also nach einer meta-theoretischen Absicherung; einer Theorie, die die Theorie ihrerseits theoretisch begründet. Dies leisten Erkenntnis- und Wissenschaftstheorie. Erkenntnis- und Wissenschaftstheorie sind also der zwangsläufige Effekt theoretischer Ansprüche. Wo versucht wird, Erkenntnisse in Theorien zu formulieren, wirkt dieser Anspruch zurück auf die Theorie selbst. Wenn also erst einmal dieser Anspruch formuliert ist, gibt es sozusagen keinen Rückzug auf vortheoretische Begründungsformen. Wenn theoretisch argumentiert wird, dann muss dies durchgängig geschehen.

Leben – Handeln – Wissen

Aber woher kommt überhaupt die Notwendigkeit, Erkenntnisse theoretisch zu formulieren? Um den Hintergrund zu verstehen, ist es sinnvoll, einen Blick darauf zu werfen, warum überhaupt Erkenntnis nötig ist und welche Folgen mit dieser Notwendigkeit verbunden sind.

„Erkenntnis" kommt von „kennen". Das Lexikon definiert Erkenntnis als „begründetes Wissen" (die Fachliteratur hat es bei weitem nicht so leicht – warum, wird noch näher diskutiert). Dem kann man entnehmen, dass es sowohl Nicht-Wissen als auch unterschiedliche Formen von Wissen geben kann. Auch das wird noch genauer behandelt. Zunächst stellt sich aber die Frage, wozu Wissen überhaupt benötigt wird. Die Antwort kann mit einem Blick auf Steuerungsprobleme beginnen. Wo etwas passiert, gibt es dafür Gründe und wenn diese Gründe nicht zufälliger Natur sind, dann steht dahinter eine systematische Logik. Auch Zufälle haben Gründe und sind daher logisch rekonstruierbare, aber nicht kalkulierbare Ereignisse. Anders ist dies bei geordneten Abläufen. Sie sind Teil eines Gesamtprogramms, der eine erfassbare logische Ordnung zu Grunde liegt. Sie steuert den Ablauf realer Ereignisse.

Unbelebte Realität
Überall da, wo es sich um unbelebte Realität handelt, vollzieht sich diese Steuerung auf der Basis von vorgegebenen, feststehenden Kalkülen, die unter bestimmten Umständen wirksam werden. Wasser verdunstet, wenn eine bestimmte Temperatur erreicht ist (und zwar immer und überall). Die dazu be-

nötigte Energie ist ebenfalls immer und überall gleich. Man kann sich also darauf verlassen, dass unter bestimmten Rahmenbedingungen dieser Vorgang zuverlässig so und nicht anders abläuft. Die Ereignisse sind also fest verbunden, so fest, dass es keine Alternativen gibt. Es gibt also keine Steuerungsprobleme, weil solche Ereignisse immer schon vorprogrammiert sind und das Programm im Ablauf der Ereignisse festgelegt ist. Etwas allgemeiner ausgedrückt: Geschlossene und fixierte Systeme sind nicht steuerungsbedürftig (weil es *keine* Entscheidungen zu treffen gibt) und steuerungsresistent (aus dem gleichen Grund).

Mit dem Auftreten von Alternativen und Entwicklungsspielräumen ändert sich die Situation. Sobald Ereignisse so, aber auch anders stattfinden können, ergibt sich das Problem der Entscheidung, welche der Möglichkeiten realisiert wird und welche nicht. Es fallen also Entscheidungen und wo Entscheidungen fallen, muss es Ursachen und Verfahren geben. Die Ursachen von Entscheidungen (ob es regnet oder schneit) sind mit den Entscheidungen selbst nicht identisch; ebenso sind die Wege, auf denen Entscheidungen gebahnt und umgesetzt werden, von ihnen verschieden (ein Gesetz ist etwas anderes als die Straftat, die es behandelt). Hier trennt sich also das Thema der Steuerung von den Ereignissen selbst und wird zu einem eigenständigen, auf besondere Weise regulierten Geschehen. Solange es sich um Vorgänge handelt, die nach Art eines „Kräfteparallelogramms" reguliert sind, besteht Steuerung aus einem generellen Kalkül, welches in der jeweiligen Konstellation Anwendung findet. Ob es also regnet oder nicht, hängt davon ab, wie genau das Zusammenspiel von Temperatur, Luftfeuchtigkeit, Luftdruck, Wind etc. aussieht. Insofern kann man davon sprechen, dass hier die Steuerung des Geschehens zwar eine unabhängig von allen Einzelheiten funktionierende Logik – eine eigene Art der Realität – darstellt, dass sie in ihren Spielräumen begrenzt ist. Das Kalkül enthält keine Möglichkeit für Willkür und Abweichung: Es regnet keine Goldstücke, sondern Wasser und die Wolken haben nicht die

Wahl, ob sie es regnen lassen oder nicht. Es handelt sich also um eine feststehende Gleichung mit feststehenden Faktoren.

Handlungsfähige Akteure

Eine völlig neue Situation entsteht, wenn *handlungsfähige Akteure* am Geschehen beteiligt sind. Denn die Existenz handlungsfähiger Akteure führt zu einer doppelten Ausweitung der Steuerungsproblematik, die die Möglichkeit und Notwendigkeit von Wissen erläutert. Lebewesen stehen, anders als unbelebte Natur, vor einem prinzipiell neuen Problem und einer prinzipiell neuen Möglichkeit: Sie müssen dafür sorgen, dass sie am Leben bleiben und sie können zu dem Zweck gezielt handeln, also aktive Eigenleistungen dafür entwerfen und durchführen. Das setzt voraus, dass es einen Möglichkeitshorizont gibt, aus dem heraus sie selbst Handlungen entwickeln. Diese Aktivität kann nur funktionieren, wenn die Lebewesen mit der Fähigkeit ausgestattet sind, diese generative Leistung auch zu steuern. Dazu muss es einerseits Zielvorstellungen – also Normen – geben, ohne die keine sinnvolle Auswahl bzw. Erzeugung von Handlungen möglich ist, andererseits Entscheidungskriterien, also Gründe, warum diese und nicht eine andere Handlung vollzogen wird. Da nun diese Generierung von Handlungen nicht beliebig erfolgen kann, sondern im Zusammenhang mit dem (Über-)Lebensbedarf steht, müssen sie zumindest im Großen und Ganzen auf die Welt abgestimmt sein, in der die Lebewesen existieren.

Die mit Handlungsfähigkeit verbundene Ausweitung von Möglichkeiten muss also – damit sie nicht zu Unangemessenheit und Beliebigkeit führt – kombiniert werden mit Eigenleistungen, die ihrerseits nicht in der Luft hängen, sondern wirklichkeitsbezogen sind. Handlungsfähige Akteure können also ihre Steuerungsprobleme nur lösen, wenn sie über hinreichende Entscheidungsfähigkeit und über hinreichendes *Wissen* über ihre Welt verfügen. Ohne interne Vorstellungen über Sein und Sollen kann Leben nicht funktionieren. Lebewesen müssen sich selbst steuern können und brauchen dafür kognitive Leistungen. – Bekanntlich hat die Evolution diese Entwicklung von kognitiven Leistungen in Stufen vollzogen. In der ersten Stufe entwickelte sich ein Modell der Abstimmung von Akteuren und Umwelt durch die Ausrüstung der Lebewesen mit fertigen Entscheidungs- und Verhaltensmustern. *Einfache Lebewesen* sind ausgestattet mit *feststehenden Aktionsprogrammen*, die nicht erst gelernt werden müssen, sondern durch körperliche Reifung entstehen und die durch angeborene Auslösemechanismen in Gang gesetzt werden. Es handelt sich also um genetisch codierte Formen der Steuerung. Ihr Vorteil: Die einzelnen Lebewesen müssen nicht einzeln instruiert werden und sie brauchen keinen aufwendigen Apparat der reflexiven Wirklichkeitsverarbeitung. Statt dessen „genügt" es, sie mit entsprechend hoch gerüsteten Instinkten und Methoden der sensorischen Informationsverarbeitung auszustatten. Diese körperliche Ausstattung wird über das Zusammenspiel von Mutation und Selektion – die Erzeugung von Variationen, von denen die am besten passenden überleben – optimiert. „Gelernt" wird also nicht von den einzelnen Individuen, sondern auf der Ebene des Genoms der Population – die einzelnen Individuen der Population werden mit den Ergebnissen dieses Lernprozesses qua Vererbung ausgerüstet. Auf diese Weise „erspart" sich die Natur hier die aufwendige und kostenintensive Ausstattung der einzelnen Individuen mit kognitivem Reflexionsvermögen und erreicht zudem präzise Steuerung des Verhaltens.

Als die Natur jedoch anfing, Lebewesen hervorzubringen, die nicht mehr durch die optimale Anpassung an ein spezifisches ökologisches Milieu überleben, sondern dadurch, dass sie sich auf unterschiedliche Lebensbedingungen bzw. auf Unterschiede innerhalb ihrer Lebensbedingungen *aktiv einstellen* können, musste sie eine radikale Wende in der Art der Steuerung vornehmen. Da die Strategie der genetischen Hochspezialisierung immer eine Festlegung auf spezifische Bedingungen bedeutet, kann sie für diese Lebewesen nicht oder nur begrenzt verwendet werden. Die neue Strategie, derer sich die

Natur bediente, bestand darin, nunmehr die Handlungsfähigkeit der Individuen zu stärken. Diese Strategie setzte
allerdings entsprechende Bedingungen voraus. Vor allem
mussten die Individuen selbst mit den erforderlichen Fähigkeiten zur Reflexion ausgestattet werden. An die Stelle eines
genetisch verankerten, fest codierten Systems von trans-
individuellen Entscheidungskalkülen trat daher die *Fähigkeit
zur individuellen, autonomen Auseinandersetzung mit der Welt*. Dies
hatte direkt wie indirekt revolutionäre Konsequenzen.

Den Lebewesen öffnete sich ein neuer Zugang zur Welt; es
entstand aber auch eine völlig neue Welt. Individuelles Handeln ist jedoch eine Kompetenz, die *entwickelt* werden muss.
Daher mussten Bedingungen entstehen, welches ihre Entstehung und Einübung erlauben. Dazu „erfand" die Natur die El-
tern-Kind-Beziehung neu – als eigendynamisches soziales Milieu, in dem angeboten, gelernt und ausprobiert werden kann.
Individuelles Handeln ist zudem eine Kompetenz, die besser
oder schlechter, konventionell oder innovativ genutzt werden
kann. Damit ändert sich auch die Interaktion zwischen Individuen. An die Stelle von fest liegenden Choreografien, bei dem
das, was die Beteiligten tun, vorprogrammiert ist und nur ab-
gerufen wird, tritt ein offener Prozess, bei dem sich Akteure
wechselseitig beeinflussen und gemeinsam Muster entwickeln. Diese Muster können sich verselbständigen, in dem sie
zum Orientierungspunkt oder zur Vorgabe für weitere Interaktionen werden. Dies öffnet den Möglichkeitshorizont von
Interaktion und ermöglicht unerwartbare, unvorhersehbare
Formen des Zusammenspiels. Damit verselbständigt sich das
soziale Milieu und wird zu einer *eigenen Form von Realität*, die
ebenfalls dazu beiträgt, dass die ursprünglichen Formen des
Handelns überlagert bzw. abgelöst werden von komplexen, offenen, aber auch potentiell konfliktträchtigen Formen.

Kognition
Die evolutive Wende bedingt also eine Umstellung der Steuerung durch fixierte Verhaltensprogramme auf *Steuerung durch*

aktive individuelle und soziale Leistungen. Psyche und Sozialstruktur ersetzen genetische Codierung; *individuelle und soziale Kognition* wird zu einer Schlüsselfunktion der Entwicklung. – Die ersten Schritte in diese Richtung waren noch eher bescheiden und bestanden aus Hybridstrukturen, Mischformen, bei denen (anfangs minimale) Entscheidungsspielräume in fest verbundene instinktive Abläufe eingebunden wurden; dadurch waren auch das Lernpotential und damit die kognitiven Möglichkeiten entsprechend begrenzt (bzw. sind, wo dieses Hybridprogramm von der Natur noch genutzt wird – was bei allen Tieren mehr oder weniger der Fall ist). Im Laufe der Evolution zeigte sich jedoch, dass dieses neue Modell der Steuerung durch individuelle und soziale Leistung ein Erfolgsmodell war, welches sich im weiteren Verlauf der Evolution immer weiter entwickelte: Die Entscheidungsspielräume (und damit die Individualität der Lebewesen) nahmen ebenso zu wie die Eigenständigkeit der Sozialstruktur. Daraus entwickelte sich ein selbsteskalativer Prozess, was eine enorme Beschleunigung der Evolution zur Folge hatte.

Besonders beschleunigte sich dies bei den Säugetieren. Sie hatten die besten körperlichen Voraussetzungen. Der vorläufige Endpunkt dieser Entwicklung ist der homo sapiens sapiens. Er (bzw. wir) hat (haben) kaum mehr Instinkte, die direkt mit der Umwelt gekoppelt sind. Sie sind weitgehend ersetzt durch die Fähigkeit *zur kognitiven Verarbeitung der Welt* und durch *emotionalen Wirklichkeitskontakt*, wobei beide – Kognition wie Emotion – genetisch vorprogrammiert, aber entwicklungsfähig und -bedürftig sind. Dies verbindet die individuelle Entwicklung mit den jeweiligen sozialen Verhältnissen: Menschen nehmen sozusagen schon mit der Muttermilch die jeweiligen gesellschaftlichen und kulturellen Bedingungen auf. Daher ist es möglich, dass mit dem gleichen Genom Christen, Juden, Moslems, Steinzeitmenschen und Bewohner von Industrielandschaften entstehen. Gleichzeitig hat sich die soziale Wirklichkeit des homo sapiens sapiens so weit ausdifferenziert, dass sie kein enges, limitiertes Feld mehr ist (wie dies bei allen Säugetieren bis hin zu den Primaten der Fall ist), sondern ein ausgedehnter, offener Kontext, der das Leben der Menschen fasst, formt, bestimmt. Dies hängt nicht zuletzt mit der spezifisch humanen Kommunikationsform – der *Sprache* – zusammen.

Sprache

Nichtsprachliche Kommunikation (z. B. über chemische Informationsträger) ist semantisch eindeutig und besitzt eine enge, fixierte „Grammatik". Dadurch hat sie große Vorteile – Exaktheit, unmittelbare Verständigung, enge Bindung an Handlungsrelevanz –, sie hat aber auch große Nachteile: Mangelnde Flexibilität, keine aktive Benutzbarkeit, begrenzte Thematisierbarkeit von Wirklichkeit. Genau diese Begrenzungen überwindet Sprache. Sie besteht nicht aus materiell gebundenen Elementen (wie beispielsweise die Kommunikation mittels chemischer Geruchsstoffe), sondern aus Lauten, die konventionell definiert werden können (so dass beliebig viele Gegenstände, Tätigkeiten usw. benannt werden können). Gleichzeitig hat Sprache eine offene Grammatik, die es ermöglicht, beliebig viele und verschiedene Sätze zu erzeugen – man kann über alles Mögliche und Unmögliche sprechen. Damit weitet sich nicht nur der Thematisierungshorizont erheblich aus. Sprache bietet zudem die Möglichkeit, alle Sprecher an Entwicklungen zu beteiligen und zugleich diese Entwicklungen zu archivieren.

Dieses spezifische Leistungsprofil führt zu einer erheblichen *Dynamisierung der Entwicklung von Identität und Sozialstruktur.* Auf der einen Seite können Individuen von Anfang an teilhaben am Kenntnisstand der jeweiligen Gesellschaft, der sprachlich vermittelt wird – sie müssen also nicht von Neuem beginnen und alle Erfahrungen selbst sammeln und verarbeiten. Auf der anderen Seite können Gesellschaften die Leistungen von einzelnen Individuen und ganzen Generationen festhalten und tradieren. Im Medium der Sprache lässt sich dabei alles konservieren, auch wenn es situativ nicht bzw. noch nicht „nützlich" ist – und auch, wenn es „störend" ist. Gleichzeitig erweitert sich dadurch das gesellschaftliche Steuerungs- und Differenzierungspotential erheblich aus: Gesellschaften können sehr viel mehr und sehr viel mehr verschiedene Situationen erzeugen, kontrollieren und vernetzen. Kurz: Sowohl das individuelle als auch das soziale Potenzial an kognitiven Möglichkeiten weitet sich aus, beides verstärkt sich gegenseitig und führt zu einer systematischen Ausweitung, aber auch Temposteigerung der Entwicklung von individueller Identität und Sozialstruktur.

Diese Entwicklung setzt voraus und verursacht ein höheres Differenzierungsniveau individueller Handlungen und der sozialen Struktur. Beides – individuelle wie soziale Kompetenz – kann sich in dem nun erforderlichen Ausmaß nicht mehr nur aus sich selbst heraus entwickeln, sondern braucht Vernetzung und Absicherung. Dazu bedarf es eines leistungsfähigen Kommunikationssystems. Dies ist die Sprache. Sie bewahrt und übermittelt kognitive Leistungen – Formen und Themen des Denkens –, sie trägt und formuliert auch Emotionen, die spezifisch humane „Nachfolgeorganisation" von Instinkten. Emotionen sind gewissermaßen eine basale Hintergrundssteuerung von Handeln. Sie sind das Gegenstück zur Kognition, also der in Richtung auf Realitätskontakt entwickelten Psyche, weil sie den Kontakt zur eigenen Befindlichkeit und zu den wichtigen, dominanten Themen des psychischen Geschehens halten und deren Dynamik und Bedarf zum Ausdruck bringen. Insofern sind Kognitionen und Emotionen zwei Seiten eines psychischen Prozesses. Sprachgebrauch hängt von diesem psychischen Prozess ab. Sprache kann dabei (auch bzw. sogar ausschließlich) für kognitive wie emotionale Zwecke, genutzt werden. Man kann also zwischen „Denk-" und „Gefühlsgehalt" von Gedanken, Äußerungen und Handlungen unterscheiden. Was daraus vor allem folgt, ist, dass Sprache objektiv sein kann (also über die Welt wie sie ist berichten), aber nicht unbedingt an Objektivität bzw. Wahrheit gebunden ist – sie kann auch Erleben und Empfindungen und die damit verbun-

dene subjektive Weltsicht ausdrücken. Sprache drückt opportunistisch aus, was sich psychisch abspielt – bewusst und un-
bewusst. Es gibt zwar Sprachformen, die mit „Wahrheitsanspruch" verbunden sind, aber die Form allein kann nicht garantieren, dass die Dinge auch wirklich so sind wie dargestellt.
Kognitionen sind aus dem gleichen Grund nicht selbstverständlich autonom, sondern (mehr oder weniger) abhängig
von inneren, aber auch äußeren Bedingungen.

Typen von Wissen und seiner Verwendung

Insofern erweisen sich die Möglichkeiten, mit denen uns die
Natur ausgerüstet hat, als zwiespältige Gaben. Wir sind frei
von festen Bindungen an ökologische Nischen und Verhaltensprogramme, aber wir sind dafür ohne feste Orientierung, instabil und irritierbar. Dafür gibt es sie, die Möglichkeit und Notwendigkeit, die Welt wahrzunehmen und zu
interpretieren. Allerdings funktioniert sie nicht immer auf die
gleiche Weise. Das hängt mit einer speziellen Problemlage zusammen: Aufmerksamkeit ist immer knapp und die Welt ist
unendlich kompliziert. Wir können also Welt nie vollständig
erfassen und haben situativ nie genügend Wahrnehmungs-
und Interpretationsmöglichkeiten, um alles, was der Fall ist,
zu erfassen.

Alltagsbewusstsein/Reflexion
In einem zu diesem Thema entwickelten theoretischen Modell
werden zwei Funktionsformen von Bewusstsein unterschieden. Im ersten Modus – genannt *„Alltagsbewusstsein"* – ist unsere Weltsicht bestimmt durch die Aufgabe der Aufrechterhaltung von Handlungsfähigkeit und wird dabei gesteuert
durch die Prinzipien der Egozentrik und der Verwendung von
Routinen. *Egozentrik* heißt in diesem Zusammenhang, dass unser Bewusstsein selbstverständlich von unserer momentanen
Befindlichkeit ausgeht und auf den Status Quo der eigenen

Identität ausgerichtet ist. Wir sehen die Welt perspektivisch, so, wie sie sich für uns darstellt. Das Problem der Knappheit von Aufmerksamkeit wird dabei auf bestimmte Weise gelöst: Durch die Beschränkung auf Themen, die uns hier und jetzt beschäftigen und die Beschränkung auf Sichtweisen, die uns unsere Situation nahe legt, engt sich die Welt ein auf einige wenige Aspekte, die mit einfachen Mitteln bearbeitet werden.

Dazu kommt ein zweiter Entlastungsmechanismus: Das Alltagsbewusstsein entwickelt und arbeitet mit *Routinen*. Routinen sind Interpretationsschemen, die situative Bedingungen mit Intentionen und Handlungsmustern verknüpfen. Routinen sind eine Art von selbst entwickelten, künstlichen Instinkten. Sie basieren auf Erfahrung und Bewährung und erlauben halbautomatisches Handeln. Solange sie funktionieren, kann daher mit geringem Aufmerksamkeitseinsatz gehandelt werden: Man braucht sich dem Handeln nicht bewusst und mit voller Konzentration zuzuwenden, sondern kann sich gleichzeitig mit anderen Themen beschäftigen, also Auto fahren und gleichzeitig über Probleme nachdenken. Routinen sind bewährte Muster, die Aufwandsersparnis und damit die Möglichkeit, sich auf Problematisches zu konzentrieren. Im Unterschied zu Instinkten kann jedoch das Alltagsbewusstsein von Modus des Routinehandelns umstellen auf *Reflexion*, wenn Schwierigkeiten bzw. interessante Themen auftreten. In dem Moment, wo das Auto nicht mehr fährt, wendet sich die volle Aufmerksamkeit dieser Tätigkeit zu; die anderen Probleme, die man gerade bedacht hat, verschwinden aus dem Bewusstsein. Jetzt wird das, was vorher selbstverständlich und nebenher getan wurde, zum Gegenstand intentionaler Auseinandersetzungen: Man denkt an mögliche Ursachen und mögliche Lösungen. Im ganz anderem Sinn gilt dies auch für Zu-Neigung: Man wendet die volle Aufmerksamkeit dieser Tätigkeiten auf sein Interesse.

Was daran bedeutsam ist: Das Alltagsbewusstsein ist ein *Doppelprozessor*. Es kann sowohl mit Vereinfachungen (Egozentrik, Routinen) als auch mit Differenzierungen (Reflexion) in der Auseinandersetzung mit der Welt operieren. Es kann also unterschiedliche Typen von Wissen erzeugen und benutzen, was das Spektrum an Handlungsmöglichkeiten erheblich ausweitet. Reflexion – intentionale Zuwendung mit dem Ziel objektiver Erkenntnis – ist also eine Möglichkeit, die Begrenzungen des normalen Funktionierens von Alltagsbewusstsein aufzuheben. Diese Aufhebung hat jedoch ihre Grenzen, solange Handlungszwang besteht. Daher kann im Rahmen des laufenden Prozesses selbst nur begrenzt auf den Modus der Reflexion umgeschaltet werden, weil der weiterlaufende Handlungszwang die verfügbaren Möglichkeiten verknappt. Eine Möglichkeit, diese Beschränkungen aufzuheben, besteht in der Entwicklung von Sondersituationen, die davon frei gesetzt sind. Wenn akut nichts zu tun und zu entscheiden ist, kann man sich die Zeit nehmen, sich Themen unbeschränkt zu widmen. Die Reichweite von Reflexion wird also erheblich gesteigert, wo Entlastung von Handlungszwang möglich ist. Auf diese Weise können Individuen ihren Wissens- und Interpretationshorizont ausweiten.

Institutionalisierung von Wissensproduktion

Es liegt auf der Hand, dass auch hier wieder das Zusammenspiel von Individualisierung und Sozialstruktur die Möglichkeiten der Produktion und Verarbeitung von Wissen verbessert: Je mehr die Sozialstruktur Freiräume für Reflexion anbieten kann, desto stärker können sich individuelle Reflexionskapazitäten entwickeln und umgekehrt. Wo also systematisch Platz geschaffen wird für Reflexion – Bereiche, in denen nichts anderes betrieben wird von Individuen, die darauf spezialisiert sind – weiten sich Themenhorizont und Thematisierungsmethoden aus. Mit anderen Worten: Durch *soziale Institutionalisierung* kann Reflexion auf ein qualitativ neues Niveau gehoben werden. Reflexion löst sich damit von den Restriktionen von Situationen und Personen und wird auf Dauer gestellt.

Diese Lösung der Reflexion von Situationen und Personen hat weitreichende Folgen. Im Rahmen des Alltagsbewusstseins bleibt Reflexion immer improvisiert, bleiben die Handlungszwänge, die Egozentrik der Perspektiven und die Notwendigkeit, mit Routinen zu arbeiten, zwangsläufig Grenzen, die nicht überschritten werden können. Dies ändert sich durch Institutionalisierung. Institutionalisierte Reflexion ist zwar nicht unbedingt frei von Begrenzungen und Verzerrungen, aber sie ist nicht mehr auf situative und individuelle Verarbeitungskapazitäten beschränkt. Sie kann daher Reflexion in eine systematische Form bringen und sich dabei auch mit der Pflege dieser Form beschäftigen. Damit entsteht Theorie als systematisierte und begründete Interpretation auf der Basis von systematisierter Wissenserzeugung.

Theorie ist, unabhängig von den jeweiligen Besonderheiten ihrer Institutionalisierung, die Form, die Reflexion dann entwickeln kann, wenn sie sich lösen kann von den Zwängen der Praxis – und gerade dadurch wird sie zu einem Motor der Professionalisierung, Differenzierung und Neuentwicklung von Praxis. Diese von Praxis gelöste Form zentriert sich auf sich selbst, entwickelt eigene Strukturen und Kriterien und entfernt sich so vom alltäglichen Denken, Reden und Tun. Theorien unterscheiden sich von den Vorstellungen des Alltagsbewusstseins daher nicht nur in ihrer Reichweite. Sie verwenden eine eigene Sprache, die sich von der natürlichen Sprache dadurch unterscheidet, dass sie keine offene Semantik und Grammatik besitzt, sondern nur bestimmte Bedeutungen und Verknüpfungen erlaubt. Ihr Gegenstand und der Umgang mit ihm ist also immer – verglichen mit umgangssprachlichen Möglichkeiten – eingeengt und reduziert, dafür präziser. Insofern sind Theorien die Idealform (institutionalisierter) Reflexion.

Institutionalisierung von Reflexion ist jedoch auch ein sozialer Prozess, der von externen Faktoren und innerer Dynamik bestimmt wird. Sie findet also nicht immer und überall auf die gleiche Weise statt, sondern hängt ab von den jeweiligen gesellschaftlichen Rahmenbedingungen, die bestimmen, in welcher Weise und unter welchen Vorzeichen Reflexion organisiert wird. Insofern spiegelt sich in der Art der Institutionalisierung von Reflexion das, was Gesellschaften denken können, wollen oder müssen – mit allen Möglichkeiten und Einschränkungen. Sie wirkt sich ebenso aus auf Themenauswahl, Fragestellungen, Methoden, aber auch auf die Auswahl und Sozialisation derjenigen, die mit Reflexion beauftragt sind. Dazu kommen die Auswirkungen der Eigendynamik der Institution, also interne Effekte von Interaktionsordnung, Habitus, Machtverhältnissen usw. Dies alles trägt zur Steuerung von Reflexion bei.

– *Wissenschaft* ist, so gesehen, ein Sonderfall von institutionalisierter Reflexion. Ein Sonderfall, der erst unter bestimmten Bedingungen entstanden ist und – wie alle Formen institutionalisierter Reflexion – bestimmte Leistungen mit bestimmten Risiken verknüpft. Bei manchem Typ von Realität hat dies keine Auswirkungen auf den logischen Gehalt der Theorien, sondern (nur) auf deren Gebrauch; bei anderen Realitäts-Typen besteht ein intensiver Austausch zwischen Theorie und Gegenstand. Hier werden noch auf ganz andere Weise die gesellschaftlichen Verhältnisse zum Ausdruck gebracht und wird anders auf sie eingewirkt. Dies wird noch näher diskutiert.

Objektive Erkenntnis, Theorie und Wissenschaft

Mit Theorie ist der *Anspruch auf objektive Erkenntnis* verbunden. Auch das egozentrische Alltagsbewusstsein behauptet seine Ansprüche als legitim und seine Vorstellungen als richtig, aber es begnügt sich mit dieser Behauptung. Theorie muss dagegen ihre Ansprüche begründen können. Daher geht mit der Entwicklung von institutionalisierter Reflexion und ihrer Form, der Theorie, ein entsprechender Begründungsbedarf einher. Theorie muss sich als logisch begründet präsentieren, sich ihrerseits theoretisch begründen. Deshalb findet sich der Anspruch auf Theorie immer in Verbindung mit einer (expliziten oder impliziten) Begründung dieses Anspruchs in Form einer ebenfalls theoretischen Meta-Theorie, einer Theorie darüber, wie Theorie konstituiert und legitimiert wird. Die Verwendung von Theorie bringt also das Problem der Erkenntnistheorie mit sich. Für diese Erkenntnistheorie gilt jedoch dasselbe wie für jede Reflexion: Auch sie wird durch die institutionellen Bedingungen geprägt. Dies gilt im Prinzip für alle Theorien, aber für einen bestimmten Typ besonders. Je stärker die institutionelle Prägung ist, desto mehr gilt: Welche Theorien und welche Begründungen also für legitim, richtig usw. gehalten werden, hängt ab von den jeweiligen Bedingungen; und in der Art und Weise, wie Theorie begründet wird, spiegeln sich gesellschaftliche Möglichkeiten und Restriktionen. –

Man kann die bisherigen Überlegungen so zusammenfassen:
* Menschen wie Gesellschaften sind „wissensbasierte Systeme". Sie verfügen nicht über feststehende Programme zur Behandlung ihrer Steuerungs- und Entscheidungsprobleme, sondern müssen ihre Welt kognitiv bearbeiten, indem sie aus Information durch Interpretation Wissen erzeugen.
* Im alltäglichen Handeln verfügen Menschen über zwei verschiedene Modalitäten des Umgangs mit Wissen. Das Alltagsbewusstsein ist auf die Aufrechterhaltung von Handlungsfähigkeit zentriert und sammelt Wissen egozentrisch und selektiv – bezogen auf die eigene Identität. Dabei entwickelt und verwendet es Routinen, die als flexibler „Instinktersatz" fungieren und das Handeln steuern, solange keine Probleme auftreten. Wenn dies der Fall ist, schaltet das Alltagsbewusstsein auf den Modus der Reflexion um, in dem neues Wissen über die Welt entwickelt wird.
* Die Leistungsfähigkeit von Reflexion ist im Rahmen des Alltagsbewusstseins begrenzt. Sie kann gesteigert werden durch die Herstellung von Sondersituationen, in denen Handlungszwänge außer Kraft gesetzt sind. Dies kann indi-

viduell geschehen. Exponentiell gesteigert wird die Reichweite von Reflexion jedoch vor allem durch soziale Institutionalisierung, durch dauerhafte, arbeitsteilig spezialisierte und organisierte Einrichtungen, die sich nur der Reflexion widmen.

- Mit sozialer Institutionalisierung ändert sich Reflexion: Improvisation wird ersetzt durch systematische Untersuchung und Auswertung. Befunde werden methodisch kontrolliert erhoben und in Form von Theorien, d. h. mit objektivem Erkenntnisanspruch zum Ausdruck gebracht. Mit diesem Anspruch ist die Notwendigkeit der Legitimation von Behauptungen verbunden. Wo eine Theorie aufgestellt wird, entwickelt sich daher parallel eine Theorie der Erkenntnis, eine Meta-Theorie, die den Anspruch der Theorie klärt und begründet.

- Methodische Kontrolle und theoretische Formulierung bedeuten eine Einengung und Disziplinierung von Interpre-

---

Kausalität

Theorie setzt wie jede Form der Erkenntnis voraus, dass es eine Wirklichkeit gibt, die eine erkennbare Logik – d. h. Ordnung und Regeln besitzt. Die einfachste denkbare Form von Logik ist Kausalität, d. h. Denken in Ursache und Wirkung. Damit ist sowohl eine Differenzierung der Welt in Verschiedenes als auch eine Bestimmung von Beweg-Gründen und Beziehungen zwischen den verschiedenen Dingen, Sachverhalten, Abläufen. Erkenntnis- und Wissenschaftstheorien enthalten stets auch kausale Logik (also Ursache/Wirkungs-Konzepte), aber auf verschiedene Weise und mit unterschiedlicher Interpretation. Die Entwicklung hat jedoch auch gezeigt, dass Kausalität als Konzept nicht ausreicht, um die Logik der Welt zu erfassen. Daher haben sich eine ganze Reihe von weiterreichenden Konzepten (insbesondere im Sinne der Dialektik, Funktionalität, des Systemdenkens, der formalen Logik) entwickelt.

tationen, während sich ihre Präzision erhöht. Der Anspruch selbst sagt jedoch noch nichts über die tatsächliche Qualität und Reichweite von Theorien. Vor allem auch deshalb, weil sie in vieler Hinsicht von den jeweiligen Rahmenbedingungen abhängig sind und bleiben. Alle Theorien setzen, um unbeeinträchtigt sein zu können, ein stabilisierendes Umfeld voraus. Sonst werden sie politisch gesteuert und ausgenützt. Einige Theorien werden inhaltlich dadurch bestimmt. Im Maß dieser Bestimmung wirken sich sowohl die externen Möglichkeiten und Begrenzungen als auch die interne Dynamik auf die Art und Weise aus, wie Theorien definiert und verwendet werden. Theorien und auch Erkenntnistheorien sind dann immer auch Ausdruck der Verhältnisse, aus denen sie hervorgehen und auf die sie (direkt wie indirekt) wirken.

• Wissenschaft ist eine Sonderform von institutionalisierter Reflexion, die aus bestimmten historischen Umständen hervorgegangen ist und in ihrer Entwicklung eng mit der Dynamik moderner Gesellschaften verbunden ist. Für sie gilt immer, dass sie in ihrer Entwicklung und Funktionsweise von bestimmten Rahmenbedingungen abhängig bzw. darauf bezogen ist.

Folgt man diesen Überlegungen, so wird der Unterschied zwischen Erkenntnistheorie und Wissenschaftstheorie deutlich: Während Erkenntnistheorie sich mit der generellen Frage beschäftigt, wie Erkenntnis möglich ist und funktioniert, widmet sich Wissenschaftstheorie der speziellen Problemlage der Sonderform Wissenschaft. Für beide Fragestellungen haben dabei eine Reihe von modernen Wissenschaften – Wissens-Soziologie, Wissens-Psychologie, Wissenschaftsgeschichte, formale Logik – eine Fülle von Einsichten und Interpretationen beigesteuert und dadurch das Verständnis der Problemlagen erheblich verbessert. Eine definitive Klärung gibt es jedoch – aus Gründen, die noch diskutiert werden – (bisher) nicht.

Auf dem Hintergrund dieser Überlegungen wird deutlich, was Erkenntnis- und Wissenschaftstheorie leisten müssen. *Erkenntnistheorie* muss die *Logik von Erkenntnis* klären, *Wissenschaftstheorie* die Funktionsweise einer *besonderen Form von institutionalisierter Erkenntnis* erfassen und begreifen.

Bildlich könnte man das so darstellen:

Erkenntnistheorie

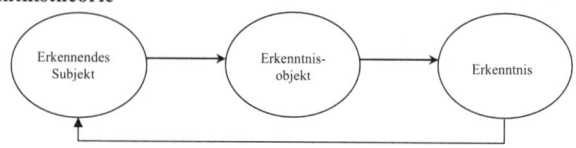

Wissenschaftstheorie

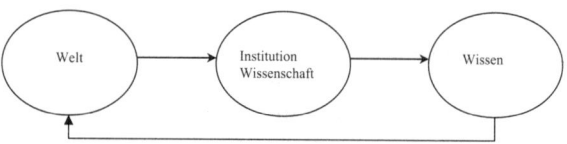

Die Zeichen sind so zu verstehen:
——— = Verbindung
———▶ = Einfluss, Bedingung
═══ = identisch
═╪═ = verschieden

Angesprochen werden also 4 Dimensionen von Erkenntnis:

- Die *Konstitution von Erkenntnis* durch die logische und empirische Welt und ihre Bestandteile/Bedingungen.
- Die Leistung der logischen und empirischen *Produzenten und Träger von Erkenntnis* (logisch: Erkennendes Subjekt, d. h. humane Akteure, Institutionen, Systeme)
- Die methodisch und theoretisch geleitete *Konstitution des Gegenstands* von Erkenntnis (Objekt der Reflexion), die Definition eines Themas aus der Welt.

- Das methodisch und theoretisch geleitete *Prozessieren mit dem Gegenstand* bis zur *Erzeugung von* (logisch:) *Erkenntnis* und (empirisch:) *Wissen* (Reflektiertes Objekt)
- Die *Auswirkungen* von Erkenntnis und Wissen auf die Welt und den Träger der Erkenntnisproduktion.

Diese Dimensionen von Erkenntnis hängen zusammen. Die Logik und die Form von Erkenntnis sind nicht das Gleiche, aber beides ist Teil eines Gesamtprozesses „Erkenntnis".

Schematisch zusammengefasst:

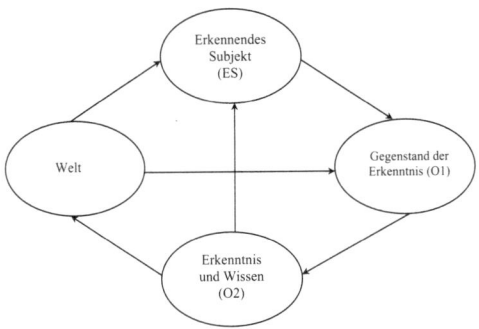

Die hier schematisch dargestellten Beziehungen und Dimensionen sind grob vereinfacht und analytisch aufgelöst. Die volle Reichweite der Probleme lässt sich nicht auf Skizzen dieser Art reduzieren. Wir benutzen sie in der Folge deshalb auch nur illustrativ.

Genauer gesagt: sie lässt sich *überhaupt* nicht in einem einzigen Konzept und nur auf eine Weise darstellen. Die Aufgabe von Erkenntnis- und Wissenschaftstheorie hat sich als „mission impossible" herausgestellt. Wir versuchen daher auch nicht, eine alles umfassende Theorie anzubieten, sondern einen Überblick über Probleme des Erkennens und der Wissenschaft anhand ihrer Entwicklung. Ihre Geschichte spiegelt eine

Abfolge von bemerkenswerten Einsichten und Fortschritten, aber auch von der Unmöglichkeit, alles zu erfassen und zu integrieren, was sich als relevant darstellt. Dabei zeigt sich auch, dass das Verständnis, was Wissen ist, wie es begründet und wie es verwendet wird, erheblich bestimmt wird von Prämissen, die wissenschaftspolitisch, indirekt auch gesellschaftspolitisch imprägniert sind. Erkenntnis- und Wissenschaftstheorien sind daher Teil und Ausdruck von gesellschaftlichen Verhältnissen – auch das kann man aus ihrer Geschichte lernen. –

In der Überschrift steht: Wieso Erkenntnis- und Wissenschaftstheorie? Die bisherigen Überlegungen betrafen die Frage, wieso es sie gibt. Die nächsten Kapitel bieten einen großen Überblick über die Entwicklung von Erkenntnistheorien bis zur modernen Wissenschaftstheorie. Dabei ist die Auswahl eurozentrisch und germanozentrisch. Wir hoffen, dennoch damit einen Großteil der relevanten Probleme zu erfassen. Untersucht wird dabei, was warum wie gesehen wurde (wobei die entwickelte Skizze als Bezugs- und Kontrastpunkt für eine Grobmarkierung der Besonderheiten des jeweiligen Paradigmas dient). –

Am Ende taucht die Frage „wieso?" erneut auf – dann aber als Frage danach, was man damit anfangen kann.

2   Die Anfänge von Erkenntnistheorie

Mythos

Die frühesten und einfachsten Formen von Welterklärungen haben die Form des *Mythos*, einer vortheoretischen Form der Erklärung in Gestalt einer Erzählung, in der zwischen Realem und Gedachtem nicht systematisch unterschieden wird. *Archaische Gesellschaften* (sie werden auch als „einfach", „tribal", „segmentär" bezeichnet) bestehen im Allgemeinen aus einer kleinen Gruppe von Menschen, die gemeinsam mit einfachen Mitteln ihren Lebensunterhalt in unmittelbarer Auseinandersetzung mit der Natur erwirbt – durch Sammeln und Jagen, teilweise durch gezielten Anbau von Nutzpflanzen. In diesen Gesellschaften gibt es keine ausgeprägten sozialen Differenzierungen, weder in Form von Arbeitsteilung noch in Form von Schichten und Klassen (jedoch zählen natürlich die biologischen Differenzen wie Alter und Geschlecht). Unter diesen Umständen entstehen jeweils besondere Formen von umfassenden „Erzählungen", in denen die wichtigen Themen, mit denen die jeweilige Gesellschaft beschäftigt ist (eigene Herkunft, Sozialordnung, Ordnung der Natur) in einen großen Zusammenhang gebracht werden, der für alle(s) und jede(n) Platz und Sinn bietet. Es handelt sich also um eine Zusammenschau und Verbindung, deren Hauptbedeutung in ihrer integrativen Leistung liegt. Dabei spielen die Unterschiede, die für moderne Gesellschaften von allergrößter Bedeutung sind – real oder imaginär, logisch oder unlogisch – keine große Rolle. Empirische Kenntnisse über natürliche Sachverhalte sind unmittelbar mit animistischen Vorstellungen verbunden: Geister und Götter beseelen und bewegen die Welt. Der Mythos ist daher nicht nur umfassend, er verbindet auch unterschieds-, also kritiklos. Daher gibt es hier auch keine theoretische Begründung – die Gültigkeit von Überzeugungen reicht.

Für diese umfassende Erzählung gibt es keine allein zuständigen „Experten". Sie ist eine *gemeinsame* Leistung, zu der einzelne beitragen, die aber von der Gesellschaft als ganzer bewahrt und entwickelt, d. h. weitererzählt wird. Dies ist wörtlich zu verstehen, weil diese Gesellschaften nicht über eine Schriftsprache verfügen. Diese Erzählung besitzt exklusive Gültigkeit, so dass innerhalb einer Gesellschaft keine Alternativen gedacht werden können. Dafür ist jede Erzählung eine Kosmologie für sich und mit keiner anderen kompatibel. – Es liegt auf der Hand, dass für eine selbstverständlich von allen Gesellschaftsmitgliedern akzeptierte, alles erklärende Interpretation der Welt keine weitere Begründung nötig ist. Sie gilt, weil es sie gibt; und es gibt sie, weil sie gilt. „Erkenntnistheoretische" Begründungen erübrigen sich daher nicht nur, sie würden auch zu einem Mythos nicht passen – nicht nur wegen ihrer universellen Gültigkeit, sondern auch wegen ihrer Form: Ihre Logik entspricht der weiter oben skizzierten Funktionsweise des Alltagsbewusstseins, wobei der Modus der Reflexion durch die Geschlossenheit des Weltbildes begrenzt wird.

Der Mythos ist das ausschließlich vorherrschende Weltbild archaischer Gesellschaften. Ausgestorben ist es jedoch auch in modernen Gesellschaften nicht. Mit Blick auf die enorme Vielfalt an exzentrischen Weltbildern von esoterischen Gruppen aller Art muss man sagen, dass er nach wie vor weit verbreitet ist. Im Kontext moderner Gesellschaften können solche Weltbilder jedoch keine universelle Gültigkeit mehr erreichen. Sie müssen sich mit den Gegebenheiten arrangieren,

Animismus

In den Anfängen menschlichen Denkens wurde die Ursache noch in jedem Ding vermutet. Denn für das sogenannt *animistische Denken* ist alles potentiell belebt und kann sich dementsprechend wie ein Lebewesen verhalten. Wenn es regnet, versteht das animistische Denken das als eine Handlung des Himmels, seiner „Seele" oder des Gottes, der in ihm ist. Auch der Baum ist beseelt, das Wild, die Jagdwaffe, ... Das hat seine Vorteile, denn animistisches Denken zählt darauf, dass alles nicht nur wie ein Lebewesen sich verhält, sondern auch entsprechend beeinflussbar ist. Die Technik, die anzuwenden ist, um die Welt den eigenen Wünschen zu unterwerfen, heißt *Magie*. Dazu gehört auch das Opfer: Wenn ich dem Regengott genügend opfere, wird er günstig gestimmt.

Dieses animistische Kausalkonzept ist dem des *Kleinkinds* ähnlich. Es geht anfänglich davon aus, dass ein rollender Ball sich aus eigener Kraft bewegt. Wenn er angestoßen wird, erachtet dies das Kleinkind nur als eine Reizung der Eigentätigkeit des Balles. Die Ursache der Bewegung vermutet es in ihm selber; die Differenz „belebt/unbelebt" muss das Kind erst lernen. Vermutlich bildet der Mensch sein fundamentales Kausalschema an Hand seiner Bezugspersonen. Die entscheidenden Ereignisse, die das Kleinkind in der anfänglichen, nachgeburtlichen Welt erlebt, sind die Handlungen seiner Bezugspersonen. An ihnen entsteht das subjektivistische Schema: Alles, was sich bewegt, jedes Ereignis wird zuallererst als Handlung von jemand oder etwas verstanden. Alles lebt. –

Animistisches Denken ist ursprungslogisch: Die Zuweisung von Ereignissen zu einem Ursprung genügt ihm als Erklärung. Und es ist projektives, nicht reflexives Denken; es kennt daher noch keine Unterscheidung zwischen Welt und Vorstellung, daher auch keine Theorie (und damit keine Erkenntnistheorie).

sonst führen sie zur Stigmatisierung, weil sie als „nicht normal" gelten.

Religion

Historisch abgelöst wurde das mythische System der Weltinterpretation von *theologischen Weltinterpretationen.* Sie treten auf, als sich makrosoziale Gesellschaften bilden, die eine große Zahl von Mitgliedern in einem ausgedehnten Raum umfassen. Diese Gesellschaften sind typischerweise *Agrargesellschaften,* d. h, sie basieren letztlich auf Primärproduktion (Ackerbau, Viehzucht). Typischerweise handelt es sich zudem um Klassengesellschaften mit klaren Grenzen und erheblichen Abständen zwischen den sozialen Klassen. In bezug auf die Interpretation der Welt und deren Legitimation ergibt sich dabei eine Art von Spaltung: Während die lokalen Gemeinschaften im wesentlichen weiterhin mythische Vorstellungen in Form von Bräuchen und Praktiken benutzen und pflegen, entsteht im Kontext des Herrschaftssystems ein neues System der Weltinterpretation. Es unterscheidet sich vom Mythos vor allem durch zwei Aspekte: Zum einen wird es von einer Gruppe *professioneller Experten* entwickelt, gepflegt und praktiziert, zum anderen ist es eng verbunden mit der jeweiligen Herrscherschicht bzw. mit deren *Legitimation.* Da die Herrscher in solchen Gesellschaften sich meist als Abkömmlinge der Götter (oder selbst als Götter) verstehen, werden sie zum Mittelpunkt entsprechender Kulte und Weltinterpretationen. Dazu werden selektive „Argumente" und „Informationen" verwendet – also historische oder pseudohistorische und -empirische Verweise, die verdeutlichen, warum gerade diese Dynastie an der Macht ist, wie sie an die Macht gelangt ist usw. Naturgemäß hängt das Schicksal der jeweiligen Religion und ihrer Vertreter eng mit dem des Herrschaftssystems zusammen: Ein Herrschaftswechsel führte häufig auch zum Auswechseln der Priesterkaste. Insofern konnte dieser erste Typ von „Intellektuellen" zwar von der Nähe zur Herrschaft profitieren, aber war auch entsprechend gefährdet. –

In dieser Entwicklung steckt ein weiter, struktureller Effekt eines höheren Organisationsgrades. Auch unabhängig von der Legitimation des Herrschaftssystems brauchen und erzeugen Großgesellschaften eine andere Art von Welterklärung. Da sie nicht mehr auf unmittelbarer Teilhabe an einer kollektiven Lebenspraxis basieren, sondern generalisierte Regeln und abstrakte Formen hervorbringen, *formalisiert* sich auch die Erklärung der Welt (für die in der Philosophie der Begriff „Metaphysik" verwendet wird). Es entsteht ein codiertes System von Vorstellungen, die (unabhängig von der Lebenssituation einzelner Gruppen) mit Dogmen, Riten, Ge- und Verboten etc. zu einer institutionalisierten Religion verbunden werden, also einem konsistenten sozialen und kognitiven System, welches die Funktion der metaphysischen Orientierung übernimmt. Religionen entwickeln eine Eigendynamik; sie können nicht zuletzt auch Gegenstand reflexiver Auseinandersetzung und

---

Religion

„Religion" ist eine unscharfe Zusammenfassung für eine Fülle von Vorstellungen, die in Form und Niveau erheblich variieren. Gemeinsam ist die Annahme einer transzendentalen Welt mit Gottheiten, denen die Stiftung und Steuerung dieser Welt zugeschrieben wird. Kausalität ist hier stets transzendent begründet: (Zumindest) letzte Ursache für alles sind Götter, ist ihr Wille. – Religion ist ein dynamisches Geschehen: Sie entwickelt sich und kann dabei auch systematische Begründungen hervorbringen. Mit der Entstehung von Heiligen und der Institutionalisierung als *Theologie* bewegt sich Religion in Richtung auf Theorie. Sie gibt die basale Kausalitätsidee nicht auf, aber sie versucht, sie zu begründen und fängt damit auch an, sich selbst zu begründen. Damit entsteht eine neue Form distanzierter Reflexion, auch wenn die inhaltlichen Bindungen des Glaubens beibehalten werden.

Begründung werden. Die Entwicklung von Formen und Traditionen der Reflexion durch entsprechende Experten führt zu ausdifferenzierten Methoden und Konzepten religiöser Begründungen. Damit entsteht Theologie – systematisch durchdachte und durchformulierte Religion. Diese Art von *„rationaler Metaphysik"* hat einen Legitimitätsanspruch und nutzt daher die Form einer Theorie, auch wenn die Inhalte und die Art der Logik mit objektiver Erkenntnis wenig zu tun haben. Entsprechend enthalten sie zwar auch eine Begründung von Erkenntnis – also eine Erkenntnistheorie –, aber diese beschränkt sich auf die Annahme einer Erleuchtung durch die Götter und/oder eine privilegierte Teilhabe an ihrem Willen bzw. Wissen. Die Begründung führt also in die Theorie zurück.

Religion, die von eigens dafür zuständigen Experten vertreten, zelebriert und gepflegt wird, war und ist in modifizierter Form das für die meisten Agrargesellschaften typische und auf vielfältige Weise variierte Modell von Welterklärung. Sie entwickelt(e) sich nicht überall zur Theologie. In vielen Fällen – vor allem dann, wenn sie intensiv von mythischen Elementen getränkt ist – ist sie im Gegenteil reflexionsaversiv und sträubt sich gegen (zu viel) theologische Begründung. Von daher differiert das Entwicklungsniveau von religiösen Systemen in Agrargesellschaften erheblich. Gemeinsam bleibt ihnen, dass sie von Glaubensprinzipien geleitet werden. Aus diesem Grund ist ihnen zwar mit zunehmender Institutionalisierung die Ausarbeitung einer formalen Begründung möglich, nicht aber die Überschreitung der Grenzen, die jeder Glaube setzt.

Philosophie

Eine Revolution in der Entwicklung von Theorie und damit auch von Erkenntnistheorie ergibt sich durch die Entstehung von *„bürgerlichen Gesellschaften"*. Damit sind Gesellschaften gemeint, die sich von Agrargesellschaften vor allem dadurch unterscheiden, dass sie ihren Lebensunterhalt nicht vorrangig durch Primärproduktion erwerben, sondern mit Handwerk, Handel und Dienstleistungen. Das setzt voraus, dass die erforderlichen Nahrungsmittel zur Verfügung stehen oder beschafft werden können – dadurch, dass man andere (etwa Sklaven) dafür arbeiten lässt; dass man sie sich durch Handel beschafft oder durch eine Produktivitätssteigerung, die einen entsprechend großen Teil der Bevölkerung von der Notwendigkeit, in der Primärproduktion zu arbeiten, freisetzt. Eine weitere Bedingung ist, dass die Bevölkerung in größeren Aggregationen – Städten – zusammen lebt, ohne unter der Bevormundung einer herrschenden Klasse bzw. eines makrosozialen Herrschaftssystems zu stehen. Erst beides zusammen ergibt die besonderen Bedingungen, unter denen Theorie sich von Mythos und Religion emanzipieren kann. – Die erste historische Konstellation, in der diese Bedingungen zusammen kamen, war die griechische Kultur. Aus einer spezifischen Mischung von Vorgeschichte, geografischer Umstände und Eigendynamik der Situation entstand ein System von Stadtstaaten in einem Kontext (Mittelmeerraum), der die dafür erforderlichen Entwicklungsbedingungen bot. Im Kulturraum der griechischen Stadtstaaten entstand mit der *Philosophie* eine völlig neue Form der Reflexion – die erste, die sich auf systematische Weise der Welt *theoretisch* zuwandte und daher auch die erste, die systematisch Erkenntnistheorie betrieb.

Der Hintergrund ist ein neuer Bedarf an Erkenntnis und, davon nicht zu trennen, ein neuer Status von Erkenntnis. Bisher war Theorie mehr oder weniger vom Herrschaftssystem

---

Philosophie

Philosophie – Liebe zur Weisheit – ist von der Religion gelöste Reflexion. Sie öffnet den Horizont der Begründungen, in denen sie Formen und Inhalte zur Disposition stellt. Damit wird auch der Blick auf die Funktionsweise von Wirklichkeit erweitert: Logik kann genauer betrachtet und theoretisch weiterentwickelt werden.

initiiert, getragen und alimentiert worden. Im Rahmen dieser frühen Form von bürgerlicher Gesellschaft entsteht nun ein historisch neuer Typus von Intellektuellen, der keine solche engen Bindungen besitzt. Der griechische Philosoph ist typischerweise ein „Dienstleister" – ein Lehrer, der durch Unterricht seinen Unterhalt verdient (Sokrates); ein Arzt (Empedokles), dessen Praxis genügend einbringt, um ihm die Beschäftigung mit Philosophie zu erlauben. Manche Lehrer wandern durch die Lande, andere sind als „Privatangestellte" bei den Reichen und Mächtigen tätig; später, als Bildung ein öffentlich gefragtes Gut wird, gründen erfolgreiche Lehrer eigene Schulen, deren Ruf ihnen Zulauf an Kunden bringt. Philosophie ist also – anders als Theologie – ein Angebot, welches das *Aufklärungs- und Bildungsinteresse* des griechischen Bürgertums zum Ausdruck bringt und formatiert; sie bekommt zusätzliche Unterstützung durch den *sozialen Status*, den philosophische Bildung im Gesamtprozess der Selbststeuerung der griechischen Gesellschaft gewinnt. Davon kann Philosophie leben; dadurch hat sie erhebliche, historisch völlig neue Freiheitsspielräume.

Es ist geradezu sensationell, was dabei in knapp drei Jahrhunderten für eine Fülle von Gedanken entwickelt wurde und welche dynamischen Entwicklungsschritte der griechischen Philosophie in dieser kurzen Zeit gelangen. Gerade was Erkenntnistheorie betrifft hat sie in nuce die zentralen Fragen mindestens der klassischen Erkenntnistheorie schon aufgeworfen und auf eine Weise beantwortet, die sich in Variationen später immer wieder finden. – Die Etappen dieser neuen, revolutionären Weltsicht können hier nicht im Einzelnen beschrieben werden. Eine ganze Reihe von Systemen und Namen müsste genannt werden. Um nur einige anzusprechen:

Vorsokratiker
Die *„Naturphilosophie"* hatte als erste das Problem des Aufbaus und der Funktionsweise der realen Welt als Bezugspunkt und versuchte, einerseits ihre logische Struktur zu verstehen, an-

dererseits zu erklären, wie wir zu diesem Verständnis überhaupt kommen können. Die Antworten auf beide Fragen fielen sehr verschieden aus. Erkennbar sind dabei Bemühungen, Erkenntnis als reales, empirisches, wenn nicht sogar als materielles Geschehen zu verstehen und dazu passende logische Modelle zu entwickeln. Demokrit beispielsweise sieht Atome als Grundbestandteile aller realen Dinge und Eigenschaften; ihre Bewegung transportiert und überträgt Merkmale und Eigenschaften; die Seele – auch sie ein Werk des Zusammenspiels von Atomen – kann diese Informationen aggregieren und dadurch verlässliches Wissen über die Welt gewinnen. Empedokles (495–435) sieht die ganze Welt – auch die Menschen – aus (Mischungen von) vier Grundelementen zusammengesetzt (Erde, Luft, Wasser, Feuer). Erkenntnis wird möglich, weil und wo wir mit unseren inneren Elementkonstellationen das Ähnliche in der Außenwelt erfassen können. Gleiches erkennt Gleiches; die so gewonnenen Informationen werden vom Blut zur Seele gebracht und dort organisiert. Insofern liegt Erkenntnis bei Empedokles buchstäblich „im Blut". – Hier dominiert in Summe ein mechanistischer Materialismus, der auf Übereinstimmung bzw. Ähnlichkeit basiert, so dass angenommen wird, dass objektive Erkenntnis möglich ist.

Sophisten

Dagegen wenden sich die *Sophisten*. Sie treffen zunächst eine Unterscheidung, die später immer wieder auftaucht (und immer wieder kritisiert wird): Die zwischen physis (der Natur) und nomos (dem Gesetz der Menschenwelt). Sie widmen sich vor allem der Welt der Menschen und kommen hier zu dem Ergebnis, dass es keine universellen Gesetze gibt und geben kann. Die Welt kann verschieden sein. Ideen und Vorstellungen allein sind daher noch keine Grundlage für Erfolg von Theorien. Es kommt daher darauf an, wie Vorstellungen propagiert werden. Daher konzentrierten sich die Sophisten auf Rhetorik (als Grundlage der Überzeugung). Ihre Erkenntnistheorie ist radikal *skeptisch* und *relativistisch*. Gorgias, einer der bekanntesten Sophisten, bringt diesen Standpunkt in drei ebenso knappen wie markanten Sätzen auf den Punkt: „Nichts ist. Wenn es aber etwas gäbe, wäre es für den Menschen unerkennbar. Und wäre es erkennbar, so wäre es jedenfalls nicht mitteilbar." Er zweifelt an allem: Es gibt also keine wirkliche Einheit/Identität der Welt; es gibt keine Möglichkeit, Zugang zu einer objektiven Logik der Welt zu gewinnen; es gibt keine Möglichkeit der Herstellung einer definitiven Intersubjektivität – konsequenter kann man nicht zweifeln.

Sokrates

Gegen die naive Sicherheit der Naturphilosophen und die Skepsis der Sophisten wendet sich *Sokrates*. Mit ihm beginnt die eigentliche Geschichte der Philosophie. Er konzentriert sich ebenfalls auf die Menschenwelt, aber sein Ziel ist, Wissen und Handeln in Übereinstimmung zu bringen und dadurch Handlungen normativ zu begründen. Richtiges Wissen führt zu richtigem Handeln. Dazu muss jedoch das richtige Wissen,

---

Sokrates

Sokrates (470-399 v. Chr.) soll ein hässlicher Mann gewesen sein, aber körperlich durchtrainiert und ein furchtloser Soldat. Anstatt den erlernten Beruf eines Bildhauers auszuüben, philosophiert er lieber – nie aber gegen Geld wie die Sophisten. Und er erfüllt öffentliche Ämter. Für seine Frau Xanthippe ist er aber ein Herumtreiber. Ob es wahr ist oder nicht: Die Tradition überliefert uns, dass sie ihn vom Fenster aus mit Schmutzwasser übergießt, als er spät nach Hause kommt, und so seinen Drang stärkt, aus dem Haus zu gehen. Sokrates geht in Athen herum und verwickelt Passanten in tiefschürfende Gespräche. Sein eindringliches Fragen geht jedoch einflussreichen Mitbürgern auf die Nerven: Er wird als Jugendverderber angeklagt und zu Tode verurteilt. Er hält es für eine Ehrensache, den Schierlingsbecher zu trinken; sein Ableben ist von Platon protokolliert – ein erschreckendes Beispiel disziplinierten Abtretens.

was jeder in sich trägt, befreit werden von Verzerrungen und Verschüttungen. Seine „Maieutik" (Hebammenkunst) bemüht sich daher darum, den Menschen zunächst das richtige Wissen (wieder) zugänglich zu machen. Dazu muss erst „falsches Wissen" demontiert werden, was er durch hartnäckiges Fragen zu erreichen versuchte. Erst mit der Einsicht, dass man nichts sicher weiß („scio nescio" – ich weiß, das ich nichts weiß) ist der Ausgangspunkt für die Entwicklung wahren Wissens und damit von Tugend. – Sokrates geht also davon aus, dass dieses „wahre Wissen" bereits vorhanden ist und nur „freigelegt" werden muss, was durch die Einsicht in die Unwahrheit dessen, was man für Wissen hält, geschieht. Man könnte daher sagen, dass für Sokrates nicht so sehr das Wissen selbst das Problem ist, sondern, es zu finden. Daher steht die *Kritik von falschen Gewissheiten* im Zentrum seiner Bemühungen.

Platon

Sein bekanntester Schüler, *Platon*, löst sich von Sokrates' Zentrierung auf die Menschenwelt und entwickelt ein System des objektiv Guten und Wahren. Dazu unterteilt er die Wirklichkeit in bloß Empirisches (Vergängliches, Veränderliches) und das, was hinter ihm steht und es zusammen hält. Dies sind die *Ideen* – das wahrhaft Seiende, Unveränderliche. In dieser Welt der Ideen ist die Idee des Guten die oberste, die alles reguliert. In bezug auf die empirische Welt gibt es keine Erkenntnis, sondern bloß (mehr oder weniger richtige) Meinungen. Dies zeigt Platon in seinem Höhlengleichnis, in dem er unsere Erkenntnis-Situation mit derjenigen von Gefangenen in einer Höhle vergleicht. Die Gefangenen sitzen wie Zuschauer in einer Art Schattentheater:

„Sieh nämlich Menschen wie in einer unterirdischen, höhlenartigen Wohnung, die einen gegen das Licht geöffneten Zugang längs der ganzen Höhle hat. In dieser seien sie von Kindheit an gefesselt an Hals und Schenkeln, so daß sie auf demselben Fleck bleiben und auch nur nach vorne hin sehen, den Kopf aber herumzudrehen der Fessel wegen nicht vermögend sind. Licht aber haben sie von einem Feuer, welches von oben und von ferne her hinter ihnen brennt. Zwischen dem Feuer und den Gefangenen geht obenher ein Weg, längs diesem sieh eine Mauer aufgeführt wie die Schranken, welche die Gaukler vor den Zuschauern sich erbauen, über welche herüber sie ihre Kunststücke zeigen. ... Sieh nun längs dieser Mauer Menschen allerlei Geräte tragen, die über die Mauer herüberragen, und Bildsäulen und andere steinerne und hölzerne Bilder und von allerlei Arbeit; einige, wie natürlich, reden dabei, andere schweigen." (Das Höhlengleichnis befindet sich im siebten Buch von "Der Staat": Platon 1988, 514a f.)

Die Gegenstände, die vor einem Feuer hinter dem Rücken der Gefangenen vorbeigetragen werden, werfen Schatten. Über diese diskutieren die Gefangenen, ebenso darüber, was sie hören, ohne wirklich zu wissen, was es ist:

Platon

Platon (427-347 v. Chr.) hat mehrere Dialoge des Sokrates niedergeschrieben. Er ist acht Jahre lang sein Schüler, was so viel heißt, wie dass er sich mit anderen Interessierten aus gutem Haus um ihn schart. Sokrates Anklage und sein Tod sind für Platon, der zu dem Zeitpunkt 28 Jahre alt ist, ein nachhaltiger Schock. Umso mehr, als Sokrates nicht flieht, sondern den Giftbecher mit Gleichmut trinkt. Platon verlässt Athen und reist viel, wird Berater des Tyrannen von Syrakus. Zurück in Athen, gründet er eine eigene Schule, die er Akademie nennt. Sie ist der erste institutionalisierte Ort gemeinsamer philosophischer Forschung. Platons Theorien sind im Einzelnen aus heutiger Sicht oft bizarr. Seelen fliegen im Gefolge der Götter am Himmelsgewölbe entlang und sehen so die Urbilder, die wahre Erkenntnis wiedererkennt. Er erfindet die ewige Liebe. Er ist ein Frauenhasser und, wie es im antiken Athen Sitte ist, (platonischer) Freund von schönen Jünglingen. – Der Eindruck seines Theoriegebäudes ist gewaltig. Es ist das Urbild des Idealismus und prägt das abendländische Geistesleben.

„Wenn sie nun miteinander reden könnten, glaubst du nicht, daß sie auch pflegen würden, dieses Vorhandene zu benennen, was sie sähen? – Notwendig. – Und wie, wenn ihr Kerker auch einen Widerhall hätte von drüben her, meinst du, wenn einer von den Vorübergehenden spräche, sie würden denken, etwas anderes rede als der eben vorübergehende Schatten? – Nein, beim Zeus, sagte er. – Auf keine Weise also können diese irgend etwas anderes für das Wahre halten als die Schatten jener Kunstwerke? – Ganz unmöglich." (A. a. O., 515b)

Erst wenn ein Gefangener befreit wäre, könnte er den Zustand der bloßen Meinung überwinden, das Empirische erkennen. Er würde dies aber der Mühsal wegen vermutlich gar nicht wollen:

„Wenn einer entfesselt wäre und gezwungen würde, sogleich aufzustehen, den Hals herumzudrehen, zu gehen und gegen das Licht zu sehn, und, indem er das täte, immer Schmerzen hätte und wegen des flimmernden Glanzes nicht recht vermöchte, jene Dinge zu erkennen, wovon er vorher die Schatten sah: was, meinst du wohl, würde er sagen, wenn ihm einer versicherte, damals habe er lauter Nichtiges gesehen, jetzt aber, dem Seienden näher und zu dem mehr Seienden gewendet, sähe er richtiger, und, ihm jedes Vorübergehende zeigend, ihn fragte und zu antworten zwänge, was es sei? Meinst du nicht, er werde ganz verwirrt sein und glauben, was er damals gesehen, sei doch wirklicher als was ihm jetzt gezeigt werde? – Bei weitem, antwortete er. – Und wenn man ihn gar in das Licht selbst zu sehen nötigte, würden ihm wohl die Augen schmerzen, und er würde fliehen und zu jenem zurückkehren, was er anzusehen imstande ist, fest überzeugt, dies sei in der Tat deutlicher als das zuletzt Gezeigte? – Allerdings." (A. a. O. 515c f.)

Und erst, wenn der Gefangene die Höhle verlässt, hat er eine Chance, nach und nach die Ideen hinter dem Empirischen zu erkennen:

„ … wenn ihn einer mit Gewalt von dort durch den unwegsamen und steilen Aufgang schleppte und nicht losließe, bis er ihn an das Licht der Sonne gebracht hätte, wird er nicht viel Schmerzen haben und sich gar ungern schleppen lassen? Und wenn er nun an das Licht kommt und die Augen voll Strahlen hat, wird er nicht das Geringste sehen können von dem, was ihm nun für das Wahre gegeben wird. – Freilich nicht, sagte er, wenigstens nicht sogleich. – Gewöhnung also, meine ich, wird er nötig haben, um das Obere zu sehen. Und zuerst würde er Schatten am leichtesten erkennen, hernach die Bilder der Menschen und der andern Dinge im Wasser, und dann erst sie selbst. Und hierauf würde er was am Himmel ist und den Himmel selbst leichter bei Nacht betrachten und in das Mond- und Sternenlicht sehen als bei Tage in die Sonne und in ihr Licht. – Wie sollte er nicht!" (A. a. O. 515d f.)

Schließlich erkennt der ehemals Gefangene die höchste aller Ideen selber, die Idee des Guten und Wahren (dargestellt durch die Sonne):

„Zuletzt aber, denke ich, wird er auch die Sonne selbst, nicht Bilder von ihr im Wasser oder anderwärts, sondern sie als sie selbst an ihrer eigenen Stelle anzusehen und zu betrachten imstande sein. – Notwendig, sagte er. – Und dann wird er schon herausbringen von ihr, daß sie es ist, die alle Zeiten und Jahre schafft und alles ordnet in dem sichtbaren Raume und auch von dem, was sie dort sahen, gewissermaßen die Ursache ist. – Offenbar, sagte er, würde er nach jenem auch hierzu kommen." (A. a. O. 516b)

Von den ehemaligen Mitgefangenen hat sich der neu Erkennende stark entfernt. Er ist ein anderer Mensch geworden. Ein erneuter Kontakt mit den ehemaligen Mitgefangenen könnte höchst problematisch werden:

„Und wenn er wieder in der Begutachtung jener Schatten wetteifern sollte mit denen, die immer dort gefangen gewesen, während es ihm noch vor den Augen flimmert, ehe er sie wieder dazu einrichtet, und das möchte keine kleine Zeit seines Aufenthalts dauern, würde man ihn nicht auslachen und von ihm sagen, er sei mit verdorbenen Augen von oben zurückgekommen und es lohne nicht, daß man auch nur versuche hinaufzukommen; sondern man müsse jeden, der sie lösen und hinaufbringen wollte, wenn man seiner nur habhaft werden und ihn umbringen könnte, auch wirklich umbringen? – So sprächen sie ganz gewiß, sagte er." (A. a. O. 516e)

Wahre Erkenntnis kann es für Platon nur in bezug auf die transzendente Welt der Ideen geben. Der Zugang zum Begreifen der Ideen ist nicht über sinnliche Erfahrung möglich, weil sie täuschungsanfällig und irritierbar ist. Die Erkenntnis der Ideen basiert darauf, dass die Seele in einem früheren Stadium sie schon einmal erfasst hat – Erkennen ist daher Wieder-Erinnerung (anamnesis). Dazu muss das Denken jedoch geschult werden; vor allem von dem Irrtum befreit werden, die bloße Wahrnehmung dessen, was ist, sei bereits Erkenntnis der Wahrheit. Wahre Erkenntnis ist davon eine von ihnen unabhängige Form der Einsicht in die abstrakte Logik der Ideen. Wegen dieser Betonung der hinter dem Empirischen stehenden Ideen und der Ausrichtung von Erkenntnis an dieser transzendentalen Wirklichkeit wird Platon als „Idealist" bezeichnet.

Aristoteles

Mit Platons Schüler *Aristoteles* erreicht die Entwicklung der Erkenntnistheorie innerhalb der griechischen Philosophie ihren Höhepunkt. Er wendet sich wieder der realen, alltäglichen Welt zu und will theoretisch erklären, wie sie funktioniert. Dazu entwickelt er das erste ausgearbeitete *kausallogische* Modell von Realität. Er untersucht aber auch die Form, in der Realität erfasst wird. Dazu untersucht er den Aufbau von Theorien und bedient sich allgemeiner Aussagen, in denen Einzelheiten als Exemplare von Gattungen eingeordnet werden. Für die korrekte Verknüpfung von Aussagen entwickelt er eine Logik des Schließens (*Syllogistik*). Diese *formale Logik* verbindet er mit einem Konzept der Erklärungsleistung von Theorien, in denen er mit einem System von Begriffen die grundlegenden Eigenschaften der Realität (Veränderung, Differenz, Vielfalt etc.) zu fassen sucht. Sein Konzept ist in jeder Hinsicht bemerkenswert. Aristoteles entwickelt eine Logik und eine begriffliche Struktur von Theorie und gibt ihr damit eine Grundlage, die für die nächsten 1000 Jahre (!) Bezugspunkt jeder weiteren Überlegung wird und als Grundlage der „abendländischen" Theorieentwicklung gilt. Er kommt dabei weitgehend ohne transzendentale Bezüge aus, entwickelt also eine autonome Theorielogik, die gewissermaßen nur einen normal funktionierenden menschlichen Verstand voraussetzt und in der Wirklichkeit (von der letzten Ursache allen Geschehens abgesehen) keine externen Faktoren wirken sieht. –

Aristoteles

Aristoteles (384-322 v. Chr.) ist „schwach auf den Beinen und kleinäugig" und „stößt beim Sprechen ein wenig mit der Zunge an" (Weischedel 1975, 51). Zu alledem wird er auch noch in der tiefen Provinz geboren. Zeit seines Lebens zeigt er sich aber als Mann von Welt, der Wert auf Kleidung und Komfort legt. Vermutlich hat er sein „savoir-vivre" entwickelt, als sein Vater Leibarzt des mazedonischen Königs war. Mit 17 Jahren geht er nach Athen und tritt in Platons Akademie ein. Aristoteles verlässt die Akademie erst 20 Jahre später, nach Platons Tod. Er hält sich im Ausland auf und wird Erzieher jenes Alexander, der später der Große heißt. Wie sein Lehrer Platon gründet Aristoteles in Athen eine eigene Schule mit einer Bibliothek, die zum Vorbild derer von Alexandria und anderen wird. Hier archiviert er seine umfassenden Vorlesungs-Manuskripte. Die Athener finden für die neue Schule einen Namen, der bis heute hängen geblieben ist: Die peripatetische Schule, das heißt die der Herumwandler, weil Aristoteles und seine Schüler gerne in ihrem Laubengang auf- und abgehen. In Athen wird auch Aristoteles das Opfer von Intrigen; er wird der Gottlosigkeit angeklagt. Anders als Sokrates verlässt er aber Athen. Wenige Monate später stirbt er auf seinem Landgut auf Euböa.

Man kann ohne Übertreibung sagen, dass die griechische Philosophie der Reflexion einen völlig neuen Horizont eröffnet und ihre Emanzipation von externen Beschränkungen gebahnt hat. Durch die Professionalisierung des Diskurses mit Hilfe von „Schulen" und „hauptamtlichen", in gewisser Weise

---

Kausallogik

Ein Meilenstein im Verständnis ursprungslogischer Kausalität ist der Beitrag von *Aristoteles*. Er hat Kategorien von Ursache-Wirkungs-Zusammenhängen unterschieden, die bis ins Mittelalter und darüber hinaus die philosophische Diskussion prägten. Aristoteles definierte vier Kategorien von Ursache: Causa efficiens (die Ursache, die am Werk war), causa finalis (das ursprüngliche Ziel, auf das das Geschehen zustrebte), causa formalis (die Form, die im Geschehen entstehen sollte), causa materialis (die materielle Ursache). Eine Ursache ist also immer unter diesen vier Aspekten zu bestimmen. In der Regel gelangt man zu verschiedenen Gegenständen, die unter den vier Gesichtspunkten als Ursache ein und desselben Geschehens in Frage kommen. Die ursprungslogische Zweierbeziehung Ursache-Wirkung wird also in mehreren Varianten betrachtet, quasi vervielfältigt. Keineswegs aber rüttelt Aristoteles an der Ursprungslogik. Im Gegenteil streicht er sie heraus, indem er einen bezeichnenden Begriff bildet: Der „unbewegte Beweger" ist für Aristoteles der abstrakte Repräsentant jeglicher Kausalität, der am Anfang einer Kausalkette steht. Das Mittelalter sieht in ihm Gott. Diese Interpretation ist aber eine Vereinnahmung von Aristoteles' Begriff: Der „unbewegte Beweger" steht für das Kausalprinzip; ohne zu entscheiden, ob es sich um einen Akteur oder ein Ereignis handelt, markiert er ihre logische Position, auf der sie vereint sind: Der Ort, an dem die Kausalkette beginnt, von wo aus das Eigentätige auf anderes einwirkt. Der unbewegte Beweger steht an der entscheidenden Stelle der Letztbegründung.

Syllogistik

Die Syllogistik ist ein Teilgebiet der Logik. Sie versucht, die logisch gültigen Schlußformen zu bestimmen und zu systematisieren. Die erste und grundlegende abendländische Syllogistik stammt von Aristoteles, der im Wesentlichen von drei logischen Gesetzen ausgeht: Vom Satz der Identität (a=a), von der Widerspruchsfreiheit des Denkens (keine Aussage ist zugleich wahr und falsch) und vom Gesetz des ausgeschlossenen Dritten (eine Aussage ist entweder wahr oder falsch, ein Drittes gibt es nicht). Zusammen mit dem Prinzip der notwendigen Unterordnung des Besonderen unter das Allgemeine („dictum de omni et nullo") gelangt man zur einfachsten Form des Syllogismus:

Alle Menschen sind sterblich. (Prämisse/Obersatz)

Sokrates ist ein Mensch. (Prämisse/Untersatz)

Sokrates ist sterblich. (Conclusio/Schlusssatz)

Sowohl die Prämissen als auch die Konklusion müssen sogenannte kategorische Urteile der Form „Alle S sind P", „Kein S ist P", „Einige S sind P" und „Einige S sind keine P" sein. Die beiden Prämissen müssen als wahr angenommen werden und über einen Mittelbegriff (Mensch) verbunden sein, der auch den Zusammenhang zwischen Obersatz und Schlusssatz bildet.

Für Aristoteles sind nur deduktive Schlüsse gültig, d. h. Schlüsse vom Allgemeinen aufs Besondere. Andere Formen des Zusammenhanges zwischen den kategorischen Urteilen wie die Induktion (Schluss vom Besonderen auf das Allgemeine) oder die Abduktion (der Untersatz ist ungewiss, aber glaubwürdig) erachteten Aristoteles und die meisten der nachfolgenden Theoretiker für nicht schlussfähig. Erst im 19. Jh. mit dem Entstehen der Wissenschaftstheorie wurde die Syllogistik des Aristoteles wesentlich weiter entwickelt.

unabhängigen „Lehrern" hatte sie die entsprechende soziale Form, im gesellschaftlichen Status philosophischer Bildung ihre soziale Basis. Mit der Emanzipation theoretischer Erkenntnis hat sich auch die Erkenntnistheorie – die Begründung von Theorie – entwickelt. Auf ihrem Weg hat sie ein Großteil der später, in ihrer klassischen Phase, aber auch in der gegenwärtigen Diskussion auftretenden Positionen bereits in groben Umrissen skizziert und die damit verbundenen Probleme bzw. Kritikpunkte diskutiert. Materialismus, Idealismus, Sensualismus, Skeptizismus und viele andere Strategien wurden bereits entwickelt, durchgespielt und kritisiert. Die Texte sind für heutige Lesegewohnheiten fremd, die Argumentationen in ihrer Form zeitgebunden, aber die Gedanken sind insofern in vieler Hinsicht modern bzw. zeitlos. –

Der griechischen Philosophie sind entscheidende Schritte in der Entwicklung der Erkenntnis gelungen. Sie erreicht

- die Emanzipation der Theorie von Theologie
- die Entwicklung systematischer Formen von Reflexion sowie
- die Entwicklung unterschiedlicher erkenntnistheoretischer Konzepte.

Schematisch:

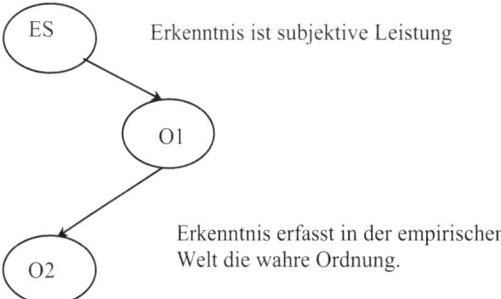

ES   Erkenntnis ist subjektive Leistung

O1

Erkenntnis erfasst in der empirischen Welt die wahre Ordnung.

O2

Damit ergibt sich ein neues Basismodell von Erkenntnis, welches sie als aktive Leistung in bezug auf nicht unmittelbar evidente (also qua „Erleuchtung" und/oder mystische Teilhabe an Glauben erfassbare) Wahrheit, die aus dem empirisch Gegebenen herausgearbeitet werden muss.

3 Der Neubeginn unter veränderten Bedingungen

Nach dem großartigen Start innerhalb der griechischen Philosophie dauerte es vergleichsweise lang, bis das Thema Erkenntnistheorie wieder aufgegriffen wurde und noch länger, bis es wieder das Niveau erreichte, welches sie schon erreicht hatte.

Der Grund dafür ist zunächst der Untergang der griechischen Kultur. Auf Dauer blieb das prekäre Gleichgewicht zwischen den und innerhalb der diversen Stadtstaaten nicht stabil; am Ende stand wieder ein einheitliches (mazedonisches) Reich mit der Standardstruktur solcher Makrogesellschaften, was der Philosophie einen Teil ihrer sozialen Basis entzog. Kurz danach wurde Griechenland vom Römischen Reich, der neuen, aufsteigenden Mittelmeer-Großmacht, erobert. Das Römische Reich war ebenfalls ein einmaliger Sonderfall gesellschaftlicher Entwicklung. Es hat in Europa und seinen angrenzenden Gebieten über eine erstaunliche Zeitspanne ein einheitliches Herrschaftsgebiet, damit einen einheitlichen Wirtschafts- und Kulturraum geschaffen, welches vor allem auf einer enormen Entwicklung technischer und sozialer Infrastruktur basierte. Das Römische Reich war ein Imperium, hatte in gewisser Weise auch die Struktur eines agrarischen Großreiches, es war aber auch eine Gesellschaft, in der die (privilegierte) Bevölkerung und das (vor allem das Groß-)Bürgertum eine wichtige, tragende Rolle spielte. Unter diesen Bedingungen einer Misch-Kultur entstand eine ausgefeilte Logistik, die sich auf technische Großleistungen (Verkehrswesen, Versorgungssysteme), aber auch auf geschickte Sozialorganisation (Herrschafts-, Steuerungs- und Verteilungstechniken) stützte. Die zentralen Leistungen der römischen Kultur waren also die Techniker und „Sozialingenieure". – Dagegen war der philosophische Ehrgeiz des Reiches geringer ausgeprägt. Man begnügte sich weitgehend damit, sich des reichen Angebots der griechischen Kultur zu bedienen (und beispielsweise griechische Sklaven als Lehrer zu beschäftigen); eigene Innovationen hat die römische Kultur auf diesem Gebiet nicht hervorgebracht.

Nach dem Untergang des Römischen Reiches gingen zumindest in Mitteleuropa für lange Zeit die philosophischen Lichter zur Gänze aus. Aus den Wirren des Zerfalls und der nachimperialen Phase ging schließlich das mitteleuropäische Feudalsystem hervor, eine Mixtur aus dem römischen Benefizialsystem (d. h. der Versorgung von verdienten Soldaten, Beamten usw. mit Pfründen) und dem germanischen Gefolgschaftssystem (bei dem die Über/Unterordnung auf einer wechselseitigen persönlichen Verpflichtung beruht). Es handelte sich dabei strukturell um eine traditionale Agrargesellschaft – ohne das technische und soziale Leistungsniveau der Römer, vorübergehend sogar fast ohne Handwerk und Handel, ohne intensive Außenkontakte („Vom 9.-11. Jahrhundert saß Europa hinter Schloss und Riegel", formulierte Henri Pirenne). Was so entstand, war eine Gesellschaft, in der der Großteil der Bevölkerung in kleinen, weitgehend autarken Wirtschaftseinheiten lebte, die sich auf Primärproduktion beschränkten. Es gab so gut wie keinen Handel, kaum Geldwirtschaft, keine Städte.

Scholastik

Dennoch hatte diese traditionelle Agrargesellschaft ein ungewöhnliches Strukturmerkmal, welches auf Dauer zu einer ebenso ungewöhnlichen Entwicklung beitrug: Sie besaß ein doppeltes Herrschaftssystem. Neben der „weltlichen" Feudalhierarchie etablierte sich die christliche Kirche als eigenes System, aber in permanenter Interaktion mit den „weltlichen" Einrichtungen. Diese Doppelkultur war der Hintergrund der Entwicklung einer ungewöhnlichen intellektuellen Kultur – der Scholastik. Umgangssprachlich hat dieser Begriff keinen guten Ruf; man denkt an verschrobenes und verstaubtes Schulwissen. Dies trifft in gewisser Weise auf ihre Spät- und Zerfallszeit zu. Während der langen Zeit des Mittelalters war sie jedoch, was Intellektualität und Theorie betrifft, das einzige Licht in der Dunkelheit.

Ihre besondere Stellung verdankt sie nicht nur dem Eigenbedarf der Kirche, die, wie jede Religion, sich der Pflege ihrer Quellen und heiligen Schriften widmete. Dazu kam, dass die Kirche in einer weitgehenden illiteraten Gesellschaft praktisch ein Schrift- und Bildungsmonopol hatte und dies zu eigenen Zwecken nutzte. Zu diesem Nutzen gehörte in einer Gesellschaft, in der Repräsentation eine große Bedeutung hatte, auch, dass man dieses Monopol nach innen wie nach außen darstellte. Die Einrichtungen, die diese Funktion hatten, waren die Universitäten. Sie waren kirchliche Einrichtungen und ihr Personal waren durchweg Kleriker (hatten also wenigstens die niederen Weihen). Aber ihre Tätigkeit bestand nicht zuletzt in der Demonstration der geistigen Beherrschung der Welt. Dazu entwickelten sich Formen, die das Denken formierten und disziplinierten, aber auch dynamisierten. Man kopierte Aristoteles und brachte ihn in Verbindung mit den mittelalterlichen Formen des Ausdrucks. Die scholastischen Disputationen waren daher so etwas wie Turniere von Rittern des Geistes – und als solche verstanden sich die Scholastiker auch.

Was sich dabei durch die Eigendynamik der Institution entwickelte, war ein intensiver Diskurs über vordergründig theologische Streitfragen, bei denen jedoch die bereits bekannten erkenntnistheoretischen Fragen unvermeidlich mitschwangen. Die Philosophie blieb im Mittelalter die „Magd der Theologie" (ancilla theologiae), aber de facto beherrschte sie mit ihren Fragestellungen sehr viel Diskurse. So ist der „Universalienstreit" – die Frage, ob Allgemeinbegriffe vor aller Realität (wie im Idealismus Platons) oder in den vielen Einzelheiten existieren (so die Realisten) oder nur ex-post-Konstruktionen und Benennungen unseres Geistes sind (so die Nominalisten) – nichts anderes als eine breit angelegte und intensiv geführte erkenntnistheoretische Diskussion in theologischem Gewand. Und sie enthält im Kern bereits einige der zentralen erkenntnistheoretischen Grundpositionen, die dann später neu fundiert und ausgearbeitet werden: Idealismus, Realismus und Konstruktivismus (in der Gestalt von Nominalismus). Auf diese Weise brachte die Theologie die Philosophie in Hochform. Dadurch konservierte und pflegte sie erkenntnistheoretisches Denken in einer Zeit, die eigentlich gar keine Erkenntnistheorie brauchte und bot zugleich eine Art Sprungbrett, von dem die bürgerliche Erkenntnistheorie der frühen Neuzeit abspringen konnte. –

So gesehen ist der Beginn der erkenntnistheoretischen Diskussion im Rahmen der bürgerlichen Philosophie der frühen Neuzeit keineswegs ein Neubeginn – die griechische Philosophie und die Scholastik haben die Themen schon durch- und ausgearbeitet. Dennoch handelt es sich auch um einen neuen, revolutionären Anfang mit weitreichenden Folgen. Der Hintergrund: Bereits im Spätmittelalter zeichnet sich im Rahmen der Feudalgesellschaft der Beginn eines neuen Gesellschaftstyps ab. Europa öffnet sich wieder nach außen, Handel und Handwerk entwickeln sich. Dadurch entstehen Städte – auch hier wieder mit einem vergleichsweise hohen Maß an Autonomie und den Möglichkeiten der Selbstorganisation. In der Folge entsteht wiederum ein (selbstbewusstes) Bürgertum, das seine Lebensorganisation in die eigene Hand nimmt und sich langsam emanzipiert, aber sicher von politischen und geistigen Bevormundungen. Was dann passierte, war sensationell: Es entstand *ein neues bürgerliches Bildungsideal* und eine

Schicht von Bürgern, die sich dafür engagierten. *Bürgerliche Experten* begannen, sich der Wirklichkeit arbeitsteilig und professionell zuzuwenden.

Dabei entwickelte sich eine neue Form von Institutionalisierung. Der *Forscher* wurde zum neuen Träger und Leittyp der Reflexion – ein engagierter „Privatmann", der aus Eigeninteresse und meist auch mit eigenen Mitteln sich aktiv der Welt zuwandte, um zu entdecken, was unbekannt war und zu verstehen, was unverstanden war. Diese Forscher waren keine Kleriker bzw. Universitätsangehörige mehr. Die (mittelalterliche) Universität versank in der Bedeutungslosigkeit, während sich ein öffentlicher Diskurs etablierte, der zum Medium des Erkenntnisfortschritts wurde. Die „Akademie" wurde dabei ein Ort, an dem über Erfahrungen, Probleme und Interpretationen sachlich räsoniert wurde. Aber auch in privaten Zirkeln, in öffentlichen Vereinigungen, in den Salons wurde Forschung jeder Couleur zu einer ernsthaften Beschäftigung. Die Forscher waren „Amateure", aber sie benutzten zunehmend „professionelle" Methoden – systematische Sammlung und Interpretation von empirischen Daten; Experimente usw. Das Ergebnis war ein explosionsartiges Wachstum des Wissens und der Erkenntnisfähigkeit. Damit erhöhten sich Reichweite und Tiefenschärfe der Reflexion. Noch war es möglich, Forschung als „Hobby" neben dem Hauptberuf zu betreiben; noch war es auch möglich, sich in einer Reihe verschiedener Themengebiete zu widmen. So war es keineswegs selten, dass Autoren über Moral, Politik, Physik und Chemie Abhandlungen schrieben. Dennoch: In dem Maße, wie sich Wissen anhäufte, ging die Einheit der Reflexion langsam aber sicher verloren – sie zerfiel in Themen und Fächer. Die Diskurse spezialisierten sich.

Damit stellte sich auch für die Erkenntnistheorie eine neue Aufgabe. Sie musste die neuen Formen der praktischen Erkenntnis und die dafür entwickelten Theorien ebenso verarbeiten wie das Auseinanderdriften und die Spezialisierung unterschiedlicher Themengebiete. Der erste und fundamente Schritt war dabei zunächst ein systematisches Abrücken von der Scholastik. Religion und Erkenntnis(theorie) wurden getrennt. Unter Metaphysik wurde nun (nur) noch Erkenntnistheorie und Methodologie verstanden – die Art und Weise, wie begründete Erkenntnis möglich ist und praktiziert wird. Entsprechend wurde auch der Universalienstreit des Mittelalters in ein neues Denken übersetzt. Nun ging es um die Frage, auf welchem Pfad man zu richtiger Erkenntnis kommt. Im Prinzip wurden zwei Antworten gegeben:

• Ein Ansatz betont die geistige Leistung der Erkenntnis. Der *„Rationalismus"* greift die „idealistischen" und „realistischen" Denkweisen des Mittelalters auf und übersetzt sie in Fragen der Analyse der Funktionsweise des Denkens.
• Der andere betont die zentrale Funktion von realer Erfahrung – der *„Empirismus"*. Er ist Erbe des nominalistischen Denkens, wird durch den Fortschritt der Methoden angeregt und hebt die Bedeutung des sinnlichen Kontakts zur Welt hervor.

Rationalismus

Als Rationalismus wird eine Perspektive bezeichnet, die davon ausgeht, dass Erkenntnis nicht allein aus den empirischen Gegebenheiten hervorgeht, sondern durch intellektuelle Leistungen hervorgebracht wird. Davon waren auch die mittelalterlichen Philosophen ausgegangen. Sie hatten sich heftig darüber gestritten, wie dies im Einzelnen geschieht, aber es war für sie selbstverständlich, dass Gott die Welt geschaffen hat und die Menschen an seiner Schöpfung (mehr oder weniger) auch geistig teilhaben lässt, indem er sie mit Erkenntnisfähigkeiten – sowie eingebauten Unzulänglichkeiten – ausstattet. – Diese strikte Bindung konnte für die aufkeimende Neuzeit nicht genügen. Auch die Theoretiker, die am Vorrang des Verstandes vor den Sinnen festhielten, mussten einen neuen Anlauf zur Begründung einer rationalistischen Position nehmen.

Descartes

Descartes tat dies in aller Konsequenz. Er entkoppelte Erkenntnistheorie von den bis dahin üblichen theologischen Prämissen und revolutionierte dadurch den Rationalismus.

Descartes geht aus von der unbestreitbaren Möglichkeit des Irrtums und zieht gedankenexperimentell eine radikale Konsequenz: Was wäre, wenn man annimmt, dass alles Empirische nur Täuschung ist? Das einzige, was dann noch als sicher übrig bleibt, ist das Ich, welches diese Annahmen macht: „Ich habe mich überredet, dass es schlechterdings nichts in der Welt gibt: keinen Himmel, keine Erde, keine Geister, keine Körper, also doch wohl mich selbst nicht? Keineswegs: *ich* war sicherlich, wenn ich mich dazu überredet habe." (Descartes 1960, 100). Wenn also alles in Frage gestellt werden kann – das Ich des Fragenden nicht. „*Ich* bin, *ich* existiere, soviel ist gewiss." (A. a. O., 101) Und dieses Ich kann (da alles Empirische fraglich ist) kein materielles Wesen sein; es ist ein geistig aktives Ich. „Was bin ich …? Ein denkendes Ding! … Ein Ding, das zweifelt, einsieht, bejaht, verneint, will, nicht will" (a. a. O.). Dieses „res cogitans", welches sich mit der materiellen Welt („res extensa") auseinandersetzt, ist also der einzig definitive Bezugspunkt von Erkenntnis.

Die Welt, mit der sich dieses „res cogitans" beschäftigt, erschließt sich nur durch dessen Aktivitäten. Damit sind nicht Wahrnehmungen und Vorstellungen gemeint: „Ich (würde), was das Wachs ist, nicht richtig beurteilen, wenn ich nicht der Meinung wäre, dass es … mehr Verschiedenheiten zulässt, als ich jemals in der Einbildung umfasst habe. Es bleibt mir also nichts übrig als zuzugeben, dass ich, was das Wachs *ist*, gar nicht die Einbildung habe, sondern nur im Denken erfassen kann." (A. a. O., 104) In Ideen wird die Welt erfasst. Andererseits muss etwas vorhanden sein, was erschließbar ist und gleichzeitig der Möglichkeit von Ideen vorausgeht. Da dies nicht die unsicheren empirischen Dinge sein können, sieht Descartes ihren Grund in einer transzendentalen Substanz, in Gott: „Unter dem Namen Gottes verstehe ich eine Substanz,

René Descartes

Es ist erstaunlich, dass Descartes Leben noch nicht als eine Art Road Movie verfilmt worden ist. Attraktiv genug wäre es. René Descartes, geboren 1596 in einer adligen Familie im französischen Touraine, ist von Kindsbeinen an körperlich schwach. Deshalb darf er sich immer ausschlafen und muss erst dann zur Schule. Das Ausschlafen hält er sein Leben lang bei. Von der Schule hält er wenig – er will selber lernen, und zwar im richtigen Leben. Sobald er vom Schulzwang befreit ist, probiert er verschiedenste Existenzen aus. Er lebt oft inkognito oder unter Adressen, die selbst dem nächsten Freund unbekannt sind, und erforscht so aus Verstecken heraus die Welt; der Grund zu seinem Geheimleben: Seine Werke kamen auf den Index der verbotenen Bücher der Katholischen Kirche, der Reformierten Synode Hollands wie auch einiger Universitäten. – Descartes studiert Mathematik, lebt in der barocken Vergnügungswelt von Paris, ist freiwillig Offizier im 30jährigen Krieg in mehreren Heeren, wobei er auf Sold verzichtet und sich eher als „militärischer Tourist" versteht (Weischedel 1975, 117). Im Laufe der Jahre bereist er fast ganz Europa. – Dann zieht er sich vollständig von der Welt zurück. In Holland arbeitet er fast 20 Jahre lang an seinen philosophischen Schriften, mit der Außenwelt nur durch den Briefverkehr über einen einzigen Freund verbunden. Eigentlich will er gar nichts veröffentlichen. „Wäre ich so klug gewesen, wie nach der Meinung der Wilden die Affen sind, so würde kein Mensch in der Welt wissen, dass ich Bücher schreibe. Die Wilden nämlich, so sagt man, bilden sich ein, dass die Affen sprechen könnten, wenn sie nur wollten; sie täten es aber absichtlich nicht, damit man sie nicht zum Arbeiten zwinge. Ich bin nicht so klug gewesen, das Schreiben zu lassen." (A. a. O., 118) Er beendet seine eigenartige Existenz, indem er die Einladung der schwedischen Königin Christine annimmt, was er aber bald bereut. Denn sie ist im Gegensatz zu ihm eine Frühaufsteherin, die sich schon um fünf Uhr morgens mit ihm über Philosophie unterhalten will. Auch sonst behagt ihm Schweden nicht: „Land der Bären, mitten unter Fels und Eis." Genau dort stirbt er mit 54 Jahren.

die unendlich, unabhängig, von höchster Einheit und Macht ist, und von der ich selbst geschaffen worden bin, ebenso wie alles andere Existierende, falls es nämlich existiert." (A. a. O., 113)

Gott bleibt also letzte Ursache. Aber die Erkenntnis selbst vollzieht sich nach Regeln: „Es muss das Ziel der wissenschaftlichen Bestrebungen sein, den Geist so zu lenken, dass er über alle sich ihm darbietenden Gegenstände begründete und wahre Urteile fällt." (A. a. O., 21) Auf dieser Ebene bleibt der Verstand sozusagen sich selbst und seinen Möglichkeiten überlassen. Das heißt auch: Beschränkung auf das, was dem Verstand zugänglich ist. Diese Themen werden mit Hilfe von „Intuition" (damit meint Descartes „über jeden Zweifel erhabenes Begreifen eines reinen und aufmerksamen Geistes"; a. a. O., 26) und „Deduktion" (logische Ableistung aus Prinzipien und bereits vorhandenem Wissen) behandelt. Wissenschaft ist dabei methodisch kontrollierte Erkenntnis. Die methodische Erfassung von Regeln erfolgt durch Mathematik, wobei den angewandten Wissenschaften die „Universalmathematik" zugrunde liegt. „Das Wort ‚Mathematik' … (bedeutet) dasselbe wie ‚Wissen'." (A. a. O., 32) Zur Mathematik gehört alles, wo „nach Ordnung und Maß geforscht wird", wobei es nicht darauf ankommt, „ob man dieses Maß nun in den Zahlen oder in den Figuren oder Gestirnen oder den Tönen oder in irgendeinem anderen Gegenstande zu suchen hat." (A. a. O.) Die Universalmathematik ist also die Sprache der Universallogik der Wirklichkeit. Die Fähigkeit, Mathematik zu verstehen, ist dem (entsprechend geschulten) menschlichen Verstand eigen (kann aber verschüttet werden) – eine bemerkenswerte Ehre. Damit hat Descartes ein neues Erkenntnisprogramm entworfen, in dem die methodisch kontrollierte Erfassung der Welt mit den Regeln der Mathematik, Arithmetik, Geometrie erfolgt. Erkenntnis ist eine Leistung des „res cogitans", dem die Welt gegenüber steht. Diese Trennung von Subjekt und Objekt gilt als Ursprung einer folgenreichen Aufspaltung der Welt in zwei Bereiche – in Geist und Materie. Sie gilt damit auch als

Anfang einer Modernisierung, die einerseits zur Verfügung über die Objektwelt führte, andererseits zur Auflösung der Einheit der Welt. Descartes ist also sowohl für den technischen Fortschritt als auch für die „Sinnlosigkeit" der modernen Welt verantwortlich gemacht worden. – Zumindest spiegelt sich in seinem Denken ein neuer Wirklichkeitszugang und damit eine neue Form der Begründung von Erkenntnis, die „idealistisch" bleibt, aber sich definitiv von Theologie abnabelt und den Weg in Richtung auf eine Bindung von Erkenntnis an Methode öffnet.

Rationalismus

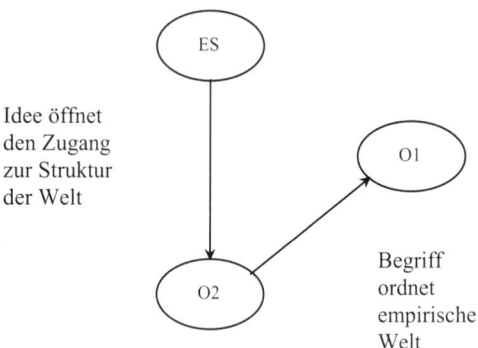

G. W. Leibnitz

Zu den Erkenntnistheoretikern, die auf Descartes' Pfaden weiter gegangen sind, gehören vor allem Leibnitz und Spinoza. Gottfried Wilhelm Leibnitz (1646-1716), oft auch als das „letzte Universalgenie" der Geschichte bezeichnet, weil er sich mit allen damals bekannten Wissenschaften (mehr oder weniger intensiv) beschäftigte, ist vor allem als Mathematiker (als einer der Begründer der Infinitesimalrechnung) bekannt geworden. Seine rationalistische Erkenntnistheorie ist originell. Er greift das Substanz-Konzept auf (die Welt besteht aus einer einzigen

Substanz), sieht die Substanz jedoch in Form von kleinsten Einheiten, die er Monaden nennt. Diese Monaden sind körperlose, nicht auf materielle Einflüsse reagierende Einheiten, die nicht teilbar sind, aber mit untereinander in Austausch stehen. Die Monaden spiegeln in ihren Perzeptionen (Wahrnehmungen) die Welt, wobei sie je nach Position unterschiedlichen „Durchblick" haben. Die „nackten Monaden" (die „eigentlichen Atome" der Welt) haben nur eine Art unbewusstes Verständnis der Welt, die „Seelenmonaden" (also Menschen) sind fähig zu bewusster, aber beschränkter Wahrnehmung; nur Gott als „Urmonade" hat ein vollständiges Bild des Universums. Auch hier ist Erkenntnis eine Art individuelle Leistung der „Seelenmonaden", wobei Leibnitz die Möglichkeit geteilter Erkenntnis in einem berühmt gewordenen Gleichnis so beschreibt: Die Monaden sind wie Uhren, die der Große Uhrmacher so gestellt hat, dass sie alle gleich ticken. Dabei ist die Welt für Leibnitz in einem perfekten Zustand: Leibnitz spricht von „prästabilierter Harmonie" und davon, dass dies die „beste aller möglichen Welten" sei.

Baruch de Spinoza

Leibnitz realisiert also das Problem der Isolation der erkennenden Subjekte und sieht sich gezwungen, zu weitreichenden idealistischen Zusatzannahmen zu greifen. Baruch de Spinoza(1632-1677) entwickelt das rationalistische Denken in einer anderen Hinsicht weiter und kommt dabei ebenfalls zu revolutionären Vorstellungen, die Verbote und Verfolgungen zur Folge haben. Sein Denken wird charakterisiert durch das, was *Monismus* (Einheit von Gott und Natur) und *Naturalismus* (der Mensch wird als Teil der Natur verstanden) genannt wird. Rationalistisch ist vor allem die Annahme, dass die Ordnung der Ideen und die Ordnung der Welt identisch sind. Diese Identitäts-Vorstellung hat weitreichende Folgen. Spinoza geht davon aus, dass es nur eine Substanz gibt, die alles – die gesamte Welt, Gott und sich selbst – umfasst. Gott ist daher nicht vor oder außerhalb der Natur; die Natur ist Gott. Göttlicher Auftrag an die Menschen ist daher, ihrer Natur zu folgen – da sie, wie Spinoza in Anlehnung an Hobbes definiert, „Bedürfniswesen" sind, sollen sie also ihre Bedürfnisse auf aufgeklärte Weise befriedigen. Und Ziel der Erkenntnis ist es, die innere Logik – die Notwendigkeit – allen Geschehens zu begreifen und anzuerkennen. – Man kann sich vorstellen, dass Spinozas Denken seine Zeitgenossen irritierte, weil und wo er radikal „Logik" an die Stelle von „Gott" setzt. Auf spätere Theorien (Deutscher Idealismus, Romantik) hat er jedoch äußerst anregend gewirkt. –

Empirismus

Bacon
Als Wegbereiter des Empirismus gilt Francis Bacon. Sein Hauptwerk trägt den Titel „Novum Organum" (1620). Dahinter steht der hohe Anspruch, die moderne Fassung von Aristoteles' „Organon" zu liefern, demjenigen Werk, auf das sich die gesamte bisherige Methodendiskussion bezog. Der Titel bedeutet denn auch klipp und klar „neues Werkzeug". Gemeint ist das methodische Werkzeug für sämtliche Wissenschaften.

Herstellerin dieses neuen Werkzeugs ist die oberste Wissenschaft. Sie wacht darüber, dass wahre Erkenntnis entsteht; Bacon sieht in ihr vor allem eine Kritikerin der anderen Disziplinen. Sie muss auf die Vorurteile aufmerksam machen, mit denen wir denken, und sie überwinden. Denn wahre Erkenntnis ist nur möglich, wenn wir uns von Vorurteilen befreien. Bacon nennt die Vorurteile „idola", d. h. Trugbilder. Er teilt sie in vier Gruppen.

Die *idola tribus* („Trugbilder des Stammes") sind diejenigen der menschlichen Gattung. Wir können die Wirklichkeit nur mit den Mitteln unseres Verstands und unserer Sinne erfassen. Sie geben immer ein verfälschtes Bild der Wirklichkeit.

„Die Idole des Stammes sind in der menschlichen Natur selbst, im Stamme selbst oder in der Gattung der Menschen begründet. Es ist nämlich ein Irrtum zu behaupten, der menschliche Sinn sei das Maß aller Dinge, ja, das Gegenteil ist der Fall; alle Wahrnehmungen der Sinne wie des Geistes geschehen nach dem Maß der Natur des Menschen, nicht nach dem des Universums. Der menschliche Verstand gleicht ja einem Spie-

Francis Bacon

Francis Bacon hat offenbar konsequent nach seinem bekannten Merksatz gelebt: „Wissen ist Macht". Die Identität von beidem verkörperte er in der Personalunion eines skrupellosen Staatsmannes und scharfsinnigen Philosophen.

1561 in London geboren, studiert er Jurisprudenz und sitzt mit 23 schon im britischen Unterhaus. Er schreckt auf seinem raschen Karriereweg auch nicht davor zurück, die Verurteilung und Hinrichtung eines Freundes und Gönners, des Grafen von Essex, wegen Hochverrats zu betreiben. Seine ausgeprägte Treue zur Königsfamilie lohnt sich: Bacon wird Oberster Kronanwalt, Lordsiegelbewahrer und schließlich sogar Lordkanzler, Inhaber des höchsten englischen Staatsamts. Sein Eintreten für eine absolutistische Rechts- und Staatstheorie wird honoriert; trotzdem ist er nicht gegen alles gefeit. Mit 60 Jahren wird er wegen Korruption aus allen öffentlichen Ämtern entlassen. 5 Jahre später stirbt er in London.

Für Francis Bacon ist der Zweck des Wissens klar: Die Beherrschung der Natur zum Nutzen der Gesellschaft. Seine Leistung besteht weniger in innovativen philosophischen Gedanken; vielmehr hat er bereits Bekanntes so brillant auf den Punkt gebracht, dass seine Formulierungen bis heute bestechen. Bacons Bedeutung ist eminent politisch: Er konzipiert auf höchstem Niveau eine Forschungsstrategie für sämtliche Wissenschaften seiner Zeit und bringt sie an höchster Stelle an: „Dieses Werk ist ein Körper aus Ton, in den Ihre Majestät durch Ihre Gunst und Unterstützung Leben hauchen möge." (Bacon 1990 Bd. I, Einleitung zur Instauratio Magna) Kern seiner Vision ist die Arbeitsteilung unter den Disziplinen und eine gezielte, sukzessive Forschungstätigkeit – eine Philosophie der Forschung, die bis heute nachwirkt.

gel, der die strahlenden Dinge nicht aus ebener Fläche zurück-
wirft, sondern seine Natur mit der der Dinge vermischt, sie
entstellt und schändet." (Bacon 1990 Bd. I, 163-164)

Die *idola specus* („Trugbilder der Höhle") sind die Vorurteile
des einzelnen Menschen, die individuell verschieden sind je
nach Veranlagung, Erziehung, Gewohnheit und Neigung.

„Die Idole der Höhle sind die Idole des einzelnen Menschen.
Denn ein jeder hat (neben den Abirrungen der menschlichen
Natur im allgemeinen) eine Höhle oder eine gewisse nur ihm
eigene Grotte, welche das Licht der Natur bricht und verdirbt,
teils infolge der eigenen und besonderen Natur eines jeden;
teils infolge der Erziehung und des Verkehrs mit anderen, teils
infolge der Bücher, die ein jeder mit Vorliebe liest, und der
Autoritäten, denen er Verehrung Bewunderung zollt; teils infolge der Unterschiedlichkeit der Eindrücke, wie sie einer vor-
eingenommenen und vorurteilsvollen Sinnesart oder aber einer gleichmütigen und gesetzten Stimmung entsprechen und
dergleichen mehr. Daher ist offenbar der menschliche Geist in
seiner Verfassung bei den verschiedenen Individuen ein veränderliches, unberechenbares Ding. Deshalb sagt Heraklit tref-
fend: In ihren kleineren Welten und nicht in der größeren und
gemeinsamen Welt mühen sich die Menschen um die Wissenschaften." (A. a. O., 42, 164)

Mit den *idola fori* („Trugbilder des Marktes") nimmt Bacon
die Probleme der Sprache auf, die Generationen von Philosophen vor ihm im Universalienstreit beschäftigt haben. Bacon
ist Nominalist, d. h. er ist der Ansicht, dass die bloßen „Namen" mit der Logik der Dinge nicht verbunden sind. Die „Namen" entstehen im sozialen Umgang der Menschen, also sozusagen auf dem Markt.

„Es gibt auch Idole infolge des engen Beieinanderseins und
der Gemeinschaft des menschlichen Geschlechts; diese nenne
ich wegen des Verkehrs und der Gemeinschaft des Menschen
Idole des Marktes. Die Menschen gesellen sich nämlich mittels
der Sprache zueinander; aber die Worte werden den Dingen
nach Auffassung der Menge beigeordnet. Daher knebelt die

schlechte und törichte Zuordnung der Worte den Geist auf merkwürdige Art und Weise. Auch die Definitionen oder Bezeichnungen, mit denen sich die Gelehrten in einigen Punkten zu schützen und zu verteidigen pflegen, bessern die Sachlage keineswegs. Sondern die Worte tun dem Verstand offensichtlich Gewalt an und verwirren alles. Sie verführen die Menschen zu leeren und zahllosen Streitigkeiten und Erdichtungen." (Bacon 1990 Bd. II, 164)

Bacons schärfster Hinweis ist der auf die *idola theatri* („Trugbilder des Theaters"): Hier geißelt er die Irrtümer, die in den philosophischen Schulen entstehen und tradiert werden, und vergleicht ihre Theorien mit Theater-Inszenierungen. Tatsächlich büßen ja viele Theorien durch ihre Verschulung an Erkenntniswert ein. Theorien können durch ihre Verschulung an Reflexion verlieren und dogmatisch werden; dann sind Schulen Institutionen bloßen Glaubens. Auch dem Theater schenken wir Glauben, wenn wir uns in den Bann einer gelungenen Inszenierung ziehen lassen.

„Es gibt endlich Idole, welche in den Geist der Menschen aus den verschiedenen dogmatischen Behauptungen philosophischer Lehrmeinungen wie auch aus den verkehrten Gesetzen der Beweisführung eingedrungen sind; diese nenne ich die Idole des Theaters; denn so viele Philosophien angenommen und erfunden worden sind, so viele Fabeln sind nach meiner Auffassung damit geschaffen und für wahr unterstellt worden, welche die Welt als unwirklich und erdichtet haben erscheinen lassen … Und ich beziehe dies wiederum nicht bloß auf die allgemeinen philosophischen Systeme, sondern auch auf die Prinzipien und auf eine große Anzahl von Lehrsätzen der Wissenschaften, welche durch Tradition, Leichtgläubigkeit und Nachlässigkeit Geltung erlangt haben." (Bacon 1990 Bd. I, 164-165)

„Diese Dichtungen des Theaters haben mit den für die Bühne gestalteten Dichtungen das gemein, das Theaterstücke gegenüber den wahren Erzählungen der Geschichte beliebter, gefälliger und ganz nach dem Geschmack des Publikums sind." (A. a. O., 173)

Zum wirklichen Abbild der Natur kommen wir laut Bacon nicht über die Vorurteile, sondern nur über ein Zusammengehen von empirischer Erfahrung und ordnender Tätigkeit des Geistes. Nur so kann der Mensch sich das nötige Wissen aneignen, um der Natur zu trotzen.

„Denn der Mensch als Diener und Dolmetscher der Natur wirkt und weiß nur soviel, wie er von der Ordnung der Natur durch seine Werke oder durch seinen Geist beobachtet hat; mehr weiß er nicht und mehr vermag er nicht. Denn keine Kraft kann die Kette der Ursachen lösen oder zerbrechen, und die Natur wird nur besiegt, indem man ihr gehorcht. Daher fallen jene Zwillingsziele, die menschliche Wissenschaft und Macht, zusammen und das Misslingen der Werke geschieht meist aus Unkenntnis der Ursachen.

Und darin liegt alles begründet, dass man das geistige Auge niemals von den Dingen selbst wegwende und deren Bilder so aufnehme wie sie sind." (Bacon 1990 Bd. II, 144-145)

Die Natur, die von Gott geschaffen worden ist, und die künstlichen „Naturen", die der Mensch schafft, sind nach demselben „Alphabet" gebaut. Deshalb können wir uns zwischen der göttlichen und den künstlichen Naturen hin und her bewegen (sowohl praktisch als denkerisch).

„In der Tat muss man sagen, dass eine gut überprüfte und klare Erkenntnis der einfachen Eigenschaften dem Lichte gleicht, sie gewährt Zugang zu den Geheimnissen der Werkstätte der Natur, mit ihrer Macht umfasst und zieht sie nach sich ganze Massen und Gruppen von Werken und die Quellen für die wertvollsten Grundsätze. In sich selbst ist sie nicht besonders nützlich. Auch die Buchstaben für sich und getrennt sind ohne Bedeutung und Nutzen, und doch sind sie für die Formung und den Aufbau einer Sprache gleich dem Urstoff unentbehrlich." (Bacon 1990 Bd. I, 215)

Bacons Wahrheitsbegriff ist dem Utilitarismus, aber auch dem heutiger Neo-Konstruktivisten verwandt – wahr ist, was in der Praxis am besten als Handlungsanleitung funktioniert:

„Konsequenz aus der Theorie von den Naturen ist, dass das am wahrsten ist, was in der Handlung am nützlichsten ist." (Bacon 1990 Bd. II, Aph. B4)

Aus heutiger Sicht ist dieser Wahrheitsbegriff problematisch, da er nicht explizit macht, wem die Handlung nützen muss. Denn wenn mehrere Akteure in eine Handlungssituation involviert sind, liegen zwangsläufig verschiedene Interessen vor und es kommt zu einem Konflikt in der Wahrheitsfindung. Welche Handlung nützt wem – und was ist Nutzen? Bacon impliziert jedoch, dass jeder Akteur nur an seinem eigenen Nutzen interessiert ist und selber entscheidet, was ihm nützt, also innerhalb der Entsprechung der Naturen zu einer eigenen Wahrheit gelangt (was wiederum eine moderne Sichtweise ist).

Eine ethische Diskussion der Nützlichkeit von Handlungen kümmert Bacon noch wenig. Eine Antwort versuchte später der Utilitarismus: Jene Handlung ist ethisch am richtigsten, die sich für die größte Zahl der Betroffenen am positivsten auswirkt – ohne dass damit etwas über Wahrheit ausgesagt wäre.

Empirismus

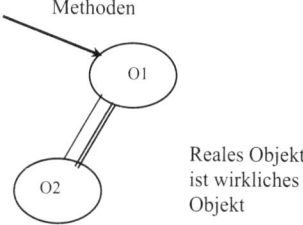

Bacon ist in seinem Forschungsbegriff strikt. Forschung ist ein Prozess, benötigt Zeit. Je länger wir forschen, desto näher kommen wir der Wahrheit. Deshalb wagt er es, sich über die Tradition zu erheben, sogar über Aristoteles, weil in der Antike der Forschungsprozess noch am Anfang stand. Der Forschungsstand der Antike entspricht für Bacon dem eines Jünglings, der neueste Forschungsstand aber dem eines erfahrenen Greises. Zwingend für den Fortschritt der Forschung ist die Zusammenarbeit unter den Wissenschaftlern. Unterschiede in der Religion dürfen dabei kein Hindernis sein. Religion muss überhaupt aus der Wissenschaft ausgeschlossen werden. Es darf kein Diskussionsgegenstand sein, die Absicht Gottes hinter der Schöpfung, (also eine Finalursache) zu untersuchen.

Bacons „Novum Organum" ist auch ein brillantes Strategiepapier in wissenschaftspolitischer Absicht. Es geht Bacon darum, durch seine Vision eine kritische Gemeinschaft zu stiften. Er erweist sich in diesem Großunternehmen als erstaunlich realistisch und thematisiert zu einem frühen Zeitpunkt tatsächliche Probleme der Forschung. Gerade mit seinem Begriff der Induktion beschreibt er, wie Forschung eigentlich abläuft, dass sie nämlich immer versucht, neue Beobachtungen in eine bestehende Theorie zu integrieren. Sie besteht immer einerseits aus einem durchdiskutierten Konsens und andererseits aus neuen, widersprüchlichen Hypothesen. Die vorläufige Unentscheidbarkeit der Hypothesen gilt es auszuhalten.

Methoden der Erkenntnis

Die Entwicklung moderner Wissenschaft wäre ohne eine Revolution der Methoden nicht denkbar. Bis zum Empirismus war an den Kategorien des Denkens, nicht aber an der Kontrolle des Wirklichkeitskontakts gearbeitet worden. Die Kategorien wurden daher kontemplativ entwickelt und benutzt – im Nachdenken über das, was man wusste (oder zu wissen glaubte), im Reden und Schreiben. Auf die Idee, systematisch Informationen zu sammeln, kam man nur vereinzelt. Zumindest gab es in der frühen Erkenntnisphilosophie keine methodischen Überlegungen im Sinne einer ausgearbeiteten Theorie der Erfassung von Wirklichkeit. Die Entstehung der klassischen bürgerlichen Erkenntnisphilosophie geht einher mit der Entstehung von Methodologie. Der *Rationalismus* entwickelt theoretische Konzepte des Wirklichkeitskontakts. Daraus entwickelt sich ein Strang moderner Erkenntnistheorie. Der zweite Strang bildet der *Empirismus*, der die Praxis der Erkenntnis formulierte und sie auf methodisch kontrollierte Ergebnisse festlegte.

Die methodologische Revolution ist vor allem verbunden mit *Beobachtung* und *Experiment*. Beobachtung ist zunächst eine aktive Wahrnehmung von Wirklichkeit. Sie ist immer selektiv (es kann nicht alles wahrgenommen werden) und konstitutiv (Wirklichkeit wird in der Form der Theorie wahrgenommen und ausgedrückt). Entscheidend ist, ob die Beobachtungen der Logik des Alltagsbewusstseins unterliegen, oder ob bewusst und kontrolliert beobachtet wird. Eine kontrollierte Beobachtung benutzt entwickelte Verfahren quantitativer und qualitativer Art. Sie passen sich – mit mehr oder weniger Erfolg – ihrem Gegenstand an. In jedem Fall handelt es sich um eine organisierte und gesteuerte Beobachtung, die nicht den unmittelbaren Bedürfnissen der Orientierung dient. Auf diese Weise sind kontextunabhängige Feststellungen gezielt erreichbar. Damit legt Beobachtung die Grundlage für empirisch begründete theoretische Aussagen.

Das Experiment ist ein entscheidender Schritt über Beobachtung hinaus. Es dient dazu, neue Erfahrungen zu gewinnen und Hypothesen zu testen. Hier wird Wirklichkeit aktiv bearbeitet. Auf dem Hintergrund von Annahmen über mögliche Befunde wird Wirklichkeit gezielt manipuliert. Durch Variation und Wiederholung ergibt sich zudem die Möglichkeit zeitunabhängiger, d. h. sorgfältiger Prüfung. Üblicherweise wird in einem Experiment mit Annahmen über die Ergebnisse gearbeitet. Die Ergebnisse bestätigen oder widerlegen diese Annahmen. Prognose und Kritik sind daher die entscheidenden Mittel, die das Experiment der Theorie zur Verfügung stellen kann.

Beobachtung und Experiment stehen für empirische Genauigkeit und theoretische Prüfung. Dies gilt für *alle* Methoden, ob sie quantitativ oder qualitativ verfahren. Die Kriterien und Verfahren dafür hängen jedoch von den genauen Umständen ab und sind umstritten, weil es dafür keine einheitlichen Maßstäbe gibt. Die Ausarbeitung von Methoden ist in jedem Fall die Bedingung für Fortschritte der Erkenntnis. Es ist daher kein Zufall, dass die Wissenschaftstheorie sich zunächst von Erkenntnistheorie weitgehend verabschiedet und auf Methodologie setzt. Aber es hat sich auch gezeigt, dass dieser Pfad nicht zu einer definitiven Lösung der Erkenntnisproblematik führt – und zusätzlich zum Problem wird, wenn dabei versucht wird, eine bestimmte Methode zur allein gültigen zu ernennen. Daher müssen *Methodologie* und Begründung *bestimmter* Methoden gut getrennt werden; daher müssen Methodologie und Theorie immer Hand in Hand gehen.

Locke

Derjenige, der das empiristische Forschungsprojekt Bacons als erster konsequent ausformuliert und erkenntnistheoretisch begründet hat, ist John Locke. Für ihn folgt Gewissheit nicht aus dem Denken, sondern aus dem sinnlichen Wissen. Es ist

„… der tatsächliche Empfang von Ideen aus der Umwelt, der uns von der Existenz anderer Dinge Kunde gibt und uns erkennen lässt, dass im gegebenen Augenblick wirklich etwas außer uns existiert, was jene Ideen in uns hervorruft, wenn wir vielleicht auch weder erkennen noch danach fragen, wie sich dieser Vorgang abspielt. Denn es beeinträchtigt nicht die Zuverlässigleit unserer Sinne und die Gewissheit der Ideen, die sie uns vermitteln, dass wir nicht wissen, auf welche Weise sie zustande kommen." (Locke 1911, 304)

Locke sieht in seinem erkenntnistheoretischen Hauptwerk „Essay Concerning Human Understanding" (Versuch über den menschlichen Verstand, 1689) die Sinne als einzige Garanten sicheren Wissens. Verstand und Logik sind dem sinnlichen Erleben nachgeordnet. Angeborene Ideen existieren für Locke nicht – alle Ideen im Bewusstsein eines Menschen und somit jede seiner Erkenntnisse stammen ausschließlich aus der Erfahrung, das heißt aus Sinneswahrnehmungen. Wegen der entscheidenden Rolle der Sinne wird Lockes Empirismus auch als *Sensualismus* bezeichnet.

John Locke

It is „Ambition enough to be employed as an Under-Labourer in Clearing the Ground a little, and removing some of the Rubbish, that lies in the Way of Knowledge." (Locke 1979, 10) Sich einen Hilfsarbeiter zu nennen, der nur ein wenig Abfall kehrt, ist „understatement", denn es geht hier um ein Werk von 700 Seiten, geschrieben von einem Spitzen-Wissenschafter in mehreren Disziplinen. Wie wird man so bescheiden? Offenbar durch viele Hochs, Tiefs und Gefahren.

John Locke (1632-1704) hat in Oxford Naturwissenschaft, Staatslehre, Philosophie sowie Medizin studiert und hat bereits eine universitäre Karriere hinter sich, als er sich mit 35 Jahren mit dem Earl of Shaftsbury befreundet. Diese Freundschaft prägt Locke, denn Shaftsbury wird Lordkanzler, Regierungsoberhaupt. Von nun an erleben sie das unruhige England der religiösen Bürgerkriege und Skandale gemeinsam. Locke wird Shaftsburys Sekretär, Leibarzt, Berater sowie Hauslehrer der Familie, bei der er einzieht. Zeitweise übernimmt Locke auch selber Staats-Ämter, doch die Wissenschaft hält ihn; nicht nur als Staatsrechtler („Two Treatises of Government", 1690), er wird auch Mitglied der neu gegründeten „Royal Society", einem Zirkel von Empiristen mit dem Motto „Nullius in verbia" (Worte allein gelten nichts). Zweimal muss Locke aus England fliehen: 1675, als Shaftsbury gestürzt wird, nach Frankreich – 1683, als jener auf Hochverrat angeklagt wird, nach Holland. Das oben zitierte Understatement ist das des 67-jährigen im holländischen Exil.

Die Sinneswahrnehmungen sind im Geist als Ideen repräsentiert. Die Rolle des Geistes besteht einzig darin, mit diesen Ideen umzugehen.

„Da der Geist bei allem Denken und Folgern kein anderes unmittelbares Objekt hat als seine eigenen Ideen, und da er nur sie betrachtet und betrachten kann, so liegt es auf der Hand, dass unsere Erkenntnis es lediglich mit unseren Ideen zu tun hat.

In der Erkenntnis sehe ich deshalb nichts anderes als die Wahrnehmung des Zusammenhangs und der Übereinstimmung oder Nichtübereinstimmung sowie des Gegensatzes zwischen beliebigen Ideen, die wir haben. Das allein macht sie aus. Wo diese Wahrnehmung vorhanden ist, haben wir Erkenntnis; wo sie fehlt, können wir uns wohl etwas einbilden, etwas vermuten oder glauben, bringen es aber nie zu voller Erkenntnis." (A. a. O., 164)

Erkenntnis entsteht also aus dem Umgang mit Ideen, die aus Sinneserfahrungen stammen. Diese hat für Locke zwei Quellen:
* Die *äußere Sinneswahrnehmung* (sensation) und
* die *innere Sinneswahrnehmung* (reflection).

Beide erzeugen Ideen. Sie sind entweder einfach oder komplex. *Einfache Ideen* entstehen ohne Zutun des menschlichen Geistes. Sie werden direkt durch die Reize erzeugt, die von einem Objekt ausgehen. Locke unterscheidet einfache Ideen,
* die durch die Sensation nur eines Sinnes entstehen (z. B. Farben, Töne),
* oder durch die Sensation mehrerer Sinne (Räume, Töne);
* die durch Reflexion zu Stande kommen (also durch innere Bewusstseinsvorgänge),
* oder an denen Reflexion und Sensation beteiligt sind (Zeit, Lust).

Aus einfachen Ideen erzeugt der Geist *komplexe*, indem er vergleicht, trennt, verbindet oder abstrahiert. Durch diese Operationen entstehen drei Arten komplexer Ideen:
* Substanzen (Einzeldinge oder Spezies wie Mensch und Pflanze)

- Modi (Ideen, die an Substanzen vorkommen, z. B. Tag als Modus der Zeit; oder gemischte Modi wie die der Moral)
- Relationen (Verhältnisse wie z. B. das von Ursache-Wirkung)

Erkenntnis entsteht also immer in der Wahrnehmung der Übereinstimmung oder Nichtübereinstimmung zweier Ideen. Die unterschiedliche Klarheit dieser Wahrnehmung führt zu verschiedenen Graden von Wissen:

- *Sensitives Wissen* ist das Wissen von der Existenz einzelner endlicher Wesen außer uns. Wir nehmen die Welt durch unsere Sinne wahr und bilden sie für uns ab. Sinnliche Erfahrung ist die eigentliche Basis der Erkenntnis und somit der Eckpfeiler des Empirismus.
- *Demonstratives Wissen* kommt über die Vermittlung anderer Ideen zu Stande (z. B. in Schlussfolgerungen, die über ein Drittes laufen). Die Vernunft führt uns denn auch zur Idee, dass es einen Gott gibt. Denn es muss eine Ursache für die Welt geben, die ihrerseits nicht bedingt ist.
- *Intuitives Wissen* hat den höchsten Wissensgrad. Es ist unmittelbar, denn der Geist nimmt in der Intuition Übereinstimmung und Nichtübereinstimmung durch sich selbst wahr (z. B. im Vergleich von Dreieck und Kreis). Intuition gilt auch für uns selber, über die eigene Existenz kann man nicht zweifeln.

Locke hat die Sinne als die Pforten zur Welt angesehen. Sein Argument dafür ist, dass die Sinne nicht trügen. Locke meint zwar, dass alles mit den Sinnen zu erfassen sei. Die Ideen seien zwar Reproduktionen der Welt und ihrer Objekte, aber keine vollständigen Reproduktionen. *Wahrheit* kann sich deshalb nur auf Sätze beziehen, das heißt sie liegt dann vor, wenn das Verhältnis der in den Sätzen enthaltenen Zeichen überprüft und für richtig befunden worden ist. – So gelangen wir zu zwei Arten von Wissen: Zu *aktuellem* (im Hier und Jetzt) und zu *habituellem Wissen* (Gewohnheitswissen).

Die Aggregation von Ideen verläuft immer gleich, so dass sich immer der gleiche Überbau entwickelt. Die Wahrheit komplexer Ideen entsteht durch *Induktion*: Aus Einzelfällen bildet der menschliche Verstand allgemeine Erkenntnisse. Das generalisierende Verfahren der Induktion ist für Locke deshalb auch in der Wissenschaft legitim. Es ist für Locke dasjenige

---

Induktion als Kritik der Deduktion

Die von Aristoteles begründete Logik war zwar auf empirisches Geschehen ausgerichtet, aber wesentlich deduktiv angelegt. Der Syllogismus ist ein Modell der korrekten Ableitung eines Schlusses aus Prämissen und Regeln des Schließens. Die Prämissen mussten dabei als wahr angenommen werden. In der deduktiven Anlage von Begründungen folgten ihm die meisten Theoretiker. Der Empirismus wollte dagegen auf die Richtigkeit von Prämissen jedweder Art nicht mehr vertrauen und sich nur auf empirisch Nachweisbares stützen. Er nahm dezidiert Abschied von der Vorstellung, es gäbe ein voraussetzbares Ganzes, in dessen Rahmen Einzelheiten ihren Platz haben (so dass Interpretationen prinzipiell imstande sind, diesen Platz auch zu finden). Damit konnten Erkenntnisse auch nicht mehr auf rein logischem Wege (durch Deduktion: Ableitung aus vorausgesetzten allgemeinen Zusammenhängen) gewonnen werden. Der alleinige Bezugspunkt des Empirismus ist die empirische Realität, die jedoch aus einer Fülle von disparaten Einzelheiten besteht. Die Möglichkeit, alle Einzelzeiten und ihre Beziehung untereinander zu untersuchen, überfordert jedes empirische Verfahren. Das von Locke und anderen empfohlene Mittel ist daher die Induktion (eigentlich: das Hineinführen). Dabei wird von einer (festzulegenden) Zahl einzelner Fälle darauf geschlossen, dass sich alle Fälle so verhalten. Man schließt also von einer definierten Zahl untersuchter Sachverhalte darauf, dass sich die Dinge immer so verhalten.

Verfahren, auf das wir wegen der Beschränktheit unserer Mittel angewiesen sind.

„Hieraus können wir ferner entnehmen, wie töricht und aussichtslos es für uns Menschen mit beschränkter Einsicht ist, denen die Vernunft verliehen wurde, um die verschieden große Evidenz und Wahrheit der Dinge zu beurteilen und sich dadurch leiten zu lassen – wie aussichtslos, sage ich, es ist, wenn man Beweise und Gewissheit verlangt bei Dingen, die dafür ungeeignet sind, oder wenn man bei ganz vernünftigen Sätzen seine Zustimmung verweigert und ganz klaren und deutlichen Wahrheiten zuwiderhandelt, weil sie sich nicht in so einleuchtender Form darlegen lassen, dass sie auch den allerleisesten (ich will nicht sagen Grund, sondern) Vorwand zum Zweifeln beseitigen. Wer in den gewöhnlichen Dingen des Lebens nichts gelten lassen wollte, als den direkten, klaren Beweis, hätte auf dieser Welt nur die einzige Gewissheit, dass er bald zugrunde gehen werde. Die Bekömmlichkeit von Speise und Trank würde ihm für eine Probe nicht ausreichend begründet erscheinen, und ich möchte wohl wissen, was er überhaupt noch tun könnte, wenn es nur aus Gründen geschehen sollte, die für keinerlei Zweifel und Einwand mehr Raum lassen." (A. a. O., 311)

Induktion ist schlicht und einfach menschlich und überlebenswichtig.

Lockes Erkenntnistheorie mutet modern an. Sein Rückgriff auf die Sinne erscheint aus heutiger Sicht gerade deshalb so geschickt, weil er das daraus entstehende Wissen relativiert. Trotzdem rief seine Theorie den berechtigten Widerspruch anderer hervor, wobei der Begriff der Induktion ins Zentrum gerückt wurde.

Hume

Locke glaubte also, das Erkenntnisproblem durch die Bindung an die sinnliche Erfahrung lösen zu können. David Hume folgte ihm in diese Richtung und radikalisierte den Sensualismus noch (so weit dies überhaupt möglich war). Für ihn gehen alle

Vorstellungen auf die unmittelbar gegebenen Sinneseindrücke (impressions) zurück; Ideen sind für ihn nur ein blasses Abbild, welches sich im Gedächtnis erhält. Wissen ist für ihn entsprechend nicht als die Verknüpfung von Sinneseindrücken oder Beziehungen zwischen Vorstellungen (die zu abstrakten Mustern, etwa in mathematischen Formeln, führen). „Kausalität" ist daher eine Vorstellung, die sich aus der wiederholten Erfahrung der zeitlichen Folge von Erfahrungen ergibt (und nicht ein Produkt geistiger Leistung). Die aktive Leistung des Denkens beschränkt sich dabei auf die Registrierung und Ordnung des Erfahrungsflusses nach bestimmten Assoziationsprinzipien.

„Alle unsere Vorstellungen sind Abbilder unserer Eindrücke." (Hume 1967, 34) Daher gibt es für ihn ein einfaches Kriterium zur Beurteilung von Vorstellungen: *„Welchem Eindruck entstammt diese … Vorstellung?"* (A. a. O., 37) Falls sich keiner finden lässt, braucht man über die Vorstellung nicht weiter zu diskutieren. – Von weitreichender Bedeutung sind Humes Folgerungen. Die „Assoziation" von Vorstellungen ist ebenfalls ein Vorgang, der nur aus den Eindrücken stammen kann … *„Ursache und Wirkung* (sind) *nicht durch Vernunft, sondern durch Erfahrung zu entdecken."* (A. a. O., 44) Daraus leitet Hume ab, dass das von Locke vertretene Prinzip der Induktion (der Schluss von einer Reihe von Ereignissen auf zukünftige bzw. alle möglichen Ereignisse) nicht möglich ist. „Alle Folgerungen aus der Erfahrung setzen als ihre Grundlage voraus, dass die Zukunft der Vergangenheit ähnlich sei und ähnliche Kräfte mit ähnlichen Sinnesqualitäten verbunden sein werden." (A. a. O., 56) Diese Annahme ist jedoch empirisch nicht begründbar. „Es ist daher unmöglich, dass irgendein Erfahrungsbeweis (die) Ähnlichkeit der Vergangenheit mit der Zukunft erweisen könnte. Mag der Gang der Dinge bislang auch noch so regelmäßig gewesen sein, so kann das allein … nicht beweisen, dass es auch in Zukunft so bleiben werde." (A. a. O.) Mehr noch: Verbindungen sind prinzipiell nicht beobachtbar (also ein Eindruck), sondern ein Ergebnis der Pragmatik des Denkens. Wir tendieren dazu, zeitliche Abfolgen als „Ursache" und „Wirkung" zu definieren. Es handelt sich jedoch nicht um eine logisch haltbare Begründung eines Zusammenhangs: „Alle Vorgänge scheinen ganz unzusammenhängend und getrennt. Ein Vorgang folgt einem anderen, doch können wir niemals eine Bindung zwischen ihnen beobachten; sie scheinen verbunden (conjoined), doch nie *verknüpft (connected)*." (A. a. O., 99) Daraus gewinnt der Verstand eine neue Erfahrung, die er als Ursache-Wirkungs-Beziehung bezeichnet. Eine Aussage über reale Zusammenhänge kann dies nicht sein.

Induktionskritik

Induktionskritik stützt sich auf eine induktive Begründung von Aussagen: Aus einer Reihe von Einzelfeststellungen wird – nicht logisch, sondern empirisch – auf einen allgemeinen Sachverhalt geschlossen. Man unterstellt dabei als Prämisse, dass man nicht alle Fälle untersuchen muss, sondern eine bestimmte Anzahl von Fällen genügt, um zu begründen, warum eine Aussage generalisierbar ist. Hume kam jedoch zu dem Schluss, dass keine wie auch immer geartete Induktion jemals eine Allgemeingültigkeit beweisen könne – noch so viele Sonnenaufgänge reichen nicht, um daraus abzuleiten, dass auch morgen die Sonne aufgehen muss. Daher seine Skepsis in bezug auf die Begründbarkeit von Theorie. – Humes Kritik der Induktion hat Kant zu seiner transzendentallogischen und konstruktivistischen Revolution der Erkenntnistheorie angeregt. Später hat der Logische Positivismus (s. u.) sich um eine bessere Begründung des Induktionsprinzips bemüht. Popper (s. u.) hat aus der Unmöglichkeit der vollständigen Induktion sein „Falsifikationsprinzip" (die Akzeptanz von Aussagen, solange sie nicht widerlegt sind) entwickelt. – Die vertiefte Diskussion hat gezeigt, dass die Probleme von Deduktion und Induktion nicht auskommen können. Es kommt also (auch hier) auf das Augenmaß ihrer Verwendung an.

So entwickelt Hume einen erkenntnistheoretischen *Skeptizismus*. Er wendet sich gegen jeden „radikalen Skeptizismus", der für ihn auf Selbstnegation und Nihilismus hinausläuft und für ihn keinen Sinn gibt. Aber Erkenntnis muss sich ihrer Grenzen bewusst sein und die sind eng, wenn man davon ausgeht, „dass alle unsere Evidenz hinsichtlich einer Tatsache, die

David Hume (1711-1776)

Einen Skeptiker stellt man sich als hageren, verbissenen Menschen vor. Hume, der Erz-Skeptiker, war aber ein bis zur Unförmigkeit fülliger Mensch, dem man den ernsten Philosophen absolut nicht ansah. Er hatte sich schon früh entschieden, sich der Philosophie zu widmen, aber die Widrigkeiten der Umstände und seine eigene Unruhe hatten ein unstetes Leben zur Folge. Ein Jurastudium schloss er nicht ab, weil ihn die Materie langweilte; eine Lehre in einem Zuckerhandel endete, weil er die Briefe seines Chefs korrigierte (statt sie nur abzuschreiben); sein früher „Traktat über die menschliche Natur" brachte ihm (nach eigenen Worten) „die Feindschaft aller Metaphysiker, Logiker, Mathematiker und selbst Theologen" ein (zit. nach Weischedel 1975, 171), so dass eine Berufung auf eine Professur scheiterte. So arbeitete er als Gesellschafter eines geisteskranken Marquis, als Sekretär eines Generals und Diplomaten, bis er eine Stelle als Bibliothekar in Edinburgh bekam. Diese Stelle nutzte er nicht nur, um weitere Werke zu verfassen, sondern auch, um (wie es hieß) „die moderne unsittliche Literatur" anzuschaffen. Nach fünf Jahren geht er als Botschaftssekretär nach Wien, wo er – inzwischen bekannt geworden – zum Star der Salons und zum Favoriten der Damen wird. Nach diesem Leben von (geistigem wie weltlichem) Nektar und Ambrosia zieht er sich zurück in seinen Lehnstuhl und an den Kochtopf. Den erkenntnistheoretischen Skeptizismus hat er, obwohl ihm auch seine Freunde dazu rieten, nie aufgegeben. Dadurch wurde er zu einem der frühesten „modernen" Denker, der weder die rationalistische noch die empirische Prämissen des Denkens akzeptierte.

über das Zeugnis der Sinne oder des Gedächtnisses hinaus liegt, ganz und gar aus der Relation von Ursache und Wirkung stammt; dass wir keine andere Vorstellung dieser Relation haben als die zweier Gegenstände, die häufig miteinander verbunden waren; dass wir kein Argument haben, uns zu überzeugen, dass die Gegenstände, die in unserer Erfahrung häufig verbunden waren, auch in anderen Fällen in gleicher Weise verbunden sein werden; und dass uns zu diesem Schlusse nichts anderes führt als die Gewohnheit und ein gewisser Naturinstinkt, dem man in der Tat schwerlich widerstehen kann, der jedoch, wie andere Instinkte, irreführend und trügerisch sein kann." (A. a. O., 200) Wirkliche Sicherheit kann es im Grund nur in bezug auf quantifizierende Logik geben. Er schreibt: „Mir scheint, dass die einzigen Gegenstände der abstrakten und demonstrativen Wissenschaften Größe und Zahl sind und dass alle Versuche, diese vollkommeneren Arten des Wissens über diese Grenzen hinaus auszuweiten, bloße Sophisterei und Blendwerk sind." (A. a. O., 204) – Damit hat Hume nicht nur dem Rationalismus, sondern auch dem optimistischen Programm von Locke den Boden entzogen. Alles, worauf sich Erkenntnis stützen kann, sind (irrtumsanfällige) Erfahrungen und deren registrierbare Verbindungen. Inhaltliche Theorien – die Aussagen über die Logik von empirischen Sachverhalten treffen wollen – lassen sich nicht definitiv begründen; sie haben in empirischen Feststellungen keine Basis. Dies gilt sowohl für die Generalisierung von Erfahrungen als auch für ihre Interpretation.

Zwar können wir aus den bisherigen Ereignissen schließen, dass – bisher jedenfalls – jeden Morgen die Sonne aufgegangen ist. Aber: Dass die Sonne heute aufgegangen ist, gibt letztlich keine Garantie, dass sie dies morgen wieder tut. Eine Theorie, die behauptet, dass sie dies immer tun müsse, habe daher keine Grundlage. Das gleiche gilt für Erklärungsmodelle. Da uns nichts als Erfahrung als Grundlage von Erkenntnis gegeben ist, sind Theorien letztlich immer spekulative Annahmen – ein Gedanke, den später Popper auf seine Weise wieder aufgreift (und positiv zu wenden versucht). Aus der Sicherheit, in der sinnlichen Erfahrung eine Grundlage von Erkenntnis zu finden, wird bei Hume eine tiefe Skepsis in bezug auf die Möglichkeit von Theorie.

Deutscher Idealismus

Kant
Humes radikaler Skeptizismus wurde zum Ausgangspunkt einer der großartigsten Leistungen der bürgerlichen Erkenntnisphilosophie. Immanuel Kant gilt als der Philosoph, der in einer großartigen Synthese die Leistungen von Rationalismus und Empirismus zusammen geführt hat und dabei zu einer Konzeption kommt, die in gewisser Weise bis heute richtungsweisend ist. Kant teilt Humes Einsicht, dass aus empirischer Erfahrung keine Theorie entstehen kann. Aber statt in Skepsis zu verharren, unternimmt er den Versuch, die verschiedenen Ansätze in einem allgemeineren Rahmen zu integrieren und dabei auf eine neue Grundlage zu stellen. Diese Grundlage nennt er „transzendentalphilosophisch", was heißt, dass er die Bedingung von jeder möglichen Erkenntnis behandelt. Was er vorfand, war eine Situation, in der sich Rationalisten und Empiristen unversöhnlich gegenüberstanden. Die Argumentationen drehten sich im Kreis: Die einen wollten nur die Erfahrung als Stützpunkt von Erkenntnis zulassen, die anderen beharrten auf dem Primat der geistigen Leistungen; die einen sahen nur das empirisch registrierbare als Wirklichkeit, die anderen sahen in der Empirie die Realisierung logischer Strukturen. – Kant beschäftigte sich zunächst (nach Art der Zeit) mit moralphilosophischen ebenso wie mit naturwissenschaftlichen Fragestellungen und vertrat dabei einen rationalistischen Standpunkt, wurde dann aber, wie er schrieb, durch Hume aus seinem „dogmatischen Schlummer" (zitiert nach Weischedel 1975, 175) geweckt. Den Rest seines Lebens bemühte er sich darum, die beiden Positionen zu versöhnen;

Immanuel Kant

Immanuel Kant widmete sein Leben der Erforschung des Unbedingten. Es macht den Anschein, dass er überhaupt einen starken Hang zum Unbedingten hatte: „Kant stand jeden Tag im Sommer und im Winter des Morgens um fünf Uhr auf. Sein Bedienter war pünktlich um drei Viertel auf Fünf vor seinem Bette, weckte ihn und ging nicht eher fort, als bis sein Herr aufgestanden war. Bisweilen war Kant noch so schläfrig, dass er den Bedienten selbst bat, er möchte ihn noch etwas ruhen lassen: Aber dieser hatte von ihm selbst solche gemessenen Befehle, sich dadurch nicht irre machen zu lassen, und ihm durchaus keinen längeren Aufenthalt im Bette zu gestatten, dass er ihn öfters zwang, pünktlich aufzustehen." (zitiert nach Weischedel 1975, 177) Offenbar schätzte Kant das Regelmäßige, Vorgegebene. Er wird 1724 im preußischen Königsberg geboren, wird dort Professor und stirbt ebenda 1804. Die Königsberger stellen fest, dass man nach Kant die Uhr stellen kann: Punkt sieben kehrt er vom täglichen Treffen mit Freunden nach Hause, geht pünktlich um zehn schlafen, nicht ohne sich nach festem Ritual in die Decke einzuschlingen. Wenn jemand seinen Rhythmus sabotiert, droht er zu verzweifeln. Schon dass etwas auf dem Schreibtisch nicht wie gewohnt liegt, bringt ihn aus der Fassung. Es ist also verständlich, dass Kant nicht heiratet. Er verbietet strikt, sein Schlafzimmer zu lüften und auch schon nur die Läden zu öffnen. Denn einmal nach längerer Abwesenheit findet er Läden wie Fenster offen vor und das Zimmer voll Wanzen, so dass er zur Überzeugung gelangt, das Sonnenlicht hätte die Existenz und Vermehrung der Wanzen bewirkt. „Auf der Wahrheit seiner Theorie bestand er indessen so fest, dass er jeden Zweifel, so leise, jede Bedenklichkeit, so klein sie auch sein mochte, übel empfand. (...) Ich ließ ihn bei seiner Meinung, sorgte für Reinigung seines Schlafzimmers und Bettes, wodurch die Wanzen sich verminderten, obgleich die Läden und Fenster, um frische Luft zu schaffen, fast täglich, wiewohl ohne sein Mitwissen, geöffnet wurden." (zitiert nach Weischedel 1975, 181) Als er 80-jährig stirbt, ist er mit der Welt zufrieden. Seine letzten Worte sollen gewesen sein: „Es ist gut."

nachzuweisen, dass trotz der berechtigten Kritik des Empirismus am bisherigen Rationalismus eine Erkenntnistheorie möglich ist, die empirische Erkenntnis mit rationalistischen Voraussetzungen in Einklang bringt. Seine Ausgangsfrage: Wie sind synthetische Urteile a priori möglich? Diese synthetischen Urteile a priori betreffen allgemeine und notwendige Urteile, die von Erfahrung *unabhängig* sind, obwohl sie auf Erfahrung *basieren* –. (Analytische Urteile hingegen führen zu genaueren Kenntnissen dessen, was man schon weiß – man legt es bloß systematisch aus; und Urteile a posteriori werden immer auf Grund vorausgehender Erfahrungen gebildet). Synthetische Urteile a priori stellen also geradezu ein Paradox dar.

Für Kant ist daher *beides* wichtig: Erfahrung und Denken. Beides verweist aufeinander. Er beschreibt diese wechselseitige Abhängigkeit in einem plastischen Bild: Erfahrung ohne Begriffe ist blind; Begriffe ohne Erfahrung sind leer. Daher muss sich jede Erkenntnis an der Erfahrung prüfen lassen. Entscheidend für Erkenntnis ist für Kant jedoch, dass es Strukturen des Denkens gibt, die von Erfahrung unabhängig sind und ihr vorausgehen. Er greift also die „rationalistische" Perspektive auf, aber er entwickelt sie entscheidend weiter. Die bisherigen Versuche konnten nicht befriedigen, weil und wo sie zu viel traditionelle Metaphysik mitschleppten und über weite Strecken schlicht spekulativ waren. Damit waren die Erkenntnisprobleme, die vor allem durch die sich entwickelnden Naturwissenschaften aufgeworfen wurden, nicht angemessen zu behandeln. Kant revolutionierte den Rationalismus, indem er ihn logisch und empirisch fasste. Der Kern seiner Argumentation: Dem menschlichen Bewusstsein sind bestimmte Denkformen vorgegeben, die überhaupt erst Erfahrungen ermöglichen. Die Formen der Anschauung – die Ordnung der Dinge in Raum und Zeit – und die Kategorien des Verstandes (wie Kausalität), aber auch andere grundlegende Ideen der Vernunft gehen jeder Erfahrung voraus und sind die geistigen Instrumente, mit denen Wirklichkeit überhaupt erfasst werden kann.

„Die Möglichkeit der Erfahrung ist also das, was allen un-
sern Erkenntnissen a priori objektive Realität gibt. Nun beruht
Erfahrung auf der synthetischen Einheit der Erscheinungen,
d. i. auf einer Synthesis nach Begriffen vom Gegenstande der
Erscheinungen überhaupt, ohne welche sie nicht einmal Erkenntnis, sondern eine Rhapsodie von Wahrnehmungen sein
würde, die sich in keinen Kontext nach Regeln eines durchgängig geknüpften möglichen Bewusstseins, mithin auch
nicht zur transzendentalen und notwendigen Einheit der Apperzeption, zusammen schicken würden. Die Erfahrung hat
also Prinzipien ihrer Form a priori zu Grunde liegen, nämlich
allgemeine Regeln der Einheit in der Synthesis der Erscheinungen, deren objektive Realität, als notwendige Bedingungen, jederzeit in der Erfahrung, ja sogar ihrer Möglichkeit ge-
wiesen werden kann. Außer dieser Beziehung aber sind synthetische Sätze a priori gänzlich unmöglich, weil sie kein Drittes, nämlich reinen Gegenstand haben, an dem die
synthetische Einheit ihrer Begriffe objektive Realität dartun
könnte." (Kant 1998, 200)

Kant geht also davon aus, dass jeder möglichen Erfahrung
die Möglichkeit – ihr Prinzip – zu Grunde liegt. Entsprechend
ist dies eine aktive Leistung des erkennenden Subjekts (womit
Kant nicht empirische Personen, sondern ein abstraktes,
„transzendentales" Subjekt meint). Diese Leistung ist kein pas-
sives Aufnehmen, sondern ein aktiver, produktiver Vorgang,
bei dem die grundlegende Fähigkeit zur Erkenntnis mit passenden Mitteln kombiniert wird.

„Die Vernunft muss mit ihren Prinzipien, nach denen allein
übereinkommende Erscheinungen für Gesetze gelten können,
in einer Hand, und mit dem Experiment, das sie nach jenen
ausdachte, in der anderen, an die Natur gehen, zwar um von
ihr belehrt zu werden, aber nicht in der Qualität eines Schü-
lers, der sich alles vorsagen lässt, was der Lehrer will, sondern
eines bestallten Richters, der die Zeugen nötigt, auf die Fragen
zu antworten, die er ihnen vorlegt. Und so hat sogar Physik die
so vorteilhafte Revolution ihrer Denkart lediglich dem Einfalle

zu verdanken, demjenigen, was die Vernunft selbst in die Natur hineinlegt, gemäß, dasjenige in ihr zu suchen (nicht ihr anzudichten), was sie von dieser lernen muss, und wovon sie für sich selbst nichts wissen würde. Hierdurch ist die Naturwissenschaft aller erst in den sicheren Gang einer Wissenschaft gebracht worden, da sie so viel Jahrhunderte durch nichts weiter als ein bloßes Herumtappen gewesen war." (A. a. O., 23f)

Das erkennende Subjekt geht also als „Richter" an die Wirklichkeit heran, nicht als „Schüler" (hier denkt Kant natürlich an das traurige Schülerdasein seiner Zeit …). Es benutzt seine „transzendentale" Erkenntnisfähigkeit zusammen mit durchdachten Methoden. Kant vertritt also ein „beidhändiges" Verfahren, welches sich sowohl auf die Leistungen des Verstandes als auch auf die der Methode stützt. Auf diese Weise lässt sich das erkennende Subjekt zeigen, was es von sich aus nicht wissen kann (ohne etwas herauszulesen, was nicht in der Natur steckt). – Diese aktive Positionsbestimmung findet ihre Parallele im Verhältnis von Theorie und Gegenstand. Kants zentrale These: Der Gegenstand richtet sich nach der Theorie (und nicht umgekehrt): „Bisher nahm man an, alle unsere Erkenntnis müsse sich nach den Gegenständen richten, aber alle Versuche, über sie a priori etwas durch Begriffe auszumachen, wodurch unsere Erkenntnis erweitert würde, gingen unter dieser Voraussetzung zu nichte. Man versuche es daher einmal, ob wir nicht in den Aufgaben der Metaphysik damit besser fortkommen, dass wir annehmen, die Gegenstände müssen sich nach unserem Erkenntnis richten, welches so schon besser mit der verlangten Möglichkeit einer Erkenntnis derselben a priori zusammen stimmt, die über Gegenstände, ehe sie uns gegeben werden, etwas festsetzen soll." Kant schlägt angesichts dieses unendlichen Begründungszirkels eine Umkehrung vor, die er mit der Leistung von Kopernikus für die Astronomie vergleicht. „Es ist hiermit eben so, als mit den ersten Gedanken des Kopernikus bewandt, der, nachdem es mit der Erklärung der Himmelsbewegungen nicht gut fort wollt, wenn er annahm, das ganze Sternheer drehe sich um den Zuschauer, versuchte, ob es nicht besser gelingen möchte, wenn er den Zuschauer sich drehen, und dagegen die Sterne in Ruhe ließ. In der Metaphysik kann man nun, was die Anschauung der Gegenstände betrifft, es auf ähnliche Weise versuchen. Wenn die Anschauung sich nach der Beschaffenheit der Gegenstände richten müsste, so sehe ich nicht ein, wie man a priori von ihr etwas wissen könne; richtet sich aber der Gegenstand (als Objekt der Sinne) nach der Beschaffenheit unseres Anschauungsvermögens, so kann ich mir diese Möglichkeit ganz wohl vorstellen. Weil ich aber bei diesen Anschauungen, wenn sie Erkenntnisse werden sollen, nicht stehen bleiben kann, sondern sie als Vorstellungen auf irgend etwas als Gegenstand beziehen und diesen durch jene bestimmen muss, so kann ich entweder annehmen, die Begriffe, wodurch ich diese Bestimmung zu Stande bringe, richten sich auch nach dem Gegenstande, und denn bin ich wiederum in derselben Verlegenheit, wegen der Art, wie ich a priori hievon etwas wissen könne; oder ich nehme an, die Gegenstände, oder, welches einerlei ist, die Erfahrung, in welcher sie allein (als gegebene Gegenstände) erkannt werden, richte sich nach diesen Begriffen, so sehe ich sofort eine leichtere Auskunft, weil Erfahrung selbst eine Erkenntnisart ist, die Verstand erfordert, dessen Regel ich in mir, noch ehe mir Gegenstände gegeben werden, mithin a priori voraussetzen muss, welche in Begriffen a priori ausgedrückt wird, nach denen sich also alle Gegenstände der Erfahrung notwendig richten und mit ihnen übereinstimmen müssen. Was Gegenstände betrifft, so fern sie bloß durch Vernunft und zwar notwendig gedacht, die aber (so wenigstens, wie die Vernunft sie denkt) gar nicht in der Erfahrung gegeben werden können, so werden die Versuche, sie zu denken (denn denken müssen sie sich doch lassen), hernach einen herrlichen Probierstein desjenigen abgeben, was wir als die veränderte Methode der Denkungsart annehmen, dass wir nämlich von den Dingen nur das a priori erkennen, was wir selbst in sie legen." (A. a. O., 25f)

An Erfahrungsgegenständen kann also, so Kant, nur erkannt werden, was der Verstand davon erfassen kann. Und Sachverhalte, die nicht empirisch gegeben sind, können erst recht nur mit seinen Möglichkeiten behandelt werden. – Ausdrücklich betont Kant die Möglichkeit und Notwendigkeit der methodischen Kontrolle auch dieser Grundlagen der Erkenntnis und schlägt dafür ein doppeltes Prüfverfahren vor, welches logische und empirische Stimmigkeit überprüft und letzterer das letzte Wort lässt:

„Diese dem Naturforscher nachgeahmte Methode besteht also darin: die Elemente der reinen Vernunft in dem zu suchen, was sich durch ein Experiment bestätigen oder widerlegen lässt. Nun lässt sich zur Prüfung der Sätze der reinen Vernunft, vornehmlich wenn sie über alle Grenze möglicher Erfahrung hinaus gewagt werden, kein Experiment mit ihren Objekten machen (wie in der Naturwissenschaft): also wird es nur mit Begriffen und Grundsätzen, die wir a priori annehmen, tunlich sein, indem man sie nämlich so einrichtet, dass dieselben Gegenstände einerseits als Gegenstände der Sinne und des Verstandes für die Erfahrung, andererseits aber doch als Gegenstände, die man bloß denkt, allenfalls für die isolierte und über Erfahrungsgrenze hinausstrebende Vernunft, mithin von zwei verschiedenen Seiten betrachtet werden können. Findet es sich nun, dass, wenn man die Dinge aus jenem doppelten Gesichtspunkte betrachtet, Einstimmung mit dem Prinzip der reinen Vernunft statt finde, bei einerlei Gesichtspunkte aber ein unvermeidlicher Widerstreit der Vernunft mit sich selbst entspringe, so entscheidet das Experiment für die Richtigkeit jener Unterscheidung." (A. a. O., 27)

Diese Perspektivenumkehr wird – angeregt von Kants eigenem Vergleich – als die „kopernikanische Wende" der Erkenntnisphilosophie bezeichnet. Kant besteht auf der wechselseitigen Abhängigkeit von Erfahrung und Erkenntnis, aber er gibt der Erkenntnisaktivität den Vorrang. Die Konstruktionen des Verstandes müssen und können an der Wirklichkeit überprüft werden, aber es ist der Verstand, der mit seinen Leistungen Erkenntnis ermöglicht.

„Auf solche Weise sind synthetische Urteile a priori möglich, wenn wir die formalen Bedingungen der Anschauung a priori, die Synthesis der Einbildungskraft, und die notwendige Einsicht derselben in einer transzendentalen Apperzeption, auf ein mögliches Erfahrungserkenntnis überhaupt beziehen, und sagen: die Bedingungen der Möglichkeit der Erfahrung überhaupt sind zugleich Bedingungen der Möglichkeit der Gegenstände der Erfahrung und haben darum objektive Gültigkeit in einem synthetischen Urteile a priori." (A. a. O., 201)

Das heißt jedoch auch, dass der Gegenstand selbst nicht erreichbar ist. Er wird stets durch die Leistungen des Verstandes formatiert. Daher ist das „Ding an sich" nicht zugänglich, sondern nur das, was der Verstand aus ihm macht. Kant ist der erste Erkenntnistheoretiker, der die systematische Differenz zwischen dem realen Gegenstand und dem reflektierten Gegenstand hervorhebt. Damit begründet Kant – in Weiterentwicklung des frühen Rationalismus, der über weite Strecken dogmatisch bleibt – das, was heute als „Konstruktivismus" bezeichnet wird. Theorie ist immer eine Rekonstruktion des Gegenstandes, nie eine Abbildung des Gegenstandes selbst. – Kant hat damit Erkenntnistheorie auf ein neues Niveau gehoben:

- Er begründet sie „transzendentallogisch" – also weder empirisch noch metaphysisch, sondern als logisch eigenständiges Thema, das auf einem allgemeinen und abstrakten Niveau angelegt ist;
- er verbindet Erfahrung und Erkenntnis, statt sie zu trennen;
- er betont die aktiven Leistungen des erkennenden Subjekts und begründet sie mit seinem Konzept der „transzendentalen Apperzeption", welches ein Verbindungsglied von Konstruktion und Objektivität darstellt;
- er verdeutlicht den Unterschied zwischen Realität und Theorie.

Sein Entwurf hat die weitere Diskussion bis heute entscheidend geprägt. Das heißt jedoch nicht, dass nun alle Probleme gelöst waren und erst recht nicht, dass nun alle Theoretiker seinen Überlegungen folgten. Viele haben sich gründlich (in verschiedenen Variationen) mit dem Aufbau und den ungelösten Problemen seines Entwurfs beschäftigt (daraus entwickelten sich eine Fülle von „neo-kantianischen" Schulen). Es gab jedoch auch grundsätzliche Kritik und Gegenentwürfe.

Kant

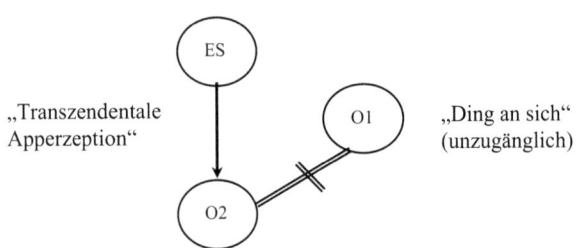

Hegel

Der wichtigste Gegenspieler von Kant im Rahmen der „idealistischen Philosophie" ist G. F. W. Hegel. Hegels Philosophie gehört zum Umstrittensten, was die Philosophiegeschichte hervorgebracht hat. Die einen sehen in ihm einen Wirrkopf, die anderen einen genialen Theoretiker; manche betrachten ihn als Reaktionär, manche als Revolutionär. Das verweist darauf, dass sein Werk vieldeutig und vielschichtig ist, so vieldeutig, dass sich sowohl preußische Staatsbeamte als auch Karl Marx auf ihn beziehen konnten. Ganz abgesehen davon ist sein Stil oft dunkel bis unverständlich, so dass der Leser auf Interpretationen angewiesen ist (was jedoch sehr anregend sein kann). Kant hatte gezeigt, dass Subjekt und Objekt der Erkenntnis verschiedene, getrennte Bereiche der Welt sind. Hegel kritisierte diese (statische) Gegenüberstellung und bemühte sich

G. W. F. Hegel

Georg Wilhelm Friedrich Hegel wird 1770 in Stuttgart geboren. Sein Vater ist höherer Beamter, G. W. F. wächst gutbürgerlich auf und besucht nach dem Gymnasium das elitäre Tübinger Stift, um Theologe oder Pfarrer zu werden. Er ist unauffällig, still und behäbig; seine Mitbewohner geben Hegel den Spitznahmen „alter Mann". In seiner Verhaltenheit ist er aber begeistert von Kant, ebenso von der französischen Revolution, zu deren jährlichen Gedenken er bis zum Lebensende alleine eine Flasche Rotwein trinkt. Seine Wohngemeinschaft sucht übrigens ihresgleichen: Schelling erhält schon mit 23 eine Professur und bleibt bis heute Philosophie-Star; Hölderlin, größter Lyriker der deutschen Klassik, verabschiedet sich mit 32 Jahren als „Geisteskranker" wieder von der Welt. – Hegel hingegen ist ein Spätzünder. Unter regelmäßiger Alkoholzufuhr denkt er sein philosophisches System gründlich zu Ende. Er geht als Hauslehrer in die Schweiz, dann nach Frankfurt und habilitiert sich 1801 in Jena. Beim Franzoseneinmarsch in Jena sieht er zum ersten Mal Napoleon und schreibt über ihn, er habe die „Weltseele" vorbeireiten sehen. Erst 1807, mit 36 Jahren, publiziert er sein erstes eigenständiges Werk, dessen Erfolg aber umso durchschlagender ist: Die Phänomenologie des Geistes. 48-jährig erhält er endlich eine Professur in Berlin, wo er das Publikum wie ein Magnet anzieht: „Abgespannt, grämlich saß er mit niedergebücktem Kopf in sich zusammengefallen da (...) jedes Wort, jede Silbe löste sich nur wiederwillig los, um von der metallenen Stimme dann in schwäbisch breitem Dialekt, als sei es das Wichtigste, einen wundersam gründlichen Nachdruck zu erhalten. (...) In den Tiefen des anscheinend Unentzifferbaren wühlte und webte jener gewaltige Geist in großer selbstgewisser Behaglichkeit und Ruhe." (Zitiert nach Weischedel 1975, 210) Nicht alle sind von seinem Denken angetan. Arthur Schopenhauer, der selber Philosoph ist und ein Zeitgenosse Hegels, findet für diesen keine guten Worte: Hegel habe eine „Bierwirtsphysiognomie" und habe „Unsinn geschmiert wie kein anderer je vor ihm". (Zitiert nach Weischedel 1975, 209) Das Publikum ist im

Banne Hegels. „Majors, Obristen und Geheime Räte" hören ihn, seine Philosophie wird zur (inoffiziellen) Philosophie des Staates Preußen. Und, was man nicht unbedingt erwarten würde; Hegel ist auch Mittelpunkt von Damenrunden. 1831, mit 61 Jahren, stirbt er an einem Magenleiden.

um eine Theorie, die nicht nur diese Gegensätze vereint, sondern auch noch gezeigt hatte, wie sie sich bedingen und bestimmen. – Dabei ist sein Denken radikal idealistisch, d. h. er stellt die Idee in den Mittelpunkt seiner Theorie. Fasst man sein Grundkonzept zusammen, so klingt es wie eine säkularisierte Theologie: Die Welt verdankt ihr Entstehen der Selbstentäußerung eines „absoluten Geistes" und die Entwicklung der gesamten Wirklichkeit wird getrieben von der Selbstbewegung des Geistes auf dem Weg zurück zu sich selbst bzw. zu einer neuen, perfekten Gestalt. Hegel geht also davon aus, dass die Welt eine – wenn auch „entzweite" – Einheit darstellt und dass diese Einheit eine geistige Einheit ist, die sich in der Welt verwirklicht. Soweit handelt es sich um tatsächlich radikalen Idealismus: Alles ist (Teil einer) Idee. Bereits an dieser Stelle zeigt sich ein wichtiger Gesichtspunkt, der Hegels Lehren kennzeichnet: In Anknüpfung an Anregungen der griechischen Philosophie (Demokrit: „alles fließt") denkt er konsequent und radikal in Bewegungen. Es „gibt" für ihn nichts; alles ist Teil von Prozessen. Der Eindruck von Statik täuscht. Nichts „ist", alles wird. Der Eindruck von bloßem Sein wird für ihn durch unterentwickeltes Denken erzeugt. Differenziertes Denken ist für ihn stets Prozessdenken – um ein Ei zu verstehen, muss man es als Teil des Wegs vom Huhn zum nächsten Huhn (oder vom Versuch des Huhns, sich fortzupflanzen, zum Spiegelei und damit zum gelungenen Frühstück des Philosophen) sehen.

Für Hegel ist dieser Prozess ein permanenter Fortschritt auf dem Weg des Geistes zu seiner Selbstverwirklichung. Aber dieser Prozess ist für ihn keine gerade Linie; er schließt Rückschritte und Umwege ein. Vor allem setzt neues Werden Vergehen des Bestehenden ein. Entwicklung ist für ihn daher immer auch ein Zerfallsprozess, durch den eine Weiterentwicklung erst möglich wird. Es handelt sich also nicht um linearen Fortschritt, sondern um einen Prozess voller Konflikte, Auseinander-Setzungen und Widersprüche. Die Logik dieser Art von Entwicklung hat er in das bekannte dreistufige Modell gefasst:

- Position (oder These): Eine bestimmte Entwicklungsstufe des Seins
- Negation (oder Antithese): Deren Zerfall/Zerstörung/Kritik
- Negation der Negation (oder Synthese): Die Entwicklung einer neuen Position, die die wichtigen und bleibenden Elemente der ursprünglichen enthält und zugleich erweitert (um die Leistungen der Negation und weitere Fortschritte).

Nach diesem Schema wäre beispielsweise die Scholastik die Form der Erkenntnis des Feudalzeitalters – ihre Leistung war die Bewahrung und Schulung des Denkens, ihre Grenze die Bindung an Theologie. Damit Erkenntnistheorie sich darüber hinaus entwickeln konnte, musste sie zunächst kritisiert und entmachtet werden – Renaissance und Humanismus überwanden ihre Grenzen und wandten sich von den Zielen der Scholastik ab und neuen (und wieder alten) geistigen Zielen zu. Die Synthese von beidem stellt die bürgerliche Erkenntnisphilosophie dar, die die schulmäßige Strenge und das Ziel der Scholastik (Erkenntnis systematisch zu begründen) mit den Mitteln der neuen Methoden der Reflexion (wieder) aufnahm und zu neuen Ufern vorstieß (Mitgedacht ist dabei auch schon die weitere Entwicklung: Dass auch die bürgerliche Erkenntnisphilosophie an ihre Grenzen stößt, kritisiert und abgelöst wird – ein Vorgang, der im nächsten Abschnitt beschrieben wird).

Dabei denkt sich Hegel den Gesamtprozess als komponiert aus einer Fülle von Teilprozessen, die alle mit einander direkt wie indirekt verbunden sind. Diese Teilprozesse sind das Me-

Dialektik

In der griechischen Philosophie spielte das Gespräch eine wichtige Rolle (geschrieben wurde schon aus technischen Gründen weit weniger). Entsprechend wurde der Leistung, aber auch der Ästhetik des Gesprächs viel Aufmerksamkeit gewidmet. „Dialektik" bedeutete in diesem Zusammenhang „Kunst der Unterredung". Gemeint war damit eine Art zu sprechen, durch die Widersprüche des Denkens (und des Seins) aufgespürt und überwunden werden. Damit war Dialektik als Methode der Verbindung von Sachlogik und Argumentation angelegt, so dass in der Folge Dialektik und Logik oft gleichsinnig verwendet wurden. Für Kant war Dialektik „Scheinlogik", bloße Behauptung ohne empirische Bindung (womit er zu Recht die teilweise abstrusen Produkte wilden Diskutierens kritisierte). Hegel entwickelte dagegen das Konzept konsequent weiter. Bei ihm wird sie (wieder) zur allgemeinen Bewegungslogik der Wirklichkeit. Unterstellt wird dabei – wie im Systemkonzept – ein allgemeiner Zusammenhang zwischen den verschiedenen Dimensionen und Elementen der Welt; unterstellt wird auch, dass sich die gesamte Wirklichkeit gemeinsam entwickelt. Nicht unterstellt wird jedoch, dass diese Entwicklung gradlinig und konfliktfrei wäre.

Hegel entwirft daher den Prototyp einer „nichtlinearen" Bewegung. Nach dem idealistischen Modell von Hegel handelt es sich stets um „Fortschritt", weil sie die notwendigen und wichtigen Bestandteile der Geschichte bewahrt (aufhebt), wobei er auch „Rückschritte" der Entwicklung als notwendige Schritte auf dem Weg des Fortschritts sah. Daher steht für ihn am Ende des dialektischen Dreischritts die „Synthese". Marx hat dieses Modell übernommen, aber an die Stelle des objektiven Geistes als Motor der Entwicklung die materiellen Verhältnisse, insbesondere die Ökonomie gesetzt. Gegen den Fortschritts-Optimismus von Hegel hat vor allem Adorno protestiert und von der Möglichkeit (und Wirklichkeit) einer (destruktiven) „negativen Dialektik" gesprochen. – Dialektik steht auch heute noch unter dem Verdacht, lediglich heiße Luft zu sein. Sie ist jedoch eine Methode zur Erfassung von Komplexität. – Dialektisches Denken – die Fähigkeit, heterogene Entwicklungen, in denen sich die Faktoren gegenseitig treiben und beeinflussen, zu erfassen – wird zwar nicht immer so genannt, ist aber ein unabdingbarer Bestandteil eines differenzierten Realitätsverständnisses.

dium, durch das hindurch sich das „Gesamtprogramm" hindurch entwickelt, sie sind zugleich der Verweisungshorizont, auf den sich alle einzelnen Vorgänge beziehen. Alles, was passiert, muss durch dieses vernetzte Gesamtsystem hindurch. Hegel benutzt dafür den Begriff „Vermittlung" und meint damit einerseits die Verbundenheit und den Austausch zwischen Teilprozessen, andererseits die Notwendigkeit, dass Themen, um sich entwickeln zu können, in andere Formen und Prozesse übersetzt und umformatiert werden müssen. – Dieses Prozesskonzept wird als „dialektisch" bezeichnet, was heißt: Wirklichkeit wird als ein dynamischer, widersprüchlicher Prozess gesehen, dessen Teile sich gegenseitig bedingen und bestimmen.

Dieses idealistisch-dialektische Programm hat für die Erkenntnistheorie weitreichende Folgen. Ein zentraler Punkt ist, dass Hegel Erkenntnis systematisch in den Gesamtprozess der Entwicklung einbindet. Für ihn ist Erkenntnis nur als Teil der Wirklichkeitsentwicklung insgesamt verständlich. In seiner Version heißt das: Erkenntnis ist einer der Wege, auf denen der absolute Geist sich (vorwärts) bewegt. Erkenntnis wird also von Hegel als Teil der Wirklichkeit, auf die sie sich bezieht und zugleich als eines der Medien, durch die sie sich entwickelt, gesehen. Dies öffnete neue Perspektiven: Hegel ist nicht nur der erste, der Erkenntnis als Bewegung und Entwicklung denkt (und Erkenntnistheorie damit quasi auf das Niveau einer dynamischen Gesellschaft bringt), er öffnet auch als erster den Blick auf die gesellschaftliche Bedingtheit und die gesellschaftliche Funktion – auf das, was die moderne Wissenschaftsforschung dann genauer untersucht hat.

Seine im engeren Sinne erkenntnistheoretischen Schriften sind entsprechend immer auch Arbeiten, die einen weiteren Zusammenhang ansprechen. Und sie sind Arbeiten, in denen eine Entwicklung nachgezeichnet wird. So in der „Phänomenologie des Geistes", in der er die Stufen der Emanzipation des Denkens darstellt. Darin wird im Kapitel über „Sinnliche Gewissheit" – also der Erfahrung, auf die sich der Empirismus allein stützte – bescheinigt, dass sie zwar reichhaltig, aber keine Erkenntnis sei:

„Der konkrete Inhalt der *sinnlichen Gewissheit* lässt sie unmittelbar als die *reichste* Erkenntnis, ja als eine Erkenntnis von unendlichem Reichtum erscheinen, für welchen ebenso wohl, wenn wir im Raume und in der Zeit, als worin er sich ausbreitet, *hinaus-*, als wenn wir uns ein Stück aus dieser Fülle nehmen und durch Teilung in dasselbe *hineingehen*, keine Grenze zu finden ist. Sie erscheint außerdem als die *wahrhafteste*; denn sie hat von dem Gegenstande noch nichts weggelassen, sondern ihn in seiner ganzen Vollständigkeit vor sich. Diese *Gewissheit* aber gibt in der Tat sich selbst für die abstrakteste und ärmste *Wahrheit* aus. Sie sagt von dem was sie weiß, nur dies aus: es ist; und ihre Wahrheit enthält allein das *Sein* der Sache; das Bewusstsein seinerseits ist in dieser Gewissheit nur als reines *Ich*; oder *Ich* bin darin nur als reiner *Dieser* und der Gegenstand ebenso nur als reines *Dieses*." (Hegel 1989, 82)

Das heißt: Sinnliche Gewissheit ist zwar etwas Sicheres, aber keine Erkenntnis, weil sie nicht mehr enthält als eine konkrete Beziehung zwischen einem Objekt und einem Subjekt in einer bestimmten Situation, darüber also nicht hinauskommt. Diese Wahrheit ist nicht nur beschränkt, sie hat zudem keinen Bestand und kann daher der Erkenntnis keinen Halt geben.

„Um die Wahrheit dieser sinnlichen Gewissheit zu prüfen, ist ein einfacher Versuch hinreichend. Wir schreiben diese Wahrheit auf; eine Wahrheit kann durch Aufschreiben nicht verlieren; ebenso wenig dadurch, dass wir sie aufbewahren. Sehen wir jetzt, *diesen Mittag*, die aufgeschriebene Wahrheit wieder an, so werden wir sagen müssen, dass sie schal geworden ist.

Das Jetzt, welches Nacht ist, wird *aufbewahrt*, d. h. es wird behandelt als das, für was es ausgegeben wird, als ein Seiendes; es erweist sich aber vielmehr als ein Nichtseiendes. Das *Jetzt* selbst erhält sich wohl, aber als ein solches, das nicht Nacht ist; ebenso erhält es sich gegen den Tag, der es jetzt ist, als ein solches, das auch nicht Tag ist, oder als ein *Negatives* überhaupt. Dieses sich erhaltende Jetzt ist daher nicht ein unmittelbares, sondern ein vermitteltes. Ein solches Einfaches, das durch Negation ist, weder Dieses noch Jenes, ein *Nichtdieses*, und ebenso gleichgültig, auch Dieses wie Jenes zu sein, nennen wir ein *Allgemeines*; das Allgemeine ist also in der Tat das Wahre der sinnlichen Gewissheit." (A. a. O., 84)

Genauso verhielt es sich mit dem Ich: Es ist ebenfalls in einer neuen Situation ein Anderes. Im Fluss des Geschehens haben daher nicht die einzelnen Inhalte und die jeweiligen Zustände des Subjekts Bestand. Was bleibt, ist das Gemeinsame, das nicht dem Konkreten allein gehört – eben das Allgemeine. Die Wahrheit liegt also nicht in der scheinbaren Unmittelbarkeit, sondern in deren Bedingungen:

„Die sinnliche Gewissheit erfährt also, dass ihr Wesen weder in dem Gegenstande noch in dem Ich und die Unmittelbarkeit weder eine Unmittelbarkeit des einen noch des anderen ist; denn an beiden ist das, was Ich meine, vielmehr ein Unwesentliches, und der Gegenstand und Ich sind Allgemeine, in welchen dasjenige Jetzt und Hier und Ich, das ich meine, nicht bestehen bleibt oder *ist*. Wir kommen hierdurch dahin, das *Ganze* der sinnlichen Gewissheit selbst als ihr *Wesen* zu setzen, nicht mehr nur ein Moment derselben, wie in den beiden Fällen geschehen ist, worin zuerst der dem Ich entgegengesetzte Gegenstand, dann Ich ihre Realität sein sollte. Es ist also nur die *ganze* sinnliche Gewissheit selbst, welche an ihr als *Unmittelbarkeit* festhält und hierdurch alle Entgegensetzung, die im vorherigen statt fand, aus sich ausschließt.

Diese reine Unmittelbarkeit geht also das Anderssein des Hier als Baums, welches in ein Hier, das Nichtbaum ist, das Anderssein des Jetzt als Tages, das in ein Jetzt, das Nacht ist, übergeht, oder ein anderes Ich, dem etwas anderes Gegenstand ist, nichts mehr an. Ihre Wahrheit erhält sich als sich selbst gleichbleibende Beziehung, die zwischen dem Ich und dem Gegenstand keinen Unterschied der Wesentlichkeit und Unwesentlichkeit macht und in die daher auch überhaupt kein Unterschied eindringen kann." (A. a. O., 87f.)

Die Wahrheit ist also unabhängig von konkreten Erfahrungen; die „sinnliche Gewissheit" bildet sich ihre Sicherheit nur ein. Tatsächlich setzt sie eine strukturelle Beziehung bereits voraus. Gleichzeitig stellt sich heraus (ähnlich wie bei Kant), dass es überhaupt keine unmittelbare Erfahrung gibt. Anders als bei Kant ist es bei Hegel die Bewegung, die Erkenntnis in Gang setzt und hält: Das Hin und Her zwischen den beteiligten Momenten:

„… dass weder das Jetzt noch das Aufzeigen des Jetzt ein unmittelbares Einfaches ist, sondern eine Bewegung, welche verschiedene Momente an ihr hat; es wird *Dieses* gesetzt, es wird aber vielmehr *ein Anderes* gesetzt, oder das Diese wird aufgehoben: und dieses *Anderssein* oder Aufheben des ersten wird selbst *wieder aufgehoben* und so zu dem ersten zurückgekehrt. Aber dieses in sich reflektierte erste ist nicht ganz genau dasselbe, was es zuerst, nämlich ein *Unmittelbares*, war; sondern es ist eben *ein in sich Reflektiertes* oder *Einfaches*, welches im Anderssein bleibt, was es ist: ein Jetzt, welches absolut viele Jetzt ist; und dies ist das wahrhafte Jetzt, das Jetzt als einfacher Tag, das viele Jetzt in sich hat, Stunden; ein solches Jetzt, eine Stunde ist ebenso viele Minuten und diese Jetzt gleichfalls viele Jetzt usf. – Das *Aufzeigen* ist also selbst die Bewegung, welche es ausspricht, was das Jetzt in Wahrheit ist, nämlich ein Resultat oder eine Vielheit von Jetzt zusammengefasst; und das Aufzeigen ist das Erfahren, dass Jetzt *Allgemeines* ist." (A. a. O., 89)

Hegel betont also die Abhängigkeit der Identifizierung eines Sachverhalts von der Allgemeinheit der Kategorien, die eine Vielzahl enthält. Die vielen Einzelheiten und das situationsunabhängige Allgemeine bedingen sich gegenseitig. Gleichzeitig zeigt er, dass die praktische Anwendung – das „Aufzeigen" – Resultat eines vorausgehenden Prozesses ist, der gleichzeitig weitere Schritte ermöglicht.

„Es erhellt, dass die Dialektik der sinnlichen Gewissheit nichts anderes als die einfache Geschichte ihrer Bewegung oder ihrer Erfahrung und die sinnliche Gewissheit selbst nichts anderes als nur diese Geschichte ist. Das natürliche Bewusstsein geht deswegen auch zu diesem Resultate, was an ihr das Wahre ist, immer selbst fort und macht die Erfahrung darüber, aber vergisst es nur ebenso immer wieder und fängt die Bewegung von vorn an." (A. a. O., 90)

Hegel

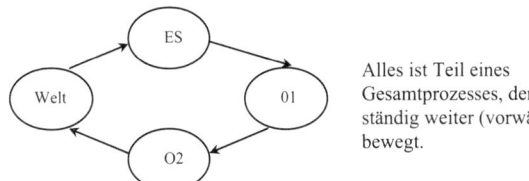

Alles ist Teil eines Gesamtprozesses, der sich ständig weiter (vorwärts) bewegt.

Auf diese Weise fährt Hegel fort. Jeder Schritt zeigt dabei, dass das, was als Letztes, Unmittelbares, Gegebenes erscheint, in Wahrheit selbst bedingt und nur *als Teil eines komplexen Prozesses* verständlich ist. Bei ihm mündet Erkenntnis letztlich ein in den Pfad des objektiven Geistes (und wird so idealistisch ge-

bunden). Der bleibende, wirklich moderne Gedanke ist jedoch die Bewegung, das ständige Weiterprozessieren und die Vorstellung, dass kein Element des Erkenntnisprozesses allein begründen und für sich stehen kann, sondern stets auf andere verweist, die er voraussetzt und seinerseits bedingt. –
Die Erkenntnistheorien von Kant und Hegel stellen den Höhepunkt der bürgerlichen Erkenntnisphilosophie dar. Mit Kants „transzendentaler" Begründung ist der Gegensatz zwischen Rationalismus und Empirismus in einer umfassenden Synthese aufgehoben, zugleich wird die grundlegende Problematik der Differenz zwischen Theorie und Wirklichkeit systematisch gefasst. Hegels dialektisches und dynamisches Denken öffnet den Blick sowohl auf die Einbindung von Erkenntnis in den Gang der Welt als auch auf ihre innere Bewegung, das Hin und Her verschiedener Positionen, die Konflikte zwischen unterschiedlichen Theorien.

4 Der Beginn der Wissenschaftstheorie: Positivismus und Positivismus-Kritik

Mit Kant und Hegel endet die große Zeit der bürgerlichen Erkenntnisphilosophie. Sie verschwindet zwar nicht, aber sie verliert ihre exklusive Bedeutung und wird zu einer Sparte der akademischen Philosophie, die ihrerseits ihre dominante Position als Ort des Diskurses verliert und zu einem Fach unter anderen wird.

Diese Entwicklung ist bedingt durch den tiefgreifenden gesellschaftlichen Wandel, der sich bereits im 18. Jahrhundert anbahnte und sich in der ersten Hälfte des 19. Jahrhunderts radikalisiert. Das für diese Umwälzung meist gebrauchte Stichwort ist „industrielle Revolution". Bei genauerem Hinsehen zeigt sich, dass es sich um eine tiefe, strukturelle Veränderung in allen relevanten gesellschaftlichen Bereichen handelt. Die Soziologie betrachtet als gemeinsamen Nenner aller dieser Veränderungen die Umstellung auf das Prinzip der *„Funktionalen Differenzierung"*. Bis dahin waren Gesellschaften vor allem dadurch gekennzeichnet, dass sie eine Hierarchie und an dessen Spitze ein einheitliches Zentrum besaßen, auf das alle Teilbereiche ausgerichtet und das sie gebunden waren. Zudem waren die Teilbereiche nach traditionellen Kriterien organisiert (d. h. nicht notwendigerweise thematisch sinnvoll gegliedert). Dabei war alles ein und demselben Ordnungs- und Steuerungsprinzip unterworfen. Sein Vorteil: Es gab immer und überall klare Entscheidungsmodi. Sein Nachteil: Die Entscheidungen waren nicht unbedingt sachbezogen. Das Prinzip der Hierarchisierung und Zentralisierung sorgte also für eine (mehr oder weniger) funktionierende Ordnung, behinderte aber zugleich die innere Entwicklung der Themen. Solange Kirche und Landesfürsten bestimmten, was an Universitäten zu lehren erlaubt war, konnte sich Erkenntnis nicht nach eigenen Regeln richten und weiterentwickeln, sondern wurde bevormundet und in ihren Möglichkeiten erheblich eingeschränkt; solange die Ökonomie von der Politik diktiert bekam, wie sie zu funktionieren hat, konnte sie ihre eigene Logik (mit allen Chancen und Risiken) kaum entfalten.

Im 19. Jahrhundert setzte sich das Prinzip der „Funktionalen Differenzierung" auf breiter Front durch. Es bedeutet vor allem, dass die einzelnen gesellschaftlichen Teilbereiche sich von externer Kontrolle emanzipieren und eine Eigenlogik entwickeln. Dadurch richtet sich der Umgang mit Themen (vorrangig) nach themenspezifischen Kriterien. Es bilden sich also eigene, (weitgehend) unabhängige Sub-Welten, die auf bestimmte Themen konzentriert sind und sich deren Logik anpassen. Der Vorteil: funktional differenzierte Subsysteme sind wesentlich leistungsfähiger. Sie können alle Möglichkeiten der Arbeitsteilung, der Technik, der Sozialorganisation nutzen, um ihr Thema zu behandeln. Aber auch funktionale Differenzierung hat Nachteile bzw. Risiken: Die ausschließlich auf ein Thema zentrierten Subsysteme können andere Themen nicht mehr berücksichtigen bzw. sich auf sie nur insoweit einstellen, als sie in ihre Eigenlogik übersetzbar sind. So ist Ökologie für moderne Ökonomie per se kein Thema. Sie kann also auf die Notwendigkeit, die natürlichen Grundlagen der Gesellschaft zu bewahren, erst dann reagieren, wenn dieses Thema in die Sprache der Ökonomie übersetzt ist – etwa, wenn es Ökosteuern gibt, Ökoprodukte einen Markt haben oder politische Vorgaben gemacht werden. Solange dies nicht geschieht, operiert die Ökonomie ohne jede Rücksicht auf ökologische Probleme – weil sie nicht anders kann. Der zweite große Problemkreis: Funktional differenzierte

Gesellschaften haben kein „Zentrum" mehr. Es gibt also auch keine Vorab-Koordinierung der verschiedenen Teilprozesse mehr. Sie driften unkoordiniert auseinander, entwickeln sich in verschiedene Richtungen und berücksichtigen nicht die Folgen, die sie in anderen Bereichen oder für das gesellschaftliche Ganze haben. Daher haben moderne Gesellschaften ein chronisches Integrations- und Abstimmungsproblem und müssen ständig die negativen Folgen opportunistischer Interaktion zwischen den Subsystemen verkraften.

Dennoch: Die Überlegenheit dieses Organisationstypus über jede Form traditioneller Gesellschaftsform war evident; er setzte sich (mehr oder weniger) unaufhaltsam durch. Dies betraf auch und besonders den Bereich der Wissensproduktion. In der Frühzeit der bürgerlichen Gesellschaft war der Fortschritt der Erkenntnis (und auch der der Erkenntnistheorie) vor allem von „Amateuren" getragen worden, die oft „nebenberuflich" sich der Erforschung der Welt und ihrer Interpretation widmeten. Der soziale Ort, an dem sich ihre Aktivitäten trafen, mischten und stimulierten, waren vor allem der öffentliche Diskurs und mehr oder weniger auf privater Initiative beruhende Einrichtungen wie Salons und Akademien. Die Universitäten spielten kaum eine Rolle; sie galten als Ort der Rückständigkeit, weil und wo sie an den Formen und Themen des Mittelalters festhielten und im festen Griff von Kirche und Landesherren keine Emanzipationsmöglichkeiten hatten. Die große Leistung dieser privat betriebenen Forschung, die sich dem Ziel der Aufklärung verpflichtet sah, war, dass sie empirische Erkenntnis auf neuer Basis betrieb. Dadurch wurde dieser neue Typ von Reflexion etabliert und zugleich in bis dahin unbekannte Bereiche vorangetrieben. Ihre Grenze lag in ihrem strukturellen Dilettantismus – es gab (noch) keine systematische Ausbildung und keine systematische Ordnung des so erreichten Wissens.

Je mehr das gewonnene Wissen sich entwickelte und erweiterte, je mehr es auch praktisch wurde und im Rahmen der Technisierung der Produktion eingesetzt wurde, desto weniger

reichte seine Basis aus. Auf die Dauer überschritt der Fortschritt die Möglichkeiten einer solchen Institutionalisierung.
Es musste daher (ganz im Sinne von Hegels Konzept) zu einer
Neuorganisation kommen, die den neuen Möglichkeiten und
Anforderungen gerecht wurde. An die Stelle der „amateurhaf-
ten" Organisation trat nach und nach ein nunmehr funktional
differenziertes Subsystem der Wissensproduktion und -ver-
waltung. Dies bedeutete vor allem: Professionalisierung. Der
„Amateur" wurde abgelöst vom „Profi", vom fachlich ausgebil-
deten, hauptberuflich mit Wissenserzeugung beschäftigten *Experten*. Damit schlug die große Stunde der Universitäten. Sie
wurden (wieder) der soziale Ort der Wissensproduktion –
nunmehr befreit von externer Bevormundung und sachlich
auf ihre Aufgabe zentriert. An die Stelle der privaten Initiative
trat damit *Wissenschaft* als neue Form; betrieben von *geschulten
Wissenschaftlern*.

Gleichzeitig (und damit eng verbunden) kam es zu weitreichenden Umstrukturierungen der Universitäten. An die Stelle
der bloßen Tradierung von alten Wissensbeständen trat die
systematische Erforschung von Wirklichkeit mit professionel-
len Mitteln und Methoden. Neue, sachbezogene Formen der
Sammlung und Organisation von Informationen, vor allem
aber die systematische Überprüfung von Hypothesen mit Hilfe
von Experimenten revolutionierten die Erkenntnis. Dabei war
der moderne Professor als Forscher dem Ideal objektiver Erkenntnis – nicht der Tradition – verpflichtet. Dies bedeutete
auch eine grundlegende Veränderung in der Statushierarchie
der Fächer und im „Bildungsideal". Die Fächer, die lange Zeit
in der Universität die wichtigsten waren – Religion, Philosophie – verloren ihre Vorherrschaft. Die bis dahin an Universitäten gar nicht (oder nur im Rahmen von Philosophie betriebenen) naturwissenschaftlichen Fächer profitierten am meisten von den Veränderungen und erlebten einen beispiellosen
Aufschwung. In kurzer Zeit wurde das weitgehend spekulative
Bild der Welt ersetzt durch ein empirisch begründetes und theoretisch formuliertes – wissenschaftliches – Bild. Dadurch

wurden die Naturwissenschaften zum neuen Leitfach der Universität; der empirische Forscher und Theoretiker wurde zum neuen „Bildungsideal" des neuen (natur-)wissenschaftlichen Zeitalters – mit allen Vor- und Nachteilen. –

Diese Revolution in der Art der Erkenntnis und in ihrer sozialen Organisation wirkte sich auch auf die Interpretation von Erkenntnis aus. Zunächst: Auch hier wird der „Amateur" abgelöst vom „Profi". Der „Deutsche Idealismus" (Kant, Hegel) war bereits getragen von hauptberuflichen Experten – Universitätsprofessoren, die sich mit nichts anderem beschäftigten als Philosophie und deren Möglichkeiten voll ausschöpften. Dieser Typus des „Gelehrten" war gewisser Weise das Verbindungs- und Übergangsmodell vom „Amateur" zum Wissenschaftler: Er arbeitete schon professionell, aber noch mit den herkömmlichen Mitteln. Genau dies wurde jedoch zum Problem: Sie bedienten sich einer Denkweise und einer Sprache, die von dem neuen Typus des Wissenschaftlers sowie aus der Sicht des neuen Bildungstyps Repräsentanten der alten Ordnung waren, gegen die sie sich emanzipiert hatten und gegen die sie sich abgrenzten. Mit der komplexen Philosophie Kants und Hegels wollten sie – obwohl es vor allem Kant um die Begründung der Möglichkeit naturwissenschaftlicher Erkenntnis ging – nichts zu tun haben. Alles, was nicht mit dem neuen, erfolgreichen Modell verwandt war, erschien auf einmal als hoffnungslos veraltet und rückständig. Damit war die Zeit der bürgerlichen Erkenntnisphilosophie zu Ende. An ihre Stelle trat ein neues Konzept, welches die Entwicklung zur Wissenschaft spiegelte: *Wissenschaftstheorie* löste Erkenntnistheorie ab. Gleichzeitig werden die Theorien der Erkenntnis selbst zu einem wissenschaftlich organisierten Diskurs.

Positivismus

Die erste und über weite Strecken dominante Form der theoretischen Begründung von Wissenschaft wurde *„Positivismus"* genannt. Der Ausdruck stammt von dem französischen Philosophen (!) Auguste Comte. Sein umfangreiches Buch „Cours de la philosophie positive" (mehrere Bände, 1830-1845) war vor allem eine massive Absage an jegliche Form von „Metaphysik", wobei er darunter alles verstand, was nicht handfest empirisch nachweisbar ist. Gelten sollte nur noch, was positiv demonstrierbar ist. Diese Position – die Comte im Übrigen relativ ungeniert mit großflächigen Spekulationen über Geschichte, Gesellschaft und Politik verband – grenzte sich ab gegen alles, was mehr wollte als nur empirische Feststellungen zu treffen. Sie wendete sich vor allem gegen die gesamte Tradition der bürgerlichen Erkenntnisphilosophie. Was sie aufgriff, war die empiristische Tradition, aber ohne deren systematische und spekulative Begründung und zunächst in ihrer frühen, optimistischen Variante. Was daraus entstand, war eine Theorie der (nunmehr wissenschaftlichen) Erkenntnis, die alles „Unwissenschaftliche" durch das Kriterium der positiven Begründbarkeit ausgrenzen wollte bzw. ausgrenzte.

Dieser Positivismus machte (paradoxerweise) als „Leitphilosophie" der neuen Wissenschaft eine bemerkenswerte Karriere. Auch ohne ausführliche Auseinandersetzung und ohne genauere Vorstellung, was dies genau bedeute, waren sich die meisten der Vertreter vor allem der Naturwissenschaften einig, dass Wissenschaft mit „Positivismus" weitgehend identisch sei. Da man zudem seiner Sache sicher war und mit den verwendeten Methoden einen Triumph nach dem anderen feierte, erübrigte es sich im herrschenden Selbstverständnis, sich näher mit der Funktionsweise der (natur)wissenschaftlichen Erkenntnis auseinander zu setzen.

Mill
Einer der ersten, der den Versuch unternahm, den Positivismus zu einer systematischen Theorie wissenschaftlicher Erkenntnis auszubauen, war John Stuart Mill. Sein umfangreiches Werk „System of Logic" ist insofern Ausdruck der Veränderungen, als es den Versuch darstellt, eine modernisierte Fas-

sung von Logik zu entwickeln. Der Untertitel des Buches drückt das Programm bereits aus: „Being a Connected View of the Principles of Evidence and the Methods of Scientific Investigation": Mill will Logik mit Methodik verbinden bzw. Logik als Methodik definieren. An die Stelle „metaphysischer" oder transzendentallogischer Begründungen tritt daher eine Reduktion auf die Verfahren, die praktische Erkenntnisse gewährleisten. Dabei stützt sie sich vor allem auf Methodologie – auf Verfahren, die Kontakt mit der Wirklichkeit aufnehmen. Im ersten Band beschäftigt er sich mit Bezeichnungen von Dingen (sie sind für ihn auf die Sache – nicht auf Ideen – zentriert und stützen sich nur auf Wahrnehmungen), mit Urteilen (Aussagen über Beziehungen zwischen Erscheinungen), mit Klassifikationen (Zuordnungen) und Definitionen. Der zweite Band widmet sich dann der Frage, wie auf der Basis von Bezeichnungen und Urteilen methodisch korrekte Schlüsse gezogen werden können. Dazu renoviert er den klassischen Syllogismus – er entpuppt sich bei Mill nicht als Schluss vom Allgemeinen aufs Besondere, sondern immer nur als Schluss von Besonderem auf Besonderes.

Damit stellt sich (erneut) das Problem der Induktion (wie komme ich von empirischen Feststellungen zu allgemeinen Aussagen?). Grundlage der Induktion ist für ihn die „Gleichförmigkeit im Gang der Natur", also die kausale Ordnung der Wirklichkeit. „Es kann als gewiss angesehen werden, dass eine jede Thatsache, welche zu existieren anfängt, eine Ursache hat, und dass diese Ursache unter den Thatsachen, welche unmittelbar vorhergingen, gefunden werden muss. Das Ganze der gegenwärtigen Thatsachen ist die unfehlbare Folge aller vergangenen Thatsachen, und unmittelbar aller Thatsachen, welche in dem vorhergehenden Augenblicke existierten. Es besteht hier also eine große Sequenz, von der wir wissen, dass sie gleichförmig ist. … Es bleibt nun die Ausgabe, diese complexe Gleichförmigkeit in die einfacheren Gleichförmigkeiten, welche sie zusammensetzen, aufzulösen, und einem jeden Theil des weiteren denjenigen Theil der Folgen zuzuweisen, der von ihm abhängig ist." (Mill 1862, 442) Dies leisten Beobachtung und Experiment. Sie sind die eigentlichen Garanten wissenschaftlicher Erkenntnis. Dabei ist Beobachten mehr als bloßes Hinsehen: man muss genau hinsehen. Die Logik, so Mill, beschäftigt sich jedoch nicht damit, wie man ein guter Beobachter wird (das ist für ihn eine Frage der Erziehung), sondern nur mit den Regeln der Beobachtung. Anders gesagt: Es gibt für ihn Leistungen des erkennenden Subjekts, aber diese Leistungen sind nicht Thema der Wissenschaftstheorie.

Experimente sind nach Mill eine „unbegrenzte Ausdehnung" der Beobachtung. Auch für sie gilt, dass kluges Experimentieren gelernt sein will, die Wissenschaftstheorie sich jedoch nur mit den Regeln des Experimentierens beschäftigt. Diese bestehen vor allem aus Vergleichen:

„Es gibt zwei einfache und augenfällige Methoden, um von den Umständen, welche einer Naturerscheinung vorhergehen oder ihr folgen, diejenigen abzusondern, welche durch ein unveränderliches Gesetz damit zusammenhängen. Die eine besteht darin, dass man verschiedene Fälle, in denen die Naturerscheinung stattfindet, mit einander vergleicht; die andere, dass man Fälle, in denen die Erscheinung stattfindet, mit in anderer Beziehung ähnlichen Fällen vergleicht, worin sie nicht stattfindet. Diese zwei Methoden kann man beziehungsweise die Methode der Übereinstimmung und die Methode des Unterschieds (Differenzmethode) nennen." (A. a. O., 453)

Mill erläutert diese Verfahren ausführlich und stellt dann fest:

„Die … Methoden, welche ich versucht habe zu beschreiben, sind die einzig möglichen Arten der experimentellen Forschung, der directen Induction *a posteriori* als von der Deduction verschieden." (A. a. O., 477)

Wissenschaft ist also ein Verfahren der aktiven Induktion qua Beobachtung und Experiment. Ihre Ergebnisse sind objektive Erkenntnisse über feststehende Kausalitäten, die die Wirklichkeit enthält. Irgendwelche Erkenntnisse über das „wahre Wesen" der Welt ist damit nicht verbunden.

Positivismus

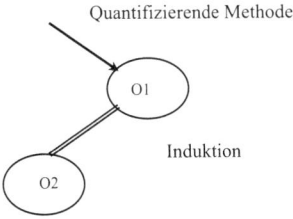

Quantifizierende Methode

O1

Induktion

O2

Theorie = Gesetz der Empirie

Was aber sollen die Wissenschaften machen, die nicht (ausschließlich induktiv verfahren können? Ihnen bleibt nichts übrig als die Lücken der Induktion durch Deduktion (logische Ableitung) zu füllen – oder aber, wenn der Mangel an induktiven Verfahren darin begründet liegt, dass man sich noch zu wenig darum gekümmert hat, dass die entsprechenden Wissenschaften anfangen, erwachsen zu werden (a. a. O., 449). Dies gilt insbesondere für die Sozialwissenschaften. Mill ist der Überzeugung, dass auch soziale Realität so aufgebaut ist wie natürliche – gleichförmig und kausal. Deshalb gelten für sie die selben Regeln wissenschaftlicher Erkenntnis wie für die Naturwissenschaften. Es gibt daher nur eine Art von Wissenschaft, nur eine Art von objektiver Erkenntnis und sie besteht – für jede Wissenschaft – in der Erfassung von Regelmäßigkeiten und der induktiven Begründung von kausalen Zusammenhängen.

Mill greift also die „empiristische" Tradition der Erkenntnistheorie auf und bringt sie auf das Niveau des wissenschaftlichen Zeitalters. Es sind nicht mehr die einfachen Verfahren wie bei Bacon und der Sensualismus von Locke wird ersetzt durch das Vertrauen auf korrekte Methoden. Gleichzeitig schränkt sich jedoch der Umfang dessen, was behandelt wird, ein. Auf dem Weg von der bürgerlichen Erkenntnisphilosophie zur Wissenschaftstheorie geht der Stand, den jene erreicht hatte, verloren. Dies hängt zunächst damit zusammen, dass die (neue) Wissenschaftstheorie sich von der (alten) Erkenntnistheorie abgrenzen will und muss und daher deren Formen und Themen für obsolet erklärt. Der inhaltliche Kern ist jedoch, dass Wissenschaft als institutionalisierte und institutionell gebundene Form der Erkenntnis eine Einengung mit sich bringt: Eine ganze Reihe von Themen lassen sich im (damaligen) Verständnis wissenschaftlicher Forschung nicht mehr unterbringen bzw. abbilden. Vor allem werden durch die starke Zentrierung auf Methoden als alleinigem Weg zur Wahrheit (verbunden mit dem Glauben, eine kausal strukturierte Welt ließe sich mit quantifizierenden Methoden allein erfassen) das „erkennende Subjekt" – von Kant sozusagen gerade erst in seiner Bedeutung hervorgehoben – aus dem Themenkreis der Wissenschaftstheorie ausgeschlossen. Auch die Interaktion von Erkenntnis und Welt (im Sinne von Hegel) ist nun kein Thema mehr. Was bleibt, ist die (alleinige) Betonung der Methode.

Mills Schrift ist nicht mehr so anmaßend wie Comtes Kampfschriften gegen alles „Metaphysische" und so größenwahnsinnig wie dessen Konzept der Steuerung der Welt durch wissenschaftliche Erkenntnis. Aber sie zeigt noch jenen Optimismus, den man immer in der Frühphase von Entwicklungen findet und der sich naturgemäß gerade in der Wissenschaftstheorie in dieser Phase der permanenten Revolutionierung des Wissens auch findet. Aber wie immer folgt die Kritik und die Skepsis der Überzeugung, nunmehr die Probleme der Erkenntnis gelöst zu haben, auf dem Fuß. Auch dem Positivismus blieb nur eine kurze Zeit des Glücks, die definitive Theorie wissenschaftlicher Erkenntnis zu sein.

Positivismus-Kritk

Kritik kam vor allem aus drei Richtungen:
* von den Wissenschaften, die sich in dem einheitswissenschaftlichen Konzept des Positivismus nicht angemessen berücksichtigt sahen;
* von dem, was seit Marx „Ideologiekritik" genannt wird und
* von den Wissenschaftstheoretikern, die sich darum bemühten, den Positivismus weiter zu entwickeln.

Ähnlich wie der Positivismus alte Motive aufgreift, neu formuliert und kombiniert ist auch diese Kritik nichts gänzlich Neues, aber sie bedient sich nun ihrerseits neuer Methoden und theoretischer Instrumente. Und vor allem: Sie profitiert davon, dass nunmehr auch Wissenschaftstheorie als Teil wissenschaftlicher Diskurse an den Universitäten institutionalisiert ist bzw. wird und ebenso professionalisiert wird wie die Wissenschaften selbst.

Kritik am Positivismus kam zunächst aus den Fächern, die durch den enormen Aufstieg der Naturwissenschaften sich nicht nur ins zweite Glied zurückgedrängt sahen, sondern zudem auch noch erleben mussten, dass ihnen in Form des imperialen Positivismus auch noch vorgehalten wurde, sie seien nicht wissenschaftlich, weil sie keine quantifizierenden Methoden verwendeten. Was sich daraus entwickelte, war ein eigenes methodologisches Konzept der nunmehr so genannten „Geisteswissenschaften". Es ging aus von den Besonderheiten des Gegenstandes, mit dem sie zu tun haben. Damit wurden Überlegungen aufgegriffen, die zuerst von Gianbattista Vico deutlich ausgesprochen wurden. Vico hatte (gegen Descartes) den erkenntnistheoretischen Grundsatz aufgestellt: „Nur das kann erkannt werden, was einer selbst hervorgebracht hat." (Vico 1979) Da die Geschichte das ist, was die Menschen selbst erzeugen, können sie sie auch erkennen – im Gegensatz zu Gottes Schöpfung, die nicht in ihrem Wesen erkennbar ist. Was sich daraus ergab, war eine Art „Zwei-Welten"-Theorie:

Die (unerkennbare nur beschreibbare) Schöpfung und die erkennbare Geschichte. Diese Unterteilung wurde zum Ausgangspunkt der Selbstverortung der Geisteswissenschaften. Im Laufe der Diskussion wird – in Anlehnung an Hegel – eine Gegenüberstellung von „Natur", dem bloß empirisch Gegebenen und der humanen Realität, die bestimmt wird von höherer Notwendigkeit, von „Sittlichen Mächten" (so etwa Droysen, 1868).

Dilthey
Dilthey brachte diese Identifizierung von Geschichte mit Sinn schließlich auf den Punkt. Für ihn hatten „Geschichte, Nationalökonomie, Rechts- und Staatswissenschaften, Literaturwissenschaften, Raumkunst und Musikwissenschaften, Philosophie und Psychologie" eines gemeinsam: dass sie sich „auf dieselbe große Tatsache: Das Menschengeschlecht (beziehen)". (Dilthey 1968, 89) Die vielen verschiedenen Einzelheiten sind zentriert auf die geistigen Leistungen der Menschen. In dieser ihrer Wirklichkeit sind die Menschen daher sozusagen mitten drin, sie agieren und reagieren unentwegt, wobei alles Handeln, Tun und Denken einen inneren Zusammenhalt besitzt: „Das Nächstgegebene sind die Erlebnisse. Diese stehen nun aber … in einem Zusammenhang, der im ganzen Lebensverlauf inmitten aller Veränderungen permanent beharrt; auf seiner Grundlage entsteht das, was ich als den erworbenen Zusammenhang des Lebens beschrieben habe; er umfasst unsere Vorstellungen, Wertbestimmungen und Zwecke, und er besteht als eine Verbindung dieser Glieder. … Wir besitzen diesen Zusammenhang, er wirkt beständig in uns, die im Bewusstsein befindlichen Vorstellungen und Zustände sind an ihm orientiert, unsere Eindrücke werden durch ihn apperzeptiert, er reguliert unsere Affekte: so ist er immer da und immer wirksam, ohne doch bewusst zu sein." (A. a. O., 90)

Daraus ergibt sich eine grundsätzliche *Differenz im Prinzip der Erkenntnis*:

„Wir bemächtigen uns (der) physischen Welt durch das Studium ihrer Gesetze. Diese Gesetze können nur gefunden werden, indem der Erlebnischarakter unserer Eindrücke von der Natur, der Zusammenhang, in dem wir, sofern wir selber Natur sind, mit ihm stehen, das lebendige Gefühl, in dem wir sie genießen, immer mehr zurücktritt hinter das abstrakte Auffassen derselben nach den Relationen von Raum, Zeit, Masse, Bewegung. Alle diese Momente wirken dahin zusammen, dass der Mensch sich selbst ausschaltet, um aus seinen Eindrücken diesen großen Gegenstand Natur als eine Ordnung nach Gesetzen zu konstruieren. Sie wird dann dem Menschen zum Zentrum der Wirklichkeit.

Aber derselbe Mensch wendet sich dann von ihr rückwärts zum Leben, zu sich selbst. Dieser Rückgang des Menschen in das Erlebnis, durch welches für ihn die Natur da ist, in das Leben, in dem allein Bedeutung, Wert und Zweck auftritt, ist die andere große Tendenz, welche die wissenschaftliche Arbeit bestimmt. Ein zweites Zentrum entsteht. Alles, was der Menschheit begegnet, was sie erschafft und was sie handelt, die Zwecksysteme, in denen sie sich auslebt, die äußeren Organisationen der Gesellschaft, zu denen die Einzelmenschen in ihr sich zusammenfassen – all das erhält nun hier eine Einheit. Von dem sinnlich in der Menschengeschichte Gegebenen geht hier das Verstehen in das zurück, was nie in die Sinne fällt und doch in diesem Äußeren sich auswirkt und ausdrückt.

Und wie jene erste Tendenz dahinzielt, den psychischen Zusammenhang selbst in der Sprache des naturwissenschaftlichen Denkens und unter den Begriffen desselben durch seine Methoden aufzufassen und so gleichsam sich selbst zu entfremden: so äußert sich nun diese zweite in der Rückbeziehung des sinnlich äußeren Verlaufs am menschlichen Geschehen auf etwas, das nicht in die Sinne fällt, im Besinnen auf das, was in diesem äußeren Verlauf sich manifestiert. Die Geschichte zeigt, wie die Wissenschaften, welche sich auf den Menschen beziehen, in einer beständigen Annäherung an das fernere Ziel einer Besinnung des Menschen über sich selbst begriffen sind." (Dilthey 1974, 93f)

Dilthey sieht also den entscheidenden Unterschied zwischen Natur- und Geisteswissenschaften im Erkenntnisinteresse: Es geht um die Differenz im Umgang mit der Wirklichkeit: Die Naturwissenschaft behandelt die dinglichen *Eigenschaften der Welt* und erklären deren gesetzmäßige Ordnung. Die Geisteswissenschaften beschäftigen sich dagegen mit dem *Sinn*, den die Dinge im Rahmen des menschlichen Lebens haben. Diesem Sinn nähern sie sich mit Hilfe des eigenen Erlebens und durch das *Verstehen* des in dem Geschehen objektivierten Sinns:

„Die Natur ist die Unterlage der Geisteswissenschaften. Die Natur ist nicht nur der Schauplatz der Geschichte; die physischen Vorgänge, die Notwendigkeiten, welche in ihnen liegen, und die Wirkungen, die von ihnen ausgehen, bilden die Unterlage für alle Verhältnisse, für Tun und Leiden, Aktion und Reaktion in der geschichtlichen Welt, und die physische Welt bildet auch das Material für das ganze Reich, in welchem der Geist seine Zwecke, seine Werte – sein Wesen ausgedrückt hat: auf dieser Grundlage erhebt sich aber nun die Wirklichkeit, in welche die Geisteswissenschaften von zwei Seiten her immer tiefer sich einbohren – vom Erleben der eigenen Zustände und vom Verstehen des in der Außenwelt objektivierten Geistigen aus. Und damit ist nun der Unterschied beider Arten von Wissenschaften gegeben. In der äußeren Natur wird Zusammenhang in einer Verbindung abstrakter Begriffe den Erscheinungen unterlegt. Dagegen der Zusammenhang in der geistigen Welt wird erlebt und nachverstanden. Der Zusammenhang der Natur ist abstrakt, der seelische und geschichtliche aber ist lebendig, lebensgesättigt. Die Naturwissenschaften ergänzen die Phänomene durch Hinzugedachtes. Die Geisteswissenschaften ordnen ein, indem sie umgekehrt zu aller erst und hauptsächlich die sich unermesslich ausbreitende menschlich-geschichtlich-gesellschaftliche äußere Wirklichkeit zurücksetzen in die geistige Lebendigkeit, aus der sie hervorgegangen ist. Dort werden für die Individuation hypothetische Erklärungsgründe aufgesucht, hier dagegen werden in der Lebendigkeit die Ursachen derselben erfahren." (A. a. O., 141f)

Geisteswissenschaften sind also Teil der (geistigen) Wirklichkeit, die sie behandeln. Damit sind sie immer auch in die Geschichte und Selbstreflexion der geschichtlich tätigen Menschen verwoben. Daraus ergibt sich ein Konflikt.

„Der Ausgang vom Leben und der dauernde Zusammenhang mit ihm (bildet) den ersten Grundzug in der Struktur der Geisteswissenschaften; beruhen sie doch auf Erleben, Verstehen und Lebenserfahrung. Dieses unmittelbare Verhältnis, in dem das Leben und die Geisteswissenschaften zueinander stehen, führt in den Geisteswissenschaften zu einem Widerstreit zwischen den Tendenzen des Lebens und ihrem wissenschaftlichen Ziel. Wie Historiker, Nationalökonomen, Staatsrechtslehrer, Religionsforscher im Leben stehen, wollen sie es beeinflussen. Sie unterwerfen geschichtliche Personen, Massenbewegungen, Richtungen ihrem Urteil, und dieses ist von ihrer Individualität, der Nation, der sie angehören, der Zeit, in der sie leben, bedingt. Selbst wo sie voraussetzungslos zu verfahren glauben, sind sie von diesem ihrem Gesichtskreis bestimmt." (A. a. O., 166)

Dilthey löst den Konflikt so:

„Ich finde das Prinzip für die Auflösung des Widerstreites in diesen Wissenschaften in dem Verständnis der geschichtlichen Welt als eines Wirkungszusammenhanges, der in sich selbst zentriert ist, indem jeder einzelne in ihm enthaltene Wirkungszusammenhang durch die Setzung von Werten und die Realisierung von Zwecken seinen Mittelpunkt in sich selber hat, alle aber strukturell zu einem Ganzen verbunden sind, in welchem aus der Bedeutsamkeit der einzelnen Teile der Sinn des Zusammenhanges der gesellschaftlich-geschichtlichen Welt entspringt: so dass ausschließlich in diesem strukturellen Zusammenhang jedes Werturteil und jede Zwecksetzung, die in die Zukunft reicht, gegründet sein muss." (A. a. O., 167)

Dilthey
Naturwissenschaftliche Erkenntnis

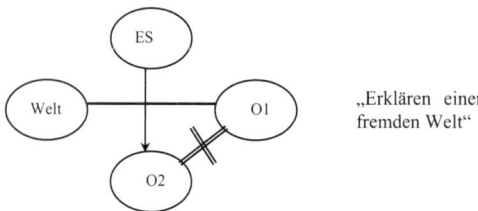

„Erklären einer
fremden Welt"

Geisteswissenschaftliche Erkenntnis

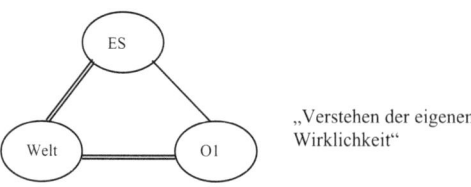

„Verstehen der eigenen
Wirklichkeit"

In anderen Worten: Geisteswissenschaften tun bewusst und begründet, was sonst eher blind geschieht. Sie sind damit sozusagen die reflexive Form eines objektiven geistigen Zusammenhangs. – Diltheys Konzeption eines objektiven Geistes, der in der Geschichte wirksam ist und einer Erkenntnis, die daran teilhat, klingt stark nach einem Aufguss von Hegel und ist es in gewisser Weise auch. Diesem Pfad mochte auf Dauer daher auch kaum jemand folgen. Bleibender war dagegen Diltheys Überlegung zur Methode, die nun diese Geisteswissenschaften verwenden müssen. Es ist dies die *Hermeneutik*, die systematische Interpretation von Ereignissen und Zusammenhängen. Während Diltheys „geistige" Definition von Psychologie, Ökonomie, Linguistik usw. sich nicht hielt (auch wenn einzelne Punkte seiner Argumentation richtig und wichtig sind), gilt der Oberbegriff „Hermeneutik" nach wie vor als Nenner jener qualitativer und interpretativer Methoden, den viele der Wissenschaften, die er als „Geisteswissenschaften" titulierte, verwenden. Die Bezeichnung „Hermeneutik" gab es schon länger – vor allem aber das Problem selbst: Die Frage, wie Texte zu verstehen sind, was sie über den Wortsinn hinaus bzw. hinter der manifesten Bedeutung aussagen. Vor allem das Auslegen religiöser Texte war ein altes Problem, das viele Autoren auch methodisch beschäftigt hatte. Im 19. Jahrhundert entstanden philologische Konzepte der Texterklärung, die als „Kunstlehre des Verstehens" angelegt waren, aber bereits in Richtung auf eine allgemeine Theorie des Verstehens menschlicher Lebensäußerungen – Denken, Sprechen – zielte.

Bei Dilthey und seinen Nachfolgern (Bollnow, Spranger) wurde daraus eine Methodenlehre. Die Methoden der Interpretation sind dabei jedoch von Anfang an umstritten. Was sich entwickelt, ist ein breites Spektrum von Methoden der Interpretation. Einigkeit besteht weitgehend darüber, dass Verstehen selbst ein notwendiger und in gewisser Weise unvermeidlicher Teil des praktischen Lebens wie auch der reflexiven Beschäftigung mit humaner Realität ist. Einigkeit besteht auch darüber, dass dieses Verstehen immer von bestimmten Prämissen ausgehen muss, die den Gegenstandszugang festlegen und die Art der Interpretation bestimmen. Dies bedeutet jedoch zugleich, dass die Interpretationsstrategie sich durch ihre Ergebnisse auch selbst bestätigt. Diese wechselseitige Abhängigkeit von Vorannahmen und Ergebnissen wurde in der Diskussion als „hermeneutischer Zirkel" bezeichnet. Er hat zur Folge, dass es (bisher) keine Einigkeit über die Methoden und die Charakterisierung des hermeneutischen Verfahrens gibt. Wie man also genau interpretiert, welche Interpretation zulässig und welche unzulässig ist, war und ist umstritten. Ob Hermeneutik also eine „reproduktive Wiederholung der ursprünglichen Produktion", „objektive Rekonstruktion", „systematisch-kritische Interpretation", „rationale Nachkonstruktion", „einfühlendes Nacherleben des Sinns", „Explikation" ist (um nur ein paar Bezeichnungen aus der Diskussion aufzuzählen), war bisher ebenso wenig zu klären wie die Frage, worauf sie beruht und wie Verstehen als Verfahren zu bestimmen ist.

Das ändert – so die Vertreter dieser Position – nichts an der Notwendigkeit und Unvermeidlichkeit von Interpretation. Da uns Sinnzusammenhänge nicht direkt zugänglich und auch

---

Hermeneutik

Der Begriff geht zurück auf den Namen von Hermes, hauptsächlich bekannt als griechischer Götterbote, zugleich aber auch der Beschützer von Hirten, Kaufleuten, Gaunern und selbst aktiver Meisterdieb und Intrigant, der sich mit manipulierten Botschaften ins himmlische und irdische Geschehen einmischt. Er beschützt also alle „Heimatlosen" und bringt in unsicheren Situationen Glück, kann aber auch täuschen und für Chaos sorgen. Zudem kann er mit seinem Heroldstab jedoch auch einschläfern und träumen lassen. – Dass diese schillernde Figur als Namensgeber der Hermeneutik fungiert, ist kein Zufall. Es handelt sich bei jeder Interpretation, die keine empirischen Beweise vorlegen kann, weil der Text selbst nur Hinweise, aber keine Sicherheit bietet, um ein gewagtes Unterfangen, welches auch zu Täuschung, Irrtum und Illusion führen kann. Dies ist Glanz und Elend von Hermeneutik: Sie kann Zusammenhänge erschließen, die eine rein empirische Argumentation nie erreichen kann, sie kann aber auch in die Irre führen. – Hermeneutik wird überall gebraucht, wo es um systematische, strukturelle, latente Zusammenhänge geht, die sich nicht unmittelbar in empirischen Gegebenheiten zeigen. Die Entwicklung moderner Interpretationsverfahren legt methodische Regeln einer als korrekt erachteten Interpretation fest und engt dadurch ihre Möglichkeiten wie auch die Irrtumswahrscheinlichkeit ein. Dennoch bleibt eine Interpretation immer eine individuelle Leistung, eine Möglichkeit unter vielen und damit auch eine Vorstellung, die umstritten bleibt.

nicht mit empirischen Methoden zu fassen sind, bedarf es spezifischer Interpretationsleistungen, um sie zu erschließen. Das Problem der Relativität und Vielfalt von Interpretationen bleibt dabei jedoch erhalten. Der bekannteste Vertreter einer methodisch reflektierten Hermeneutik, Hans-Georg Gadamer hat sich in seinem Werk „Wahrheit und Methode" (auch) mit dieser Frage beschäftigt und die Unaufhebbarkeit der Verwendung von Prämissen in die These von der „Universalität der Hermeneutik" übersetzt – danach ist jede Interpretation und damit auch jede (auch eine naturwissenschaftliche) Theorie insofern konventionell, als sie bestimmte Voraussetzungen macht, ohne die sie nicht gilt. Die einzige Möglichkeit, den damit verbunden Problemen zu begegnen, sei eine Art von Dokumentation der Geschichte von Voraussetzung und Interpretation: Durch Reflexion der Umstände, durch die eine Interpretation zustande kommt und die Art ihrer Wirkung ergibt sich die Möglichkeit einer Interpretation der Interpretation, die ihre Begrenzungen relativiert. –

Der Gegenentwurf zum Positivismus, den Dilthey mit dem Entwurf einer eigenständigen „geisteswissenschaftlichen" Methodik vorlegt, knüpft, so lässt sich leicht erkennen, an die „rationalistische" und „idealistische" Tradition der Erkenntnistheorie an. Auch die geisteswissenschaftliche Hermeneutik hebt die Eigenständigkeit geistiger Leistungen hervor. Sie versucht, deren Vorgaben auf das neue Niveau der Wissenschaft zu bringen und sich gleichzeitig (dadurch) gegen die Ansprüche des Positivismus zu wehren. Dieser Gegensatz zwischen verschiedenen methodologischen und wissenschaftstheoretischen Positionen hat sich bis heute – in Variationen – gehalten. Auch wenn Diltheys Gegenüberstellung von Natur- und Geisteswissenschaften kein Thema mehr ist: Die grundlegenden Differenzen sind nach wie vor Thema. Während in den Naturwissenschaften zwar in jüngster Zeit konstruktivistische Perspektiven aufgekommen sind und diskutiert werden, aber der „positivistische Geist" im Grunde genommen ungebrochen herrscht, ist in vielen Humanwissenschaften, besonders den

Sozialwissenschaften, die Frage, welches Basismodell gilt, nach wie vor umstritten.

Wilhelm Dilthey

Wilhelm Dilthey (1833–1911), Sohn eines Kirchenrates und Hofpredigers aus Bieberich bei Wiesbaden studierte auf Vaters Wunsch hin Theologie, wandte sich aber dann der Philosophie zu. Seine erste große Arbeit war eine Hegel-Biografie, in der er bereits sein Hauptthema vorgab: Die historische Bedingtheit und Wirksamkeit humaner Lebensäußerungen. Daraus entstand im Lauf der Zeit eine „Hermeneutik des geistigen Lebens". Mit 60 Jahren hatte er einen Traum: Er sah die großen Forscher und Philosophen der Geschichte zu einem großen Meeting zusammenkommen, aber sie teilten sich in zwei getrennte Lager. „Vergebens liefen ... die Vermittler zwischen diesen Gruppen hin und her – die Ferne, die diese Gruppen trennte, wuchs mit jeder Sekunde". Damit träumte er zunächst eine Differenz, zu deren Profilierung er selbst erheblich beigetragen hatte, in dem er die spezifisch „geisteswissenschaftliche" Form der Erkenntnis – das Verstehen – der der Naturwissenschaften (dem Erklären) gegenüberstellte. Sein (Tag-)Traum war nun eine Synthese dieser Gegensätze unter dem Dach einer einheitlichen Philosophie der Zukunft, die er so definiert: „Begründung, Rechtfertigung, kritisches Bewusstsein, organisierende Kraft, die alles gegenwärtige Denken, alle Wertbestimmungen und Zwecksetzungen ergreift. Der so entstehende gewaltige Zusammenhang ist bestimmt, das menschliche Geschlecht zu leiten." – Diese Philosophie des gesamten Lebens sollte alles – vor allem auch die Geschichte – einbeziehen. Der Fülle des Lebens könne man nicht mit purer Logik beikommen: „In den Adern des erkennenden Subjekt das Kant, Locke und Hume konstruieren, rinnt nicht wirkliches Blut, sondern der verdünnte Saft von Vernunft einer reinen Verstandestätigkeit." Umso stärker versuchte Dilthey als Gegengift in die Philosophie das wirkliche Leben und in die Erkenntnis die Fähigkeit zur Empathie einzuführen.

Marx

Die zweite Art der Kritik am Positivismus überschneidet sich in gewisser Weise mit der methodologischen, sie geht jedoch weiter. Hier wird dem Positivismus nicht nur theoretische und methodische Unangemessenheit vorgeworfen. Kritisiert wird der „ideologische" Charakter des Positivismus. Bereits Bacon hatte ja die Möglichkeit der Verzerrung von Erkenntnis in seiner „Idolenlehre" diskutiert und dabei nicht zuletzt auf gesellschaftlich bedingte Einflüsse Bezug genommen. Diese Perspektive wird im 19. Jahrhundert von Karl Marx aufgegriffen und auf dem Hintergrund einer „materialistischen" Neufassung der Hegel'schen Philosophie weiterentwickelt.

Marx ist nach wie vor einer der umstrittensten Philosophen und Theoretiker. Marx selbst hätte mit Sicherheit keine Freude an dem, was vielerorts angeblich in seinem Namen praktiziert wurde, gehabt, aber er hat den Systemen die Stichworte geliefert, mit denen sie ihr Regime legitimierten. Dies hängt nicht zuletzt damit zusammen, dass Marx ganz selbstverständlich (wie alle Denker der Aufklärung und viele des 19. Jahrhunderts – etwa auch Comte und Mill) seine Arbeit als *politische* Arbeit verstand – als Theorie, die politisch wirksam werden sollte und dafür verfasst war. Gleichzeitig war er (wie viele anderen Autoren auch) der Meinung, den Gang und vor allem auch die zukünftige Entwicklung der Geschichte verstanden zu haben und entwarf Strategien, von denen wir heute wissen, dass sie teils naiv, teils utopisch waren, die er jedoch als politisch angemessen propagierte. Daraus haben dann die Ideologen bestimmter Bewegungen und später der herrschenden Eliten eine Legitimation ihres Tuns abgeleitet. – Diese Instrumentalisierung ist insofern eine bittere Ironie, als Marx nicht nur eine „herrschaftsfreie" Gesellschaft zum Ziel hatte, sondern auch derjenige war, der Ideologiekritik zum zentralen Bestandteil der Reflexion von Theorien machte. Eine seiner wichtigsten Überlegungen zum Thema ergab sich daraus, dass er zwar Hegels Vorstellung von der widersprüchlichen Einheit der geschichtlichen Entwicklung übernahm, aber dessen Vorstellung, diese Entwicklung werde vom „objektiven Geist" bestimmt, ablehnt. An die Stelle dieser (idealistischen) Vorstel-

Karl Marx

Marx gehört zu den namentlich bekanntesten und umstrittensten Philosophen der Neuzeit – verdientermaßen, wenn auch nicht unbedingt aus den Gründen, die dafür gesorgt haben. Sein Name wurde von einigen der scheußlichsten Diktaturen des 20. Jahrhunderts gebraucht. Aber die Realität der Sowjetunion oder des Pol-Pot-Regimes hatte mit seinen Träumen einer klassenfreien Gesellschaft nichts zu tun – Marx rotiert vermutlich immer noch wegen dieser Schande in seinem Londoner Grab. – Dass sein Name weitgehend mit „Klassenkampf", „Diktatur des Proletariats" und ähnlichen Konzepten des 19. Jahrhunderts verbunden wird, verstellt den Blick auf die Leistungen eines Mannes, der viel für die Theorieentwicklung geleistet hat. Allerdings hat er dem Missbrauch Vorschub geleistet, weil er, ganz in der Tradition der Aufklärung und Hegels, nicht nur seine Philosophie als politisches Engagement verstand, sondern zudem (genau wie diese) der Meinung war, die Bewegungsgesetze der Geschichte erkannt zu haben. Daraus ergab sich geradezu das Recht und die Pflicht, bestimmen zu wollen, was zu tun sei. Das tat er denn auch in seinen Schriften mit gepflegter Arroganz und Gehässigkeit – seine Auseinandersetzungen mit Konkurrenten sind heute noch beispielhafte Schmähschriften.

Marx, 1818 in Trier geboren, 1883 im Londoner Exil gestorben, war also ein ungemütlicher Zeitgenosse. Aber er gehörte zu den produktivsten Denkern seiner Zeit. Er war nicht nur der erste, der die volle Bedeutung von Technik und Ökonomie für die gesellschaftliche Entwicklung begriff; er bahnte auch der modernen Wissenssoziologie den Weg, indem er das Verhältnis von sozialer Situation und Weltsicht untersuchte (und mit dem Begriff der „Charaktermaske" eine drastische, aber richtungsweisende Formel für die Abhängigkeit des Verhaltens von der Lebenssituation fand).

lung setzt Marx ein materialistisches Konzept: Grundlage und Motor der Geschichte ist für ihn die Dialektik von *Produktivkräften* (das gesamte Spektrum menschlicher Leistungen) und *Produktionsverhältnissen* (die ökonomischen Formen, in denen die Produktivkräfte genutzt werden). Damit ist Marx einer der ersten, die die zentrale Bedeutung von Technik und Ökonomie als Grundlage der Gesellschaft erkannt haben. Im Rahmen dieser Konzeption sind Erkenntnis und Theorien einerseits Teil der Produktivkräfte (das wird aber von Marx nicht so recht ausgearbeitet). Andererseits sind sie die Vorstellungen, die die Menschen sich von ihrer Welt machen, also Selbstinterpretationen. Diese Selbstinterpretationen sind nicht (wie bei Hegel) eine Ausdrucksform des „objektiven Geistes", sondern unterliegen einem eigenen Schicksal. Eines der zentralen Argumente von Marx (und hier verknüpft er Hegel mit Bacon) ist, dass die Vorstellungen, die die Menschen von ihrer Welt haben, täuschungsanfällig sind, mehr noch: Dass sie tun ohne zu wissen.

„Nun aber erweist sich die Entwicklungsgeschichte der Gesellschaft in einem Punkt als wesentlich verschiedenartig von der Natur. In der Natur sind es – soweit wir die Rückwirkung der Menschen auf die Natur außer acht lassen – lauter bewusstlose blinde Agenzien, die aufeinander einwirken und in deren Wechselspiel das allgemeine Gesetz zur Geltung kommt. Von allem, was geschieht – weder von den zahllosen scheinbaren Zufälligkeiten, die auf der Oberfläche sichtbar werden, noch von den schließlichen, die Gesetzmäßigkeit innerhalb dieser Zufälligkeiten bewährenden Resultaten –, geschieht nichts als gewollter bewusster Zweck. Dagegen in der Geschichte der Gesellschaft sind die Handelnden lauter mit Bewusstsein begabte, mit Überlegungen oder Leidenschaft handelnde, auf bestimmte Zwecke hinarbeitende Menschen; nichts geschieht ohne bewusste Absicht, ohne gewolltes Ziel. Aber dieser Unterschied, so wichtig er für die geschichtliche Untersuchung namentlich einzelner Epochen und Begebenheiten ist, kann nichts ändern an der Tatsache, dass der Lauf der Geschichte durch innere allgemeine Gesetze beherrscht wird. Denn auch hier herrscht auf der Oberfläche, trotz der bewusst gewollten Ziele aller einzelnen, im Großen und Ganzen scheinbar der Zufall. Nur selten geschieht das Gewollte, in den meisten Fällen durchkreuzen und widerstreiten sich die vielen gewollten Zwecke oder sind diese Zwecke selbst von vornherein undurchführbar oder die Mittel unzureichend. So führen die Zusammenstöße der zahllosen Einzelwillen und Einzelhandlungen auf geschichtlichem Gebiet einen Zustand herbei, der ganz dem in der bewusstlosen Natur herrschenden analog ist. Die Zwecke der Handlungen sind gewollt, aber die Resultate, die wirklich aus den Handlungen folgen, sind nicht gewollt, oder soweit sie dem gewollten Zweck zunächst doch zu entsprechen scheinen, haben sie schließlich ganz andre als die gewollten Folgen. Die geschichtlichen Ereignisse scheinen so im Großen und Ganzem ebenfalls als von der Zufälligkeit beherrscht. Wo aber auf der Oberfläche der Zufall sein Spiel treibt, da wird er stets durch innre verborgne Gesetze beherrscht, und es kommt nur darauf an, diese Gesetze zu entdecken." (Marx 1969 Bd. 21, 296f)

Kurz: Soziale Realität ist nicht auf menschliche Intentionen zurückzuführen. Ihre Handlungen sind Elemente eines wesentlich komplexeren Geschehens, welches jedoch keineswegs unlogisch abläuft. Zugleich liegt ein entscheidender Unterschied darin, ob die Akteure diese Logik sozialen Geschehens kennen oder nicht.

„Die Menschen machen ihre Geschichte, wie diese auch immer ausfalle, indem jeder seine eigenen, bewusst gewollten Zwecke verfolgt, und die Resultate dieser vielen in verschiedenen Richtungen agierenden Willen und ihrer mannigfachen Einwirkung auf die Außenwelt ist eben die Geschichte. Es kommt also auch darauf an, was die vielen einzelnen wollen. Der Wille wird bestimmt durch Leidenschaft oder Überlegung. Aber die Hebel, die wieder die Leidenschaft oder die Überlegung unmittelbar bestimmen, sind sehr verschiedener Art. Teils können es äußere Gegenstände sein, teils ideelle Beweggründe, Ehrgeiz, ‚Begeisterung für Wahrheit und Recht', persönlicher Hass oder auch rein individuelle Schrullen aller Art. Aber einerseits haben wir gesehn, dass die in der Geschichte tätigen vielen Einzelwillen meist ganz andre als die gewollten – oft geradezu die entgegengesetzten – Resultate hervorbringen, ihre Beweggründe also ebenfalls für das Gesamtergebnis nur von untergeordneter Bedeutung sind. Andrerseits fragt es sich weiter, welche treibenden Kräfte wieder hinter diesen Beweggründen stehn, welche geschichtlichen Ursachen es sind, die sich in den Köpfen der Handelnden zu solchen Beweggründen umformen?" (A. a. O., 297)

Zunächst verweist Marx also auf die Realität der Gedankenbildung und die Abhängigkeit des Denkens von konkreten inneren und äußeren Umständen. Als erster betont er damit die Differenz zwischen der Logik und der Empirie der Erkenntnis und wird so zum einem der Begründer der Wissenssoziologie. Dazu fragt er nach der Logik der Steuerung des Denkens. Seine Erklärung: Hinter den bewussten Intentionen der Akteure steht die Entwicklung der Produktivkräfte und der Produktionsverhältnisse. Damit ergibt sich eine neue Fragestellung und eine revolutionäre Einsicht: Wo kommen die falschen Vorstellungen her? Marx' Antwort ist die klassische Formel: „Das Sein bestimmt das Bewusstsein".

„Die Produktion der Ideen, Vorstellungen, des Bewusstseins ist zunächst unmittelbar verflochten in die materielle Tätigkeit und den materiellen Verkehr der Menschen, Sprache des wirklichen Lebens. Das Vorstellen, Denken, der geistige Verkehr der Menschen erscheinen hier noch als direkter Ausfluss ihres materiellen Verhaltens. Von der geistigen Produktion, wie sie in der Sprache der Politik der Gesetze, der Moral, der Religion, Metaphysik usw. eines Volkes sich darstellt, gilt dasselbe. Die Menschen sind die Produzenten ihrer Vorstellungen, Ideen …, aber die wirklichen, wirkenden Menschen, wie sie bedingt sind durch eine bestimmte Entwicklung ihrer Produktivkräfte und des denselben entsprechenden Verkehrs bis zu seinen weitesten Formationen hinauf. Das Bewusstsein kann nie etwas Andres sein als das bewusste Sein, und das

Sein der Menschen ist ihr wirklicher Lebensprozess. Wenn in der ganzen Ideologie die Menschen und ihre Verhältnisse wie in einer Camera obscura auf den Kopf gestellt erscheinen, so geht dies Phänomen ebenso sehr aus ihrem historischen Lebensprozess hervor, wie die Umdrehung der Gegenstände auf der Netzhaut aus ihrem unmittelbar psychischen. Auch die Nebelbildungen im Gehirn der Menschen sind notwendige Sublimate ihres materiellen, empirisch konstatierbaren und an materielle Voraussetzungen geknüpften Lebensprozesses. Die Moral, Religion, Metaphysik und sonstige Ideologie und die ihnen entsprechenden Bewusstseinsformen behalten hiermit nicht länger den Schein der Selbständigkeit. Sie haben keine Geschichte, sie haben keine Entwicklung, sondern die ihre materielle Produktion und ihren materiellen Verkehr entwickelnden Menschen ändern mit dieser ihrer Wirklichkeit auch ihr Denken und die Produkte ihres Denkens. Nicht das Bewusstsein bestimmt das Leben, sondern das Leben bestimmt das Bewusstsein. In der ersten Betrachtungsweise geht man von dem Bewusstsein als dem lebendigen Individuum aus, in der zweiten, dem wirklichen Leben entsprechenden, von den wirklichen lebendigen Individuen selbst und betrachtet das Bewusstsein nur als *ihr* Bewusstsein." (Marx 1969 Bd. 3, 26)

Dies macht für Marx den Unterschied zwischen einer „idealistischen" und einer „materialistischen" Betrachtungsweise aus: Hält man sich an Ideen und subjektive Vorstellungen oder an die realen Bedingungen? Die realen Bedingungen sind jedoch immer die Gesamtheit der sozialen Realität:

„Da, wo die Spekulation aufhört, beim wirklichen Leben, beginnt also die wirkliche, positive Wissenschaft, die Darstellung der praktischen Betätigung, des praktischen Entwicklungsprozesses der Menschen. Die Phrasen vom Bewusstsein hören auf, wirkliches Wissen muss an ihre Stelle treten. Die selbständige Philosophie verliert mit der Darstellung der Wirklichkeit ihr Existenzmedium. An ihre Stelle kann höchstens eine Zusammenfassung der allgemeinsten Resultate treten, die sich aus der Betrachtung der historischen Entwicklung der

Menschen abstrahieren lassen. Diese Abstraktionen haben für sich, getrennt von der wirklichen Geschichte, durchaus keinen Wert. Sie können nur dazu dienen, die Ordnung des geschichtlichen Materials zu erleichtern, die Reihenfolge seiner einzelnen Schichten anzudeuten. Sie geben aber keineswegs, wie die Philosophie, ein Rezept oder Schema, wonach die geschichtlichen Epochen zurechtgestutzt werden können. Die Schwierigkeit beginnt im Gegenteil erst da, wo man sich an die Betrachtung und Ordnung des Materials, sei es einer vergangenen Epoche oder der Gegenwart, an die wirkliche Darstellung gibt." (A. a. O., 27)

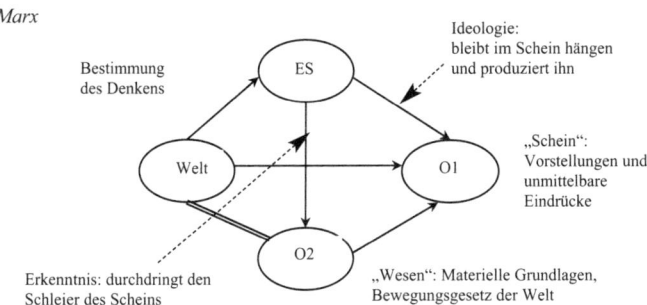

Weder die „Nebelbildungen im Gehirn" noch die scheinbaren Selbstverständlichkeiten der Welt sind also der richtige Bezugspunkt der Erkenntnis. Sie muss von der bloßen Erscheinung, vom Schein zum Wesentlichen vorstoßen, wobei dieses Wesentliche keine Idee, nichts Abstraktes, sondern die konkreten Bewegungsgesetze der realen Welt sind.

Marx' Ideologiekritik läuft also darauf hinaus, dass menschliches Denken von den gesellschaftlichen Verhältnissen gesteuert wird. Diese einfache Formel ist selbstverständlich konkretisierungsbedürftig, aber ist vektoriell sicher richtig. Wenn man wissen will, warum bestimmte Ereignisse verschieden interpretiert werden, kann man oft die Erklärung in der Position finden, die von den Vertretern verschiedener Sichtweisen eingenommen werden. Es ist also kein Wunder, dass Mieter und Vermieter eine Wohnung ganz anders beurteilen, wenn Industrieländer und die Länder der sogenannten „Dritten Welt" ökologische Probleme völlig verschieden sehen usw. – In dieser einfachen Form ist „Ideologiekritik" nur eine Anregung, die in den verschiedenen Formen von Wissenssoziologie ausgebaut, differenziert und weiterentwickelt wurde.

Kritische Theorie

In der Wissenschaftstheorie haben die Vorgaben von Bacon und Marx vor allem im Rahmen der „Kritischen Theorie" zu einer heftigen Auseinandersetzung und Kritik des Positivismus geführt. Von Max Horkheimer stammt einer der heftigsten Frontalangriffe vor allem gegen den Anspruch des Positivismus, das allein gültige Modell der Erkenntnis auch in den Sozialwissenschaften zu sein. Horkheimer kritisiert die kritiklose Übernahme der in den Naturwissenschaften geltenden Konzepte – vor allem die damit verbundene Übernahme der Ideologie der Wertfreiheit und alleinigen Sachbezogenheit von Theorien. Tatsächlich hängt, so Horkheimer, „die Änderung wissenschaftlicher Strukturen von der jeweiligen gesellschaftlichen Situation (ab). ... Ob das Auffinden neuer Varietäten auf einzelnen Gebieten der anorganischen oder organischen Natur, sei es im Laboratorium oder bei paläontologischen Forschungen, zur Änderung alter Klassifikationen oder zum Entstehen neuer den Anlass bildet, lässt sich keineswegs nur aus der logischen Situation ableiten, hängt in Wahrheit nicht bloß von der Einfachheit und Folgerichtigkeit des Systems, sondern unter anderem auch von Richtung und Zielen der Forschung ab, die aus ihr selbst weder zu erklären noch letztlich einsichtig zu machen sind." (Horkheimer 1968, 144) Genau wie die Genese hängt auch die Verwendung von Theorien nicht von innerwissenschaftlichen Kriterien ab: „Die Beziehung von Hypothesen auf Tatsachen vollzieht sich schließlich nicht im Kopf der Gelehrten, sondern in der Industrie." (A. a. O., 145)

Diese Zusammenhänge blendet die „Traditionelle Theorie" – so Horkheimers Bezeichnung für den inzwischen etablierten und weitgehend akzeptierten Positivismus – aus. Sie will/kann daher nicht ihre eigene Bedingtheit erkennen. Denn tatsächlich ist Wissenschaft (nur) als Teil der Gesellschaft zu verstehen: „Wissenschaften … sind Momente des gesellschaftlichen Produktionsprozesses, mögen sie selbst auch wenig oder gar nicht produktiv im eigentlichen Sinne sein." (A. a. O., 146) Traditionelle Theorie glaubt dagegen an die Kontextunabhängigkeit von Erkenntnis und übersieht daher die vielfältigen Einflüsse, denen die Wissenschaft in Themenwahl, Theoriewahl, Anwendung usw. unterliegt. Sie übersieht vor allem, dass ihre Ergebnisse keine objektiven „Dinge", sondern Produkte von Erzeugungsprozessen sind. Und sie beschäftigt sich schließlich nicht (mehr) mit ihrer Funktion und ihren Effekten, sondern überlässt es der Gesellschaft, was sie aus ihren Ergebnissen macht. Der Positivismus versteht sich also als arbeitsteiliges Rad im Getriebe und fügt sich mehr oder weniger blind den gesellschaftlichen Vorgaben. – Dagegen ist der Anspruch der „Kritischen Theorie" ehrgeiziger. Sie übernimmt das Ziel der Aufklärung und will einen „vernünftigen Zustand" erreichen, was vor allem heißt: „nicht im Dienst einer schon vorhandenen Realität" (a. a. O., 165) zu arbeiten. Dazu sind sozusagen alle Mittel einer reflexiven Kritik erforderlich. Vor allem gehört dazu eine „holistische" Sichtweise, die die Zusammenhänge von Erkenntnis und Gesellschaft stets im Auge behält.

Horkheimer übernimmt und präzisiert damit die Perspektiven der Marx'schen Ideologiekritik. Seine Wissenschaftsphilosophie ist vor allem Kritik, die nicht durch Methodologie versucht, den Wahrheitsgehalt von einzelnen Feststellungen und Theorien zu überprüfen, sondern deren Abhängigkeit von ihrem Kontext und ihre Auswirkungen darauf zu verdeutlichen. Die Kritische Theorie entwickelt also keine alternative Methodologie, sondern kritisiert die des Positivismus. Das ist ihre Stärke, aber auch ihre Schwäche: Ihr Ideal von Erkenntnis ist

honorig, bleibt aber unscharf. Eine „positive" Wissenschaftstheorie kann und will sie ausdrücklich nicht anbieten.

Während die „geisteswissenschaftliche" Position sich als
Gegen-Modell zum Positivismus versteht und die Kritische
Theorie sich auf seine Kritik beschränkt, haben viele Wissenschaftstheoretiker auch versucht, den Positivismus weiterzu-
entwickeln. Diese Bemühungen haben zu einer Fülle von
internen Diskursen, gegensätzlichen Auffassungen, zu Auseinandersetzungen und Schulenbildungen geführt, deren ge-
naue Darstellung den Rahmen des hier Möglichen sprengt.
Wir beschränken uns daher auf eine kurze Charakterisierung
der wichtigsten Entwicklungen.

5 Analytische Philosophie und Kritischer Rationalismus

Mill hatte versucht, die Schwächen des Sensualismus durch die Ersetzung einer subjektiven Leistung (Wahrnehmung) durch ein Instrument – die Methode – zu heilen. Aber seine Annahme, die (richtige) Verwendung der (richtigen) Methode garantiere die Wahrheit von Aussagen über Wirklichkeit, wurde schon bald auch von Autoren kritisiert, die dem empiristischen Pfad, der Vorstellung einer einheitlichen wissenschaftlichen Logik und dem Konzept der Erfassung von Wirklichkeit qua quantifizierenden Methoden, d. h. vor allem Experiment und Beobachtung folgten. Bei näherer Betrachtung holte auch Mills Theorie wissenschaftlicher Erkenntnis die Kritik ein, dass auch von der Methode kein Weg zur Theorie führt. Zudem erwies sich im Laufe der weiteren Diskussion auch die stillschweigende Annahme, die Methoden garantierten eine objektiv wahre Wiedergabe dessen, was wirklich der Fall ist, als Problem. Zumindest erschien den meisten Theoretikern Mills Optimismus, die Methode gewährleiste einen verlässlichen Gegenstandskontakt, zweifelhaft – es gab bei näherer Betrachtung keine zwingenden Gründe dafür, dass die Methode allein Objektivität begründen konnte.

Von dieser Kritik am frühen Positivismus aus wurden verschiedene Wege beschritten, um sein Ziel doch noch zu erreichen. Ein wichtiger, vor allem im angelsächsischen Raum

Formale Logik

Aristoteles hatte als erster ein Konzept entworfen, wie die antike Diskussionspraxis in ein logisches Aussagesystem zu überführen sei. Er war überzeugt, dass Denken und Sein gekoppelt sind, so dass er sich über die Gültigkeit der Logik keine Sorgen machte. Herzstück seiner Logik ist der Syllogismus, ein Verfahren, durch das wahre von falschen Aussagen zu trennen sind. Sie enthält zudem Muster der Rückführung von Erklärungen auf Axiome und der Ableitung von Aussagen aus Axiomen. Schließlich hat Aristoteles Prämissen der Logik formuliert (etwa das „tertium non datur": Ein Gegenstand ist entweder A oder Nicht-A – etwas Drittes gibt es nicht.) und eine Reihe von orientierenden Begriffen (Substanz/Akzidenz, Form/Inhalt, Potenz/Realisierung usw.) entwickelt... – Seine Logik war im Grunde bis ins 19. Jahrhundert – über 2000 Jahre lang (!) – die Grundlage und der Bezugspunkt jeder Diskussionen über den Aufbau einer Argumentation. Mit der Entwicklung der Wissenschaftstheorie wurde eine Weiterentwicklung unvermeidlich, weil im Zeichen des Positivismus die orientierenden Begriffe nicht mehr verwendbar waren und die Logik abstrakter gefasst werden musste, um noch der neuen methodologischen Ausrichtung der Erkenntnis gerecht zu werden. Die Grundlage dafür bot die Entwicklung der formalen Logik, die sich von jedem Gegenstandsbezug löst und unter der Verwendung von mathematischen Kalkülen nur noch Aussagen über Formen von Aussagen macht. Sie mündet also in Theorien des Argumentierens, aus denen Feststellungen über den Wahrheitswert von Aussagen auf Grund ihrer formalen Struktur getroffen werden. Dabei spielen formalisierte Modelle von Beziehungen zwischen Aussagen (Junktorenlogik) und der Reichweite von Aussagen (Quantorenlogik), aber auch eine Reihe von weiteren Entwicklungen eine wichtige Rolle, ist aber nicht überall gleich anwendbar und bringt auch neue Begründungsprobleme hervor.

auch heute noch populärer Weg ergab sich nicht zuletzt durch die Entwicklung der *formalen Logik*. Bis ins 19. Jahrhundert hatte sich die Logik im Wesentlichen darauf beschränkt, das Verhältnis von einzelnen Aussagen und ihrer Kombination zu behandeln – etwa in Form des Syllogismus als Form gültiger Schlüsse aus zwei vorausgehenden Sätzen. Die wissenschaftlichen Revolutionen erfassten auch die Mathematik und in der Folge die Logik. Es entstanden völlig neue Konzepte und Systeme, die die Logik auf eine neue Basis stellten. Die *Junktorenlogik* analysierte und präzisierte die Form der Verbindung von Aussagen, die *Prädikatenlogik* erweiterte das Schema möglicher Aussagen durch die Einführung von Quantoren (Aussagen, die sich auf alle Exemplare, auf einige Exemplare oder nur auf ein Exemplar eines Gegenstands beziehen). Dadurch erweiterte sich der Horizont der Logik, sie wurde zugleich aber auch immer abstrakter zur allgemeinen Theorie des Zusammenhangs von Form und Gültigkeit von Argumenten. Die vielfältigen Anregungen, die dieser Entwicklung entstammten, führten zu einer Neuaufnahme der wissenschaftstheoretischen Diskussion.

Analytische Philosophie

Besonders angeregt wurde dadurch ein Diskurs, der später mit der Bezeichnung *„Analytische Philosophie"* versehen wurde. Nachdem die Vernunftkritik von Kant als veraltet, der Methodenoptimismus des Positivismus als naiv erschien, wurde hier ein anderer Weg gesucht. Man fand zur Überzeugung, dass die Begründung von Wahrheit nicht durch die Methode – die praktische Kontaktaufnahme mit der Realität – erfolgen konnte, sondern allgemeiner angelegt sein musste. Allgemeiner als die Frage, wie der Kontakt zur Realität aussieht, ist die, wie denn der gesamte Prozess der Erkenntnis formuliert werden kann. Daher kam man zu der Überzeugung, dass die Wahrheitsfähigkeit von Erkenntnis auf der Ebene der Überprüfung von Aussagen, also auf der der *Sprache* stattfinden muss – auf der Ebene, auf die alle Schritte des Erkenntnisprozesses übersetzt werden müssen. Das Programm der Wissenschaftstheorie wird in der „Analytischen Philosophie" daher zur *Sprachkritik*.

Allerdings war man sich über die Strategie nicht ganz einig. *Bertrand Russell*, von Hause aus Mathematiker und mit der Weiterentwicklung der Logik beschäftigt, versuchte, eine eigene Formalsprache für wissenschaftliche Aussagen zu entwickeln. Das „Russell-Programm" der Analytischen Philosophie bestand also darin, eine von der Umgangssprache getrennte Kunstsprache zu suchen, in der Aussagen möglich sind, die von den Zweideutigkeiten und Unzulänglichkeiten der Alltagssprache befreit sind. Dagegen bemühte sich *George Edward Moore*, die Schwierigkeiten der Wissenschaftssprache durch eine Reduktion auf Umgangssprache zu lösen. Er ging davon aus, dass jede Umgangssprache („ordinary language") einen unproblematischen Kern enthält, der Verständigung erlaubt. Die „Moore-Strategie" zielt daher in Richtung auf eine Begründung von Fachsprachen durch den unverwüstlichen Kern der natürlichen Sprache und unternimmt Versuche, diesen herauszuarbeiten.

Analytische Philosophie

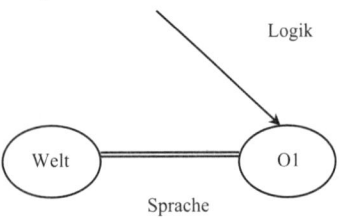

Die Welt ist nur soweit erfassbar, wie Logik/Sprache reichen.

Wittgenstein

Besonders ein Autor wurde zur Schlüsselfigur der Entwicklung der Analytischen Philosophie: Ludwig Wittgenstein. In der Literatur wird zwischen dem „frühen" und dem „späten" Wittgenstein unterschieden. Tatsächlich kann man deutliche Unterschiede erkennen. Sein frühes Werk „Tractatus logicophilosophicus" gilt als eines der Hauptwerke der Analytischen Philosophie. Obwohl (oder weil) es nicht unbedingt völlig konsistent ist und einen ungewöhnlichen, manchmal sprunghaften Stil verwendet, hat es bis heute enormen Einfluss auf ihre weitere Entwicklung gehabt. Im Vorwort fasst Wittgenstein seine Arbeit in zwei Sätzen zusammen, die in der Theorieentwicklung immer noch als Bezugspunkt dienen: „Was sich überhaupt sagen lässt, lässt sich klar sagen; und wovon man nicht reden kann, darüber muss man schweigen." (Wittgenstein 1989, 9) Er fährt fort: „Das Buch will also dem Denken eine Grenze setzen oder vielmehr – nicht dem Denken, sondern dem Ausdruck der Gedanken: Denn um dem Denken eine Grenze zu ziehen, müssten wir beide Seiten dieser Grenzen denken können (wir müssten also denken können, was sich nicht denken lässt). Die Grenze wird also nur in der Sprache gezogen werden können und was jenseits der Grenze liegt, wird einfach Unsinn sein." (A. a. O.) – Damit sind die Grundgedanken in der Tat gut charakterisiert. Der Aufbau der Argumentation beginnt mit einigen Definitionen:

„1. Die Welt ist alles, was der Fall ist. …

2. Was der Fall ist, die Tatsache, ist das Bestehen von Sachverhalten.

2.01 Der Sachverhalt ist eine Verbindung von Gegenständen (Sachen, Dingen). …

2.014 Die Gegenstände enthalten die Möglichkeit aller Sachlagen.

2.0141 Die Möglichkeit seines Vorkommens in Sachverhalten ist die Form des Gegenstandes.

Ludwig Wittgenstein

Wittgenstein (1889–1951), Sohn aus einer Wiener Industriellen-familie, übte auf seine Umwelt eine eigenartige Kraft aus. Man erlag der Bestimmtheit seiner Worte. Und er überzeugte durch die Konsequenz aus seinen Gedanken.

Wittgenstein hat zuerst Maschinenbau in Berlin und Manches-ter studiert, wo er einen Düsenantrieb erfindet, dann Logik bei Russel in Camebridge. Er war auch Bildhauer, Architekt und be-gabter Musiker. Dabei hätte er Arbeit nicht nötig gehabt. Nach-dem er in luxuriösem, gebildeten Elternhaus aufgewachsen ist, zu dessen regelmäßigen Gästen die Komponisten Mahler und Brahms gehörten, verschenkt er jedoch sein Vermögen an seine Geschwister, zur Unterstützung von Künstlern und – dem Staat Österreich zum Ankauf von Artillerie. Er leistet denn auch wäh-rend des gesamten Ersten Weltkriegs freiwillig Dienst, obwohl er unter der Derbheit seiner Kameraden existenziell leidet, und wird für seine Einsätze als im Kugelhagel unerschrockener Auf-klärer mehrfach ausgezeichnet. Im Dienst schreibt er den Tracta-tus logico-philosophicus. Die Tagebücher, die er parallel in Ge-heimschrift verfasst, zeigen ihn übrigens als tief religiösen Men-schen. Sein Schweigen ist Schweigen vor der Größe, quasi nega-tive Theologie. In der italienischen Kriegsgefangenschaft äußert er zu einem Freund sogar, er wolle Priester werden. Stattdessen wird er Volksschullehrer in der österreichischen Pro-vinz, wodurch sein zweites Buch entsteht, ein Wörterbuch für Volksschüler. Danach arbeitet er als Gärtner in einem Kloster. Auch sonst sucht er die Einsamkeit und zieht sich dafür mehr-mals in eine irische oder norwegische Hütte zurück. Zur Kon-taktaufnahme mit dem Wiener Kreis ist er nur unter der Bedin-gung bereit, dass er nicht kritisiert wird. Auf Grund des Tracta-tus erhält er endlich die Promotion in Camebridge, die er wäh-rend seines Studiums nicht erlangt hat, weil er sich nicht an die verlangte Form halten wollte, schließlich 1937 einen Lehrstuhl, den er verlässt, um auch im Zweiten Weltkrieg freiwillig Dienst zu leisten (diesmal als Krankenpfleger). 1947 gibt er den Lehrstuhl auf; 1951 stirbt er an Krebs. Zu seinem befreundeten Arzt soll er auf die entscheidende Diagnose hin gesagt haben: „Gut." Wittgenstein wohnte am liebsten in asketischen Räumen; er trug eine graue Hose, ein offenes Hemd und ein Lumberjacket oder eine Lederjacke. „Auch beim Essen zog er das Einfache vor – obwohl das Gerücht, er lebe nur von Cornflakes ein wenig übertrieben sein mag." „Wittgenstein erklärte, es sei ihm ziemlich gleich, was er esse, wenn es nur immer das Gleiche wäre." (Weischedel 1975, 293) Schließlich haben sich Philosophen um wichtigere Entscheidungen zu kümmern als um die der Ernährung. Ähnlich mönchisch mutet auch der Systemtheoretiker Niklas Luhmann an, wenn auch nicht ganz so asketisch: Er bekannte sich in höherem Alter zu Schokolade als idealer Nahrung bei der Denkarbeit; denn ihr Verzehr lässt eine Hand frei, mit der geblättert und geschrieben werden kann.

2.06   Das Bestehen und Nichtbestehen von Sachverhalten ist die Wirklichkeit." (A. a. O., 11ff)

Die Dinge sind also das „Rohmaterial" der Welt, sie enthalten potentiell alle ihre Verbindungen mit anderen Dingen. Die realen Verbindungen sind eine Auswahl aus allem möglichen; zusammen bilden sie die Wirklichkeit. Sie ist Gegenstand der Erkenntnis:

„2.1   Wir machen uns Bilder der Tatsachen.

2.11   Das Bild stellt die Sachlagen im logischen Raume, das Bestehen und Nichtbestehen von Sachverhalten, vor." (A. a. O., 14)

Bedingung dafür ist, dass das Bild die Logik der Wirklichkeit enthält:

„2.17   Was das Bild mit der Wirklichkeit gemein haben muss, um sie auf seine Art und Weise – richtig oder falsch – abbilden zu können, ist seine Form der Abbildung." (A. a. O., 15)

Seine eigene Form kann das Bild jedoch nicht darstellen:

„2.18   Seine Form der Abbildung aber kann das Bild nicht abbilden; es weist sie auf." (A. a. O., 16)

Das heißt: Die Reflexion kann das erfassen, wofür sie ausgerüstet ist, aber ihre eigenen Grenzen kann sie nicht überschreiten (indem sie noch ihr Können und ihr Nicht-Können thematisiert).

Das Bild ist für Wittgenstein die Wiedergabe von Wirklichkeit; es ist als solche sinnvoll und wahrheitsfähig. Die logische Form des Bildes sind Gedanken:

„2.202 Das Bild stellt eine mögliche Sachlage im logischen Raume dar. ...

2.22   Das Bild stellt dar, was es darstellt, unabhängig von seiner Wahr- oder Falschheit, durch die Form der Abbildung.

2.221   Was das Bild darstellt, ist sein Sinn. ...

3.   Das logische Bild der Tatsache ist der Gedanke. ...

3.01   Die Gesamtheit der wahren Gedanken sind ein Bild der Welt.

3.02   Der Gedanke enthält die Möglichkeit der Sachlage, die er denkt. Was denkbar ist, ist auch möglich." (A. a. O., 16) –

Dieser letzte Schritt ist weitreichend: Er besagt nicht mehr und nicht weniger, als dass im Rahmen der Sprache und der in ihnen ausdrückbaren Gedanken alles Sinnvolle enthalten ist – außerhalb gibt es keinen Sinn.

Die Überprüfung von Aussagen ist an Hand der einzelnen Sätze möglich. Sätze sind für Wittgenstein ein „Bild der Wirklichkeit. Denn ich kenne die in ihnen dargestellten Sachverhalte, wenn ich den Satz verstehe. ...

„4.023 Die Wirklichkeit muss durch den Satz auf ja oder nein fixiert sein. ...

4.024   Einen Satz verstehen, heißt, wissen was der Fall ist, wenn er wahr ist." (A. a. O., 28) –

Sätze sind ihrerseits aus Elementarsätzen zusammengesetzt, die Bezeichnungen von Verbindungen von Dingen bestehen.

Diese Verbindungen sind in Form von Wahrheitsfunktionen (abschließend) definiert, so dass sich jederzeit sagen lässt, ob Verbindungen von Elementarsätzen logisch stimmig sind. – Damit hat Wittgenstein die Bestandteile seiner Theorie der Begründung von Wahrheit zusammen. Die Sprache enthält alles, was dazu nötig ist. Wenn sie überhaupt wahrheitsfähig ist, dann durchgehend. Wittgenstein sagt das so:

„5.123   Wenn ein Gott eine Welt erschafft, worin gewisse Sätze wahr sind, so schafft er damit auch schon eine Welt, in welcher alle ihre Folgesätze stimmen."

Selbst Götter können sich also dem Zwang zur logischen Konsistenz der Sprache nicht entziehen. Allerdings ist damit eine strikte Begrenzung verbunden:

„5.6   *Die Grenzen meiner Sprache* bedeuten die Grenze meiner Welt." (A. a. O., 67)

Mit transzendenten Fragen kann man sich also nicht sinnvoll beschäftigen. Dagegen lassen sich innerhalb der Sprache alle sinnvollen Fragen auch beantworten:

„6.5   Zu einer Antwort, die man nicht aussprechen kann, kann man auch die Frage nicht aussprechen." (A. a. O., 84)

Damit will Wittgenstein auch dem Skeptizismus den Boden entziehen:

„6.51   Skeptizismus ist *nicht* unwiderleglich, sondern offenbar unsinnig. … Zweifel kann nur bestehen, wo eine Frage besteht; eine Frage nur, wo eine Antwort besteht, und diese nur, wo etwas *gesagt* werden kann. …

7.   Wovon man nicht sprechen kann, darüber muss man schweigen." (A. a. O., 84f)

Für Wittgenstein ist die Sprache der Ort der Wahrheit. Er begründet dies damit, dass es außerhalb der Sprache überhaupt keine sinnvoll thematisierbare Welt gibt. Man kann also über Geister und Engel reden, aber nicht sinnvoll sprechen, d. h. argumentieren. Damit gelingt Wittgenstein gewissermaßen das Kunststück, das „Russell-Programm" der Entwicklung einer perfekten Sprache der Wissenschaft und das „Moore-Programm" der Reduktion von problembeladenen Fachsprachen auf den unzerstörbaren Kern der Umgangssprache zu verbinden: Für ihn ist im „Tractatus logico-philosophicus" die Sprache selbst – logisch verstanden – per se bereits die perfekte Form. Als er sich nach langer Pause wieder seinem Thema widmete, versuchte er, dieses Modell noch weiter auszuarbeiten. Aber seine jahrzehntelangen Bemühungen mündeten ins Gegenteil. Schritt für Schritt führten ihn seine Überlegungen zu einem geradezu entgegengesetzten Konzept, welches zwar sprachzentriert bleibt, aber die (optimistische) Idee einer wahrheitsfähigen Einheitssprache aufgibt. In seinen (posthum erschienenen) „Philosophischen Untersuchungen" stellt er zunächst fest, dass die traditionelle Bestimmung von Sprache als Kombination von Bezeichnungen zu Sätzen zu simpel ist. Was dabei vor allem fehlt, ist der Blick auf die „Verwendung der Sprache" (a. a. O., 238). Sprache ist nicht einfach, sie wird vom Kind praktisch erworben. Und auch der Erwachsene gebraucht Sprache praktisch. Dieser Sprachgebrauch wird von ihm als „Sprachspiel" bezeichnet:

„Der ganze Vorgang des Gebrauchs der Sprache (ist) eines jener Spiele, mittels welcher Kinder ihre Muttersprache lernen. Ich will diese Spiele ‚*Sprachspiele*' nennen. … Ich werde auch das Ganze: der Sprache und der Tätigkeiten, mit denen sie verwoben ist, das ‚Sprachspiel' nennen." (A. a. O., 241)

Damit ändert sich das Bild von Sprache und ihrer Funktion erheblich. Sprache wird vor allem Sprach*praxis*. Das heißt auch: Für jede verschiedene Art von Praxis gibt es eine eigene Sprache. Sprache wir dadurch zum Ausdruck jeweils verschiedener Praxis: „Eine Sprache vorstellen heißt, sich eine Lebensform vorstellen" (a. a. O., 246). Es gibt daher so viele Sprechweisen wie es *Lebensformen* gibt. Die „Mannigfaltigkeit der Sprachspiele" ist nicht reduzierbar; die verschiedenen Sprachspiele können sich nicht ersetzen, sondern haben jeweils einen eigenen Gültigkeitsbereich. Sprache ist daher auch ein lebendiges Geschehen, welches sich weiterentwickelt (und nicht eine abgeschlossene Form).

„Frage dich, ob unsere Sprache vollständig ist; – ob sie es war, ehe ihr der chemische Symbolismus und die Infinitesimalnotation einverleibt wurde; denn dies sind, sozusagen, Vorstädte unserer Sprache. … Unsere Sprache kann man ansehen als eine neue Stadt: Ein Gewinkel von Gässchen und Plätzen, alten und neuen Häusern, und Häusern mit Zubauten aus verschiedenen Zeiten; und dies umgeben von einer Menge neuer Vororte mit geraden und regelmäßigen Straßen und mit einförmigen Häusern." (A. a. O., 245)

Dieses Bild verdeutlicht den radikalen Wandel. Der „späte" Wittgenstein sieht Sprache als vitalen Prozess, in dem es eine Vielfalt von Formen gibt, die je für sich stehen. Es gibt daher keinen einheitlichen Sprachgebrauch; jedes Sprachspiel hat seine eigenen Regeln. Damit ist es mit der Eindeutigkeit der Sprache vorbei: „Die Definition der Zahl Zwei … ist vollkommen exakt. – Aber wie kann man denn die Zwei so definieren? Der, dem man die Definition gibt, weiß ja dann nicht, *was* man mit ‚zwei' benennen will … Die hinweisende Definition kann in *jedem* Fall so oder anders gedeutet werden." (A. a. O., 252f) Sprachspiele sind daher immer singulär und relativ – und das gilt naturgemäß auch für die Sprache der Wissenschaft. Sie ist praxisgebunden und hat in dieser Praxis ihren Ort – aber nur dort. Sie ist ein Vorort unter anderen; ordentlich gebaut, aber auch ein bisschen langweilig. – Dieser Sprachrelativismus hat ebenso wie die logische Sprachanalyse des „frühen" Wittgenstein ganz erheblich zur Stimulierung der Diskussion in Linguistik, Logik, Sozialwissenschaften usw. beigetragen. Mit Hilfe von Wittgensteins „Sprachspiel"-Konzept wandte man sich mit neuem Schwung der Erforschung von separaten Kulturen und Subkulturen zu. Die Hoffnungen der frühen Analytischen Philosophie waren damit im Wesentlichen jedoch begraben. –

Logischer Positivismus

Ein weiterer Pfad der Weiterentwicklung des frühen Positivismus, der einige Zeit mit der Analytischen Philosophie eng
verbunden war und parallel verlief, wird heute als *„Neo-Positi-
vismus"* oder auch *„Logischer Positivismus"* bezeichnet. Auch der
Logische Positivismus ging davon aus, dass die Begründung
von Wahrheit allein durch Methoden ebenso wenig gelingen
kann wie durch Induktion. Und auch er wurde entscheidend
von den Entwicklungen der formalen Logik angeregt und be-
gab sich auf die Suche nach einer perfekten Formalisierung
wissenschaftlicher Erkenntnis. Seine Vertreter standen der
„Russell-Strategie" nahe und versuchten vor allem, den Übergang von praktischer Forschung zur Theorie und die theoretische Konservierung von Erkenntnissen zu sichern. Besondere
Bedeutung erlangte bei diesen Bemühungen der *„Wiener
Kreis"*, eine Gruppe von Wissenschaftlern um den Physiker
und Philosophen Moritz Schlick. Beflügelt von den Fortschritten der Wissenschaft und der Logik entwickelte der „Wiener
Kreis" ein noch ehrgeizigeres Projekt: Es sollte nicht nur Wissenschaft auf eine einheitliche Erkenntnis-Basis gestellt werden, es sollte (damit) auch die klassische Philosophie als Logik
von Erkenntnis erneuert werden. Damit sollte auch die Philosophie auf das Niveau einer Wissenschaft gebracht werden.
Statt also Wissenschaft „von außen" zu analysieren, dehnt sich
hier ein bestimmter Typ von Wissenschaft aus und will das,
was bisher unter Philosophie verstanden wurde, ablösen. An
die Stelle von Dogmen und Spekulationen soll Logik treten.
Damit sollte gewissermaßen die letzte Bastion der Metaphysik
von der Wissenschaft erobert werden.

Ziel war die Begründung einer allumfassenden „wissenschaftlichen Weltanschauung", also einer Weltanschauung, die
keine mehr ist, weil sie objektiv begründet ist. Selbstverständlich war dabei an (nur) eine Art von Wissenschaft gedacht. Ziel
war entsprechend eine „einheitswissenschaftliche" Begründung von Aussagen, wobei für die Vertreter dieser Position nur
die Tradition des Empirismus als Kandidat in Frage kam. – Die-

ser Weg wurde zunächst auf den Pfaden beschritten, den auch die „Analytische Philosophie" ging, genauer: Die „Russell-Strategie" war zunächst Leitmotiv auch des Wiener Kreises. Es sollte eine perfekte Theoriesprache entwickelt werden, die garantiert, dass Aussagen objektiv sind. Für einige der Vertreter des Wiener Kreises wurde dabei (der „frühe") Wittgenstein eine wichtige Leitfigur, weil er einige Argumente verwendete, die hier richtungsweisend erschienen. Wittgenstein hatte unter anderem zwischen sinnvollen (überprüfbaren) Sätzen, sinnlosen Sätzen (das sind logische Sätze, die selbst keine Aussagen enthalten) und unsinnigen Sätzen (spekulativen, nicht überprüfbaren Sätzen) unterschieden, wobei letztere möglich, aber eben nicht überprüfbar sind. Diese Unterscheidung wurde aufgegriffen und radikalisiert. Wo (der „frühe") Wittgenstein schweigen wollte, weil die Sprache nichts Sinnvolles sagen kann, will der Logische Positivismus über alles reden. Er ging davon aus, dass sie nicht nur die Grenzen der Sprache, sondern des Denkens insgesamt bestimmen werden können (was Wittgenstein für unmöglich hielt, weil das Denken sich nicht selbst überschreiten kann). Dabei bzw. (dazu) wird das „Sinnkriterium" – die Möglichkeit zur Verifikation bzw. die Angabe der Wahrheitsbedingungen – als Bedingung für die Akzeptanz von Aussagen verschärft und zum alleinigen Bezugspunkt von Logik ernannt. Bei Wittgenstein war Verifizierbarkeit nur Bedingung sinnvoller Sprache, beim Logischen Positivismus wird sie zum ausschließlichen Kriterium für jede Argumentation.

Rudolf Carnap, ein prominenter (und radikaler) Vertreter dieser Position, benutzt dieses verschärfte Sinnkriterium zum Ausschluss aller „unsinnigen" Aussagen. Sie sind in seiner Sicht „Scheinsätze". Sprache besteht für Carnap aus Vokabular und Syntax,

„d. h. aus einem Bestand an Wörtern, die eine Bedeutung haben, und aus Regeln der Satzbildung; diese Regeln geben an, wie aus Wörtern der verschiedenen Arten Sätze gebildet werden können. Demgemäss gibt es zwei Arten von Scheinsätzen: entweder kommt ein Wort vor, von dem man nur irrtümlich annimmt, dass es eine Bedeutung habe, oder die vorkommenden Wörter haben zwar Bedeutungen, sind aber in syntaxwidriger Weise zusammengestellt, so dass sie keinen Sinn ergeben." (Carnap 1932, 220)

„Bedeutung" heißt für Carnap: Es muss angebbar sein, in welchen Elementarsätzen – einfachsten Satzform wie: „Dies ist ein Stein" – ein Wort vorkommt und was die Beweiskriterien dafür sind. Viele Wörter werden durch ihre Definition („Ein Stein ist hart, schwer usw.") bestimmt. Im Endeffekt müssen jedoch alle Wörter auf „Beobachtungssätze" (oder *„Protokollsätze"*) zurückgeführt werden können, also auf Aussagen, die eine gehaltvolle empirische Aussage über Wirklichkeit darstellen. Legt man diese Kriterien zu Grunde, so zeigt sich, dass herkömmliche Metaphysik mit Scheinsätzen arbeitet. Ein Wort wie „Idee" oder „Ding an sich" kann weder angeben, in welchen Elementarsätzen es vorkommt noch die Protokollsätze, durch die es mit empirischer Wirklichkeit verbunden ist, benennen.

Ein Großteil der Arbeit des Logischen Positivismus bestand darin, dieses Programm auszubauen. Carnap schlug vor, „Objektsprache" und „Metasprache" zu unterscheiden. Die Aufgabe der Objektsprache war es, den Kontakt zur Realität zu ermöglichen. Dem dienten die genannten „Protokollsätze". Die „Metasprache" war dagegen die Syntax, die Form, in der die Logik operiert und zugleich beschrieben werden kann. – Beide Projekte – die Begründung einer Metasprache und die Frage der genauen Gestalt eines Protokollsatzes – konnten letztlich ebenso wenig abschließend geklärt werden wie die Frage, wie denn beide Sprachen verbunden sind. Zudem musste der Logische Positivismus, um die Tücken des reinen Empirismus zu überwinden, zumindest in der Variante von Carnap die Eigenständigkeit der Logik – unabhängig von empirischer Realität – annehmen, also eine Position beziehen, die eindeutig „rationalistisch" bzw. „idealistisch" ist und daher vielen Positivisten schwer im Magen lag. – Die Entwicklung des Logischen Positivismus kam daher ins Stocken und brach schließlich ab, ohne dass sein ehrgeiziges Programm vollendet worden wäre. Es zeigte sich, dass auch ein ins Logische übersetzter Positivismus sein Ziel nicht erreichte.

Eine (moderatere) Fortsetzung fand der Logische Positivismus in den Versuchen zur logischen Begründung von Theorien, wie sie von *Hempel* und *Oppenheim* vorgeschlagen worden sind. Ihr Konzept einer *„deduktiv-nomologischen Erklärung"* gilt auch heute noch als ein wichtiger Bezugspunkte wissenschaftstheoretischer Begründungsversuche. Es basiert auf den Konzepten von Kausalität und Gesetzmäßigkeit. Schematisch sieht eine deduktiv-nomologische Erklärung (D-N-Erklärung) nach Hempel und Oppenheim so aus:

$$\frac{A1, A2, \dots An}{G1, G2, \dots Gn} = \text{Explanans S}$$

$$E = \text{Explanandum}$$

Das Explanandum ist der zu erklärende Sachverhalt – die Fensterscheiben sind voller Eis. Das Explanans (das Erklärende) besteht dabei aus Antecedensbedingungen (A1 bis An) sowie aus allgemeinen Gesetzen (G1 bis Gn). Antecedensbedingungen (auch „Randbedingungen" genannt) sind empirische Gegebenheiten, die zum Thema gehören und ebenfalls feststellbar sind – das Thermometer zeigt eine Temperatur unter Null. Die allgemeinen Gesetze sind, wie der Name sagt, bestätigte Feststellungen über strukturelle Zusammenhänge – bei Temperaturen unter Null friert Wasser. Unter diesen Bedingungen ist das Explanandum durch das Explanans erklärt. Eine Variation der D-N-Erklärung ist die deduktiv-statistische Erklärung, die im Prinzip ähnlich aussieht, aber keine Gesetze, sondern statistische Wahrscheinlichkeiten enthält. Die Prognose, ob eine Münze Kopf oder Zahl zeigen wird, wenn man sie wirft, ergibt sich in diesem Fall aus der mathematisch vorhersagbaren Wahrscheinlichkeit (die Wahrscheinlichkeit, dass die

Zahl oben liegt, ist immer 1/2, die Münze wird geworfen und zeigt entweder Kopf oder Zahl).

Nach seinen Autoren heißt diese Begründungsform auch „Hempel-Oppenheim-Schema", kurz: H-O-Schema. Ein weiteres Modell von Hempel und Oppenheim ist die *induktiv-statistische Erklärung*. Hier sieht das Schema anders aus:

E1 = Ereignis 1

E2 = Ereignis 2

E3 = Wahrscheinlichkeit des Zusammenhangs zwischen 1, 2 und 3

Ein Beispiel: Ein Mensch erkrankt an Mandelentzündung (E1), bekommt Penicillin (E2) und wird wieder gesund (E3). Hier ist der Zusammenhang wahrscheinlich, also nicht sicher; er basiert auf wiederholten Erfahrungen, dass Penicillin Mandelentzündungen heilt. Es liegt nach Hempel und Oppenheim eine Art „induktiver Sicherheit" vor – keine deduktive Erklärung. – Auch hierzu hat es intensive und kritische Auseinandersetzungen gegeben. Sie demonstrieren einmal mehr, wie schwierig es ist, genau zu definieren, wann eine Erklärung zuverlässig gilt.

Die Schemata von Hempel und Oppenheim sind ein Versuch, auf der Basis einer positivistischen Grundposition die Bedingungen theoretischer Aussagen zu bestimmen. Was auf den ersten Blick relativ einfach aussieht, erweist sich bei näherer Betrachtung als ausgesprochen kompliziert. Die Autoren geben beispielsweise selbst sogenannte „Adäquatheitsbedingungen" an – Bedingungen, unter denen die Schemata funktionieren. Dazu gehört beispielsweise, dass das Explanandum eine „logische Folge" des Explanans sein muss und dass die Sätze, die das Explanans bildet, wahr sein müssen. Nach allem, was bisher diskutiert wurde, ist klar, dass diese Forderungen selbstverständlich und leicht erfüllbar aussehen – und in der Diskussion genau die Probleme wieder aufwerfen, die die Theorie eigentlich lösen will (was ist genau eine „logische Folge"? Wann ist ein Satz „wahr"?). – Die neopositivistische Diskussion, so lässt sich im Rückblick sagen, hat erheblich dazu beigetragen, die innere Logik quantitativ-empirischer Feststellungen und deren theoretischer Formulierung zu verdeutlichen. Nicht überzeugt wurden allerdings diejenigen, die mit alternativen Methoden und Theorien arbeiten bzw. arbeiten müssen. Und nicht überzeugt hat schließlich der Versuch, Objektivität von empirischen Feststellungen und theoretischen Aussagen eindeutig durch Regeln zu bestimmen. Was sich immer wieder zeigte, war (und ist), dass zumindest logische Zweifel an Objektivität und Wahrheit nicht auszuschließen sind.

Kritischer Rationalismus

Der Theoretiker, der am grundlegenden Paradigma des Empirismus festhielt, gerade deshalb zu einem scharfen Kritiker des Positivismus wurde und daher eine Neubegründung versuchte, war *Karl Raimund Popper*.

Popper hielt einige Zeit Kontakt, aber auch kritische Distanz zum Wiener Kreis, der Brutstätte des logischen Positivismus. So sehr er dessen grundlegende Überzeugungen teilte, so sehr hielt er die Wege, die dort beschritten wurden, für wenig zielführend. Er kam zur Überzeugung, dass das „Hume-Problem" – die grundlegende Differenz zwischen Erfahrung und Theorie – nicht lösbar ist und zog daraus Konsequenzen.

„Das Humesche ‚*Problem der Induktion*', die Frage nach der Geltung der Naturgesetze, entsteht durch den (anscheinenden) Widerspruch zwischen der ‚*Grundthese des Empirismus*' (nur ‚Erfahrung' kann über die Wahrheit oder Falschheit einer Wirklichkeitsaussage entscheiden) und der Humeschen Einsicht in die *Unzulässigkeit induktiver (verallgemeinernder) Beweisführungen*. – Angeregt durch Wittgenstein glaubt Schlick diesen Widerspruch durch die Annahme lösen zu können, dass die Naturgesetze ‚gar keine echten Sätze sind', sondern ‚Anweisungen zur Bildung von Aussagen', – somit offenbar eine

Karl Popper

Am 26. Oktober 1946 kam es im Camebridger Moral Science Club zu einer Konfrontation: Zwei gebürtige Wiener, der eine arrivierter Professor, aber empfindlich, der andere gerade neu gewählt und forsch, fuhrten ein Gespräch unter vier Augen. Karl Raimund Popper (1902–1994) war es, der Ludwig Wittgensteins gesamte Philosophie kritisierte: Die Philosophie der Sprache sei nur ein Teilgebiet der Philosophie. Wie aber erkennen wir? Wie wissen wir, was moralisch gut ist? Kann eine moralische Regel gültig sein? Nach Poppers Aussage reagierte Wittgenstein auf letztere Frage hektisch:

„An diesem Punkt sagte Wittgenstein, der beim Feuer saß und nervös mit dem Schürhaken gespielt hatte, den er gelegentlich wie einen Dirigentenstab benützte, um seine Behauptungen zu unterstreichen: ‚Geben Sie ein Beispiel für eine moralische Regel!' Ich erwiderte: ‚Man soll einen Gastredner nicht mit einem Schürhaken bedrohen.' Darauf warf Wittgenstein ärgerlich den Schürhaken hin, stürmte aus dem Raum und schlug die Türe hinter sich zu." (Popper, Karl: Ausgangspunkte. Zit. nach Geier, Manfred: Karl Popper. Reinbek bei Hamburg, Rowohlt 1994, 102f)

Wittgenstein blieb nicht der einzige, gegen den Popper seine Polemik richtete; sie wurde insbesondere verstorbenen Philosophen reichlich zu Teil. Dabei fing es ja ganz anders an. Wie Wittgenstein aus einer wohlhabenden jüdischen Familie stammend, überrascht auch Popper sein Umfeld komplett: Er wird nach dem Ersten Weltkrieg Kommunist, bricht das Gymnasium ab, macht eine Tischlerlehre, studiert ein Jahr lang Kirchenmusik, wird Sozialarbeiter und Lehrer und promoviert in Psychologie bei K. Bühler. Zum Wiener Kreis pflegt er Kontakt, will aber nicht dazugehören, was im Nachhinein betrachtet verständlich und für Poppers eigene Theorie strategisch günstig war. 1934 geht er für eine Universitätsstelle nach Neuseeland und 1946 nach London, wo er bis zur Emeritierung so unübersehbar und bedeutsam lehrt, dass er schließlich geadelt wird. So viel Größe konnte nicht ohne Widerspruch bleiben, wie wir im Folgenden sehen.

bestimmte Art von ‚Scheinsätzen‘. Dieser (wie mir scheint, rein terminologische) Lösungsversuch hat mit allen älteren Versuchen (z. B. mit dem ‚Apriorismus‘, dem ‚Konventionalismus‘ usw.) eine unbegründete Voraussetzung gemeinsam, nämlich die, dass alle *echten Sätze ‚vollentscheidbar‘* verifiziert und falsifizierbar) sein müssen, das heißt, dass sowohl eine (endgültige) empirische Verifikation wie auch eine empirische Falsifikation bei allen echten Sätzen *logisch möglich* sein muss. – Hebt man diese Voraussetzung auf, so kann der Widerspruch des ‚Induktionsproblems‘ auf einfache Weise gelöst werden: Die Naturgesetze (‚Theorien‘) können widerspruchsfrei als *‚teilentscheidbare‘* (d. h. aus logischen Gründen zwar nicht verifizierbare, wohl aber *einseitig falsifizierbare*) echte Wirklichkeitsaussagen angesehen werden, die durch Falsifikationsversuche methodisch überprüft werden.“ (Popper 1971, 254f)

Popper „halbiert“ also das Kriterium der Entscheidbarkeit: Definitiv verifizierbar sind Aussagen nie, weil Wahrheit prinzipiell nicht erreichbar ist. Aber sie sind definitiv falsifizierbar. Dadurch ergibt sich ein neues Kriterium für die Feststellung, ob eine Theorie als Theorie akzeptabel ist. Er verwendet (ähnlich wie die Vertreter des Wiener Kreises, die den Kampf gegen die „Metaphysik“ auf ihre Fahnen geschrieben hatten) dazu eine Differenz zwischen *„empirisch-wissenschaftlichen‘ und ‚metaphysischen‘ Behauptungen"* (a. a. O., 255). Zunächst grenzt er sich ab gegen (seinen Intimfeind) Wittgenstein:

„Das *‚Abgrenzungsproblem‘* (Kants Frage nach den ‚Grenzen der wissenschaftlichen Erkenntnis‘) kann definiert werden als die Frage nach einem *Kriterium der Unterscheidung von ‚empirisch-wissenschaftlichen‘ und ‚metaphysischen‘ Behauptungen* (Sätzen, Satzsystemen). – Nach Wittgensteins Lösungsversuch leistet der ‚Sinnbegriff‘ die Abgrenzung: jeder ‚sinnvolle Satz‘ muss (als ‚Wahrheitsfunktion der Elementarsätze‘) logisch restlos auf (singuläre) Beobachtungssätze zurückführbar (aus diesen ableitbar) sein; erweist sich ein vermeintlicher Satz als unableitbar, so ist er ‚sinnlos‘, ‚metaphysisch‘, ist er ein ‚Scheinsatz‘: *Metapyhsik ist ‚sinnlos‘*. Durch dieses Abgrenzungskriterium schien dem Positivismus eine radikalere Überwindung der Metaphysik gelungen zu sein als durch die ältere Antimetaphysik. Aber dieser Radikalismus vernichtet mit der Metaphysik auch die Naturwissenschaft: Auch Naturgesetze sind aus Beobachtungssätzen logisch nicht ableitbar (Induktionsproblem!); auch sie wären somit bei konsequenter Anwendung des Wittgensteinschen Sinnkriteriums nichts anderes als ‚sinnlose Scheinsätze‘, als ‚Metaphysik‘. Damit scheitert dieser Abgrenzungsversuch.“ (A. a. O., 255)

Daher sieht er in seinem „Falsifizierungskriterium“ die einzige Möglichkeit, dem Dilemma zu entkommen:

„An Stelle des Sinndogmas und seiner Scheinprobleme kann als Abgrenzungskriterium das ‚*Kriterium der Falsifizierbarkeit*‘ (d. h. einer mindestens *einseitigen* Entscheidbarkeit) treten: Nur solche Sätze (Satzsysteme) sagen etwas über die ‚Erfahrungswirklichkeit‘ aus, die an ihr *scheitern* können; genauer: die man einer solchen *methodischen Nachprüfung* unterwerfen kann (und durch ‚methodologischen Beschluss‘ zu unterwerfen vereinbart), durch deren Ergebnisse sie *widerlegt* werden können.“ (A. a. O., 255)

Damit ist für Popper das Falsifizierungskriterium das Ei des Kolumbus der Wissenschaftstheorie:

„Die Annahme *teilentscheidbarer* Sätze löst somit nicht nur das ‚Induktionsproblem‘ (es gibt nur *einen* Typus von Schlüssen, die in induktiver Richtung fortschreiten, nämlich den – deduktiven – modus tollens), sondern auch das (so gut wie allen Fragen der ‚Erkenntnistheorie‘ zugrunde liegende) ‚Abgrenzungsproblem‘; das ‚Kriterium der Falsifizierbarkeit‘ gestattet, die ‚Wirklichkeitswissenschaften‘, die empirisch-wissenschaftlichen Systeme gegen die metaphysischen (aber auch gegen die konventionalistisch-tautologischen) Systeme mit hinreichender Schärfe abzugrenzen – ohne jedoch die Metaphysik (als deren Niederschläge ja, historisch gesehen, die erfahrungswissenschaftlichen Theorien auftreten) für ‚sinnlos‘ erklären zu müssen. – Man könnte somit (um eine bekannte Formel Einsteins verallgemeinernd zu variieren) die ‚Wirklichkeitswissenschaften' etwa durch den Satz definieren: *Insofern sich die Sätze einer Wissenschaft auf die Wirklichkeit beziehen, müssen sie falsifizierbar sein, und insofern sie nicht falsifizierbar sind, beziehen sie sich nicht auf die Wirklichkeit."* (A. a. O., 255f)

Von da aus geht Popper noch einen Schritt weiter und definiert „Theorie" neu. Er nimmt dabei Bezug auf das „Induktionsproblem". In seiner Sichtweise erledigt es sich von selbst:

„Wissenschaftliche Hypothesen können niemals ‚gerechtfertigt', ‚verifiziert' werden. Dennoch kann eine Hypothese A unter Umständen mehr leisten als eine Hypothese B – sei es, weil B gewissen Beobachtungsergebnissen widerspricht, d. h. durch diese ‚falsifiziert' wird, während A durch sie nicht falsifiziert wurde, sei es, dass z. B. mit Hilfe von A eine umfassendere Menge von Prognosen abgeleitet werden kann als mit Hilfe von B. Was wir von einer Hypothese im besten Fall sagen können, ist, dass sie (zwar grundsätzlich niemals gerechtfertigt, verifiziert oder auch nur als wahrscheinlich erwiesen werden kann, jedoch) sich bis heute gut bewährt hat und mehr leistet als andere vorliegende Hypothesen. Diese Beurteilung stützt sich ausschließlich auf die *deduktiven* Folgerungen (Prognosen), die aus der Hypothese abgeleitet werden können. Von ‚*Induktion' braucht gar nicht gesprochen zu werden."* (A. a. O., 255f)

Dies war in der Tat ein radikaler Schritt: Wissenschaft hat nicht mit Theorien im klassischen Sinn – mit Systemen wahrer Aussagen über die Wirklichkeit – zu tun, sondern mit immer nur vorläufig akzeptierten Hypothesen – Annahmen – über die Logik der Wirklichkeit. Die Akzeptanz von Hypothesen ergibt sich nicht aus ihrem (letztlich nicht objektiv feststellbaren) Wahrheitsgehalt, sondern daraus, dass sie sich bewährt hat. Und diese Akzeptanz gilt so lange, bis eine andere Hypothese sich besser bewährt.

„Man wird sich wohl daran gewöhnen müssen, die Wissenschaft nicht als ein ‚System unseres Wissens', sondern als ein System von Hypothesen aufzufassen, d. h. von grundsätzlich unbegründbaren Antizipationen, mit denen wir arbeiten, so lange sie sich bewähren, ohne dass wir sie als ‚wahr' oder auch nur als ‚mehr oder weniger sicher‘ oder ‚wahrscheinlich‘ ansprechen dürfen.“ (A. a. O., 258)

Dieses Modell ist später als *„Kritischer Rationalismus"* bezeichnet worden. Man könne sagen: Der Kritische Rationalismus ist die „moderne" Form des Empirismus. Seine „frühmoderne" Form – bei Comte und Mill – war noch grenzenlos optimistisch. Man hatte die Welt auf das, was wissenschaftlich erfassbar ist, eingeengt und das Spektrum des Gegenstandskontakts auf bestimmte Verfahren reduziert, war sich aber sicher, dass auf dieser Basis nicht nur eine Erkenntnis, sondern auch eine Beherrschung der Welt möglich sei. Jetzt, nach der langen und intensiven Entwicklungsgeschichte des Paradigmas hat sich dieser Optimismus reduziert. Popper verzichtet gänzlich auf Wahrheitsanspruch. Den Anspruch auf Fortschritt und Verbesserung der Welt durch Erkenntnis behält er in gewisser Weise bei, aber er spricht nicht mehr vom Erreichen der Ziele (Wahrheit, Beherrschung der Wirklichkeit), sondern davon, dass wissenschaftlicher Fortschritt permanent diesen Zielen annähert (ohne sie je zu erreichen). Darin spiegelt sich die Skepsis, die sich auch hier bei Versuchen, das ursprüngliche Konzept zu realisieren, einstellte, aber auch der fortbestehende Glaube an den Fortschritt und die Perfektionierbarkeit des Projekts Wissenschaft. Wissenschaft ist gleichbedeutend mit Fortschritt; was sie nicht erreichen kann, ist nicht erreichbar. Und sie kann ihre Ziele nur erreichen durch das, was Popper als Kritizismus bezeichnete – ständige, hartnäckige Überprüfung von Interpretationen und Befunden.

Popper hat später noch einen neuen Anlauf zur Grundlegung von Erkenntnis unternommen, der eine Ergänzung und Erweiterung seines ursprünglich rein methodologisch angelegten Modells unternimmt. Popper entwirft ein Konzept, welches drei „Welten" unterscheidet:

- Welt 1 ist die *physikalische Welt*, zu der auch die Natur gehört. Sie stellt den Lebensraum des Menschen dar, in dem er (über)leben muss.

- Welt 2 ist das *Bewusstsein des Menschen* – entstanden im Zuge der biologischen Evolution als Modus der Anpassung an Welt 1.
- Welt 3 ist das *Reich der Gedanken*, der Vorstellungen, die sich Menschen von ihrer Wirklichkeit (Welt 1 und Welt 2) machen. Sie enthält sprachliche und symbolische Produktionen, ist ebenso real wie Welt 1 und 2 und allen Menschen zugänglich.

Erkenntnis gehört zu Welt 3. Ihren *Ausgangspunkt* hat sie in Welt 2 – als *Problem*, welches sich stellt und gelöst werden muss. Die Lösung spielt sich zunächst in Welt 3 ab. Das Problem wird (empirisch) untersucht, Theorien werden erstellt, geprüft und (vorläufig) akzeptiert, wenn sie besser sind als andere und mit dem vorhandenen Wissen über Probleme und Lösungen kompatibel sind. Erkenntnisfortschritt ergibt sich immer dort, wo neue Sachverhalte gefunden werden, die dazu zwingen, die bestehenden Theorien zu revidieren und/oder weiter zu entwickeln.

Das Besondere an Erkenntnis ist dabei: Sie ist zwar ein Produkt von Welt 2 und ein Teil von Welt 3, aber sie kann Objektivität gewinnen. Objektivität heißt zunächst Autonomie, Unabhängigkeit von den Bedingungen der Erzeugung und den Intentionen der Erzeuger. Die so gewonnenen objektiven Erkenntnisse sind eine einzigartige Macht. Sie können in Welt 2 wirksam werden und Handlungen von Menschen beeinflussen, was wiederum auch dazu führen kann, dass Welt 1 (qua menschliche Handlung) verändert wird. – In dieser „Drei-Welten"-Konzeption von Popper tritt der Gedanke des Nutzens von Erkenntnis noch stärker in den Mittelpunkt der Argumentation. Damit betont er die Bindung von Erkenntnis an praktische Prüfung, die jedoch immer vorläufig ist. Der Fortschritt der Erkenntnis sorgt jedoch dafür, dass die Unzulänglichkeiten und Widersprüche erkannt und bearbeitet werden. Erkenntnisfortschritt hat daher eine objektive Seite, die unabhängig von den Intentionen und Vorstellungen der einzelnen

Forscher dafür sorgt, dass sich Erkenntnis – und damit die Problemlösungskompetenz der Menschen – vorwärtsbewegt. – Gleichzeitig bringt dieses Modell in gewisser Weise eine Rehabilitation des Subjekts, welches der Positivismus gänzlich aus der Wissenschaftstheorie ausgeschlossen hatte. Auch Popper teilt die empiristische Annahme, dass Persönlichkeitsmerkmale des Forschers, überhaupt Subjektivität im weitesten Sinn, in der Forschung nichts zu suchen hat. Aber er betont die Notwendigkeit aktiven Engagements. Er kritisiert die implizite Vorstellung des Positivismus, dass Fortschritt der Erkenntnis allein durch ein ständiges Mehr an Wissen zustande kommt. Der „Kübeltheorie" der Erkenntnis (wie er sie nennt), nach der immer mehr in ein Gefäß gefüllt ist, bis es irgendwann mal voll ist, stellt er seine „Scheinwerfertheorie" entgegen: In der Finsternis des Unwissens entsteht Erkenntnis durch gezieltes Beleuchten dessen, was man wissen will und muss.

Der Kritische Rationalismus hatte für Popper jedoch noch eine andere, eine politische Funktion. Er selbst engagierte sich schon früh politisch und stand den sozialdemokratischen Reformbemühungen der 20er Jahre nahe. Seit den 30er Jahren wandte er sich mit aller Schärfe gegen totalitäre Regime. Als Wissenschaftstheoretiker galt sein besonderes Augenmerk theoretischen Entwürfen, in denen er Grundlagen für Totalitarismus zu entdecken glaubte. Dabei sah er vor allem in „idealistischen" Entwürfen (von Platon bis Hegel) eine große Gefahr, weil sie dazu verführten, die Welt unrealistisch zu sehen oder gar irrationale Herrschaftssysteme zu errichten (Platon hatte eine Art von Gelehrtendiktatur propagiert; Hegel hatte hinter allem eine übermenschliche Vernunft wirken gesehen, der man sich letztlich nur unterwerfen kann). Alle Theorien, aus denen sich entweder die Sicherheit, zu wissen, was richtig ist und zu tun sei, ableitete, lehnte er ebenso ab wie Theorien, die alles relativierten (den Marxismus daher ebenso wie den sogenannten „Historismus"). Schließlich galt seine Kritik allen „Theorien", die wissenschaftliche Ansprüche vertraten, aber seinen Vorstellungen von Wissenschaftlichkeit nicht entsprachen. Das waren alle Erklärungen, die nicht falsifizierbar waren – also Erklärungen, aus denen sich widersprüchliche Hypothesen ergaben oder die sich mit Aussagen verbanden, die sich überhaupt nicht mit dem von ihm akzeptierten Instrumentarium empirisch überprüfen ließen. Er selbst vertrat dagegen ein Konzept einer vorsichtigen, Schritt für Schritt vorgehenden Entwicklung sozialer Technologien, die auf Grund von (falsifizierbaren und bewährten) Hypothesen entwickelt werden sollten. – Poppers Kampf gegen diese von ihm als „unwissenschaftlich" betrachteten Ansätze hat zwei Seiten. Auf der einen Seite steht seine energische Kritik am Totalitarismus und dem, was er als dessen „geistige Wurzeln" sah. Damit trug er zur Stützung einer wehrhaften Demokratie bei. Auf der anderen Seite tendierte er dazu, das Kind mit dem Bade auszuschütten. Er verdammte nicht nur wichtige Theoretiker viel zu pauschal; er konnte dadurch auch die Probleme, die diese erkenntnis- und wissenschaftstheoretisch zu lösen versuchten (und erst recht deren Lösungsversuche) nicht angemessen behandeln. So mündeten seine Versuche, Objektivität und Vorurteilsfreiheit zu verteidigen, selbst gelegentlich in Dogmatik.

Kritischer Rationalismus

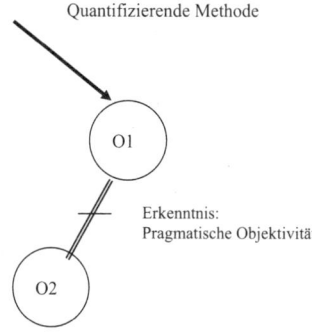

Quantifizierende Methode

O1

Erkenntnis:
Pragmatische Objektivität

O2

Wissen ist nie vollständig, immer vorläufig, wird durch permanente Kritik permanent verbessert

6   Kritik des Kritischen Rationalismus

Poppers' Kritischer Rationalismus wurde in weiten Kreisen der Wissenschaft zur Nachfolgerin des traditionellen Positivismus akzeptiert. Sein „Kritizismus" wurde von vielen – besonders auch von vielen, die sich nur am Rande mit Wissenschaftstheorie beschäftigten – als Synonym für Wissenschaftlichkeit, für die Einheit von Fortschritt und Wissenschaft und für politische Vernunft verstanden. – Nicht alle waren jedoch dieser Meinung. Auch gegen Popper trat zunächst die gleiche Kritik auf, auf die bereits der frühe Positivismus getroffen war – nunmehr ebenfalls in weiterentwickelter Form. Aus dem, was im 19. Jahrhundert noch unter der Flagge der „Geisteswissenschaften" segelte, hatte sich inzwischen eine Fülle von verschiedenen Wissenschaften weiter- und auseinanderentwickelt. Manche dieser Wissenschaften waren neu (so z. B. Ethnologie, Psychologie, Soziologie), andere änderten unter dem Einfluss der wissenschaftlichen Entwicklung ihr Profil völlig (etwa Literaturwissenschaften, Linguistik, Sprachwissenschaften). Jede dieser Wissenschaften entwickelte eigene Methoden- und Theoriekanon, woraus eine Vielfalt sehr unterschiedlicher Verfahren entstand, die oft qualitative Methoden und interpretative Methoden einschloss – Methoden und Theorien, die nicht empirische Regelmäßigkeiten, sondern Sinnstrukturen, Relevanzen und Funktionen zum Thema haben. Viele dieser Methoden und Theorien passen nicht in das Bild des positivistischen Paradigmas. Von daher wehrten sich die Vertreter diese Fächer bzw. dieser Verfahren heftig gegen den imperialen Anspruch auch des Kritischen Rationalismus.

Positivismus-Streit
Auch die Ideologiekritik am Positivismus wurde erneuert. Wieder ging es vor allem darum, dass auch dem Kritischen Rationalismus vorgeworfen wurde, dass er ein viel zu enges, zu einseitiges und vor allem ein politisch verzerrtes und einseitiges Bild von Wirklichkeit vertrete. Weder sei Wissenschaft „neutral" noch lasse sich Erkenntnis auf quantitative Methoden reduzieren. Wer es dennoch versuche, sei nicht nur methodisch „einäugig" und verliere wichtige Zugänge zur Realität, er/sie wirke zudem blind in einem Spiel mit, das er/sie nicht verstehe, weil der Positivismus keine Möglichkeit der Selbstkritik und Selbstreflexion enthalte. – Einen Höhepunkt fanden diese Auseinandersetzungen im sogenannten „Positivismusstreit" der deutschen Soziologie. Die Kontrahenten waren Popper und die Anhänger des Kritischen Rationalismus, Adorno, Habermas und andere Vertreter der „Kritischen Theorie" auf der anderen Seite. Mit großem Aufwand wurden die mehr oder weniger bekannten Argumente bzw. Vorwürfe noch einmal wiederholt bzw. neu aufbereitet. Der Kritische Rationalismus warf den Vertretern der Kritischen Theorie vor, wild zu spekulieren und nie Beweise für ihre Thesen vorzulegen; ihrerseits bekamen sie zu hören, dass sie hirn- und sinnlos methodenfixiert seien und einen „methodologisch halbierten Rationalismus" verträten (so Habermas).

Die Auseinandersetzungen endeten wie das Hornberger Schießen – ohne Ergebnis. Jede Seite fühlte sich bestätigt und ermutigt, weiter wie bisher zu verfahren und bei den eigenen wissenschaftstheoretischen Überzeugungen zu bleiben. Insofern fügte sich auch diese Diskussion der langen Tradition von ergebnislosen Kontroversen, des Missverstehens, des Beharrens auf bereits bezogenen Positionen. – Ein einheitliches Gegenmodell entwickelte sich dabei nicht. Die Kritiker gingen verschiedene Pfade. So sehr man sich einig war, dass Theorie unabhängig von Erfahrung sei und dass sie zur Erfassung von Komplexität ein angemessenes internes Leistungsvermögen besitzen müsse, so sehr unterschieden sich die Begründungen und Ausformulierungen. Stichworte, die in diesem Zusammenhang häufig Verwendung fanden und finden, sind „Hermeneutik", „Dialektische Theorie", „Qualitative Methodologie". Es besteht jedoch keinerlei Einigkeit darüber, was darunter genau zu verstehen sei.

Kuhn

Es kam jedoch parallel dazu noch zu einer weiteren, neuen Form von Kritik am Positivismus. Sie entwickelte sich aus der Anwendung wissenschaftlicher Forschung auf die Wissenschaft selbst. Die erste frontale Attacke kam von Thomas Kuhn, einem gelernten Physiker, der sich der Wissenschaftsgeschichte zuwandte. Er beschäftigte sich mit der Idee des langsamen, aber stetigen (und unaufhaltsamen) Fortschritts der Wissenschaft, die schon der frühe Positivismus vertreten hatte und von Popper noch einmal dezidiert unterstrichen wurde. An Hand empirischer Untersuchungen – vorrangig aus dem Bereich der Naturwissenschaften – stellte er fest, dass die Theorie des stetigen Fortschritts der Wissenschaften ein Mythos ist. Um zu beschreiben, wie sich Wissenschaften wirklich entwickeln, verwendete er das Konzept des „Paradigmas". „Paradigma" heißt eigentlich Beispiel. Kuhn versteht darunter ontologische, methodologische und theoretische Leitvorstellungen und -konzepte. Die Wissenschaftsgeschichte stellt sich ihm dar als ein Prozess, in dem bestimmte Paradigmen eine Zeit lang „herrschen", dann aber abgelöst werden. Was er dabei feststellte, war eine Abfolge von typischen Phasen, die in etwa so aussieht:

- Am Anfang einer Wissenschaft steht eine *„Vorparadigmatische Phase"*: Eine Reihe von lose definierten, eher improvisierten Ansätzen stehen nebeneinander und konkurrieren, ohne dass einer sich durchsetzen kann.

- Was folgt, nennt Kuhn die *„Paradigmatische Phase"*: Ein Ansatz setzt sich durch und gewinnt allgemeine Anerkennung, seine Konkurrenten werden ausgegrenzt. Das nunmehr „herrschende Paradigma" wird der Bezugsrahmen der Forscher eines Fachs. Es definiert, was „normale" Wissenschaft ist, gibt Themen, Fragen, aber auch die Möglichkeiten der Antwort vor. In dieser Phase wird kumulative normalwissenschaftliche Forschung betrieben, also mehr oder weniger geradeaus in die Richtungen marschiert, in die das Paradigma weist.

- Nach einer bestimmten Zeit kommt es zu einer *„Kritischen Phase"*: das dominierende Paradigma ist erschöpft, Probleme und Fehlschläge häufen sich, „Anomalien" erschüttern den Glauben an das Paradigma. Diese Phase mündet in eine

- *„Revolutionäre Phase"*. Sie beginnt mit einem breiten Aufstand gegen das „herrschende Paradigma". Es werden neue Wege gesucht und propagiert, die alten geraten unter Beschuss. Die Vertreter des „herrschenden Paradigmas" halten dagegen.

- Der „Krieg" endet mit einer *„Neuen paradigmatischen Phase"*. Es kommt zu einer Machtergreifung eines der konkurrierenden Paradigmen, es wird zum neuen Leitmodell der Forschung; die Vertreter des nunmehr früheren Paradigmas passen sich an oder sterben aus. Was folgt, ist eine neue (Zeit der) Normalität. –

Kuhns Arbeit enthält eine Reihe von interessanten Diskussionen. Er fragt unter anderem, warum eigentlich die Tatsache, dass Wissenschaftsgeschichte eine Folge von Herrschaft und Revolution ist, so übersehen wurde. Seine Antwort: Es liegt an der Geschichtsschreibung.

„Lehrbücher beginnen … damit, dass sie den Sinn des Wissenschaftlers für die Geschichte seiner Disziplin abstumpfen. … Charakteristischer Weise enthalten wissenschaftliche Lehrbücher nur wenig Geschichtliches, und zwar entweder in einem einführenden Kapitel oder häufiger in gelegentlichen

Hinweisen auf die großen Helden eines früheren Zeitalters. Durch solche Hinweise erhalten Studierende und Fachleute das Gefühl, sie nehmen Teil an einer beständigen historischen Tradition." (Kuhn 1969, 139f)

Dies ist jedoch eine Täuschung. Die Geschichtsbücher stellen nur die „Helden" dar, die in die eigene Geschichte passen. Und die dargestellt werden, werden in der Logik dieser Geschichte dargestellt:

„Teils durch Auslese und Teils durch Verzerrung werden die Wissenschaftler früherer Zeiten ausdrücklich so dargestellt, als hätten sie an der gleichen Reihe fixierter Probleme und in Übereinstimmung mit der gleichen Reihe fixierter Kanons gearbeitet, welchen die letzte Revolution in der wissenschaftlichen Theorie und Methode den Stempel der Wissenschaftlichkeit aufgeprägt hatte." (A. a. O., 140)

Die Lehrbücher schreiben also immer eine aufs herrschende Paradigma zentrierte Geschichte. Dadurch erscheint es als natürliches Ziel und als unvermeidbare Konsequenz dessen, was vorher passierte. Und nach jeder Revolution werden die Lehrbücher, die das Ganze behandelnden Konzepte neu verfasst. – Nur durch ständiges Umschreiben erscheint jeweils in einem bestimmten Licht die Geschichte der Wissenschaft als linearer Prozess. Der logische Nenner von Geschichtsbüchern dieser Art: „Die Wissenschaft hat ihren gegenwärtigen Stand durch eine Reihe von Einzelentdeckungen und Einzelerfindungen erreicht, die zusammengenommen den modernen Stand des Wissens ausmachen." (A. a. O., 151)

Bemerkenswert auch seine Darstellung der Frage der Art und Weise, wie eine Revolution ausbricht, zum Abschluss kommt und eine neue Normalität erzeugt. Zunächst: Wer kommt überhaupt als „Revolutionär" in Frage? Es handelt sich „gewöhnlich um Männer, die so jung oder auf dem von der Krise befallenen Gebiet so neue sind, dass ihre Arbeiten sie weniger tief als die meisten ihrer Zeitgenossen an die durch das alte Paradigma bestimmten Weltauffassungen und Regeln gebunden hat." (A. a. O., 155) Was sie anbieten, ist jedoch nicht unbedingt besser als das alte, dafür aber weniger verschlissen und kompromittiert und bietet daher mehr Zukunft. Oft enthalten neue Paradigmen keine wirklich besseren Lösungen. Wenn sie bestimmte Probleme besser lösen, lösen sie andere oft schlechter. Was passiert, sei daher auch keine Verifikation von Theorien, noch nicht einmal Falsifikation von Theorien (sie ist für Kuhn ebenso wenig möglich wie Verifikation). In Wahrheit wird die „Wahrscheinlichkeit im Lichte tatsächlich vorhandener Daten" geschätzt (a. a. O., 156). Dies ist jedoch keine logische Entscheidung, sondern eine, die zwischen verschiedenen Paradigmen getroffen werden. Verschiedene Paradigmen sind jedoch „inkommensurabel" – sie passen nicht zusammen, können sich nicht verständigen und nicht koexistieren. Sie leben, so Kuhn, in „verschiedenen Welten".

„Gäbe es nur eine einzige Menge wissenschaftlicher Probleme, nur eine Welt, in der man daran arbeitete, und nur ein System von Normen für ihre Lösung, dann könnte der Wettstreit der Paradigmata mehr oder weniger routinemäßig durch irgendeine Prozedur, zum Beispiel durch Auszählen der von jedem gelösten Probleme, erledigt werden. Aber in Wirklichkeit sind diese Bedingungen niemals voll gegeben. Die Befürworter konkurrierender Paradigmata bewegen sich immer in gewissem Grade auf verschiedenen Ebenen." (A. a. O., 159)

Beide Seiten basieren auf nicht-empirischen – also: metaphysischen – Bedingungen, die sie sich gegenseitig nicht zugestehen (können und wollen), weil sie jeweils anders sind als die eigenen. Der Effekt: „Der Wettstreit zwischen Paradigmata kann nicht durch Beweise entschieden werden." (A. a. O.)

Dass ein Paradigma besser sei, wird (so Kuhn) daher auch nicht bewiesen, sondern in der Gruppe der Forscher irgendwann unterstellt (!). Dann setzt sich das neue Paradigma, gestützt auf eine neue, ungebundene Generation durch. Sie gibt dann die Regeln vor – was vorher Regel war, ist jetzt „überholt" und wird im obigen Sinne in die Geschichtsbücher verbannt. Die übrigen Wissenschaftler haben jetzt die Wahl, sich entweder anzupassen oder zum Außenseiter zu werden.

Kuhn zeichnete also ein alles andere als „lineares" Bild der Wissenschaftsentwicklung. Das war starker Tobak für die meisten (Natur-)Wissenschaftler. Die These, dass die Aufgabe des „alten" und die Akzeptierung des „neuen" Paradigmas nicht sachlichen Kriterien folgt, sondern eine Frage der Durchsetzungskraft sei, sorgte für Aufregung. Kuhn hat sie später etwas relativiert und davon gesprochen, dass ein neues Paradigma „so gut wie nie" akzeptiert werde, wenn es „nicht alle oder fast alle quantitativen, zahlenmäßigen Rätselfragen löst", die auch das alte gelöst hatte. (Kuhn 1978, 380) Und: „Im Laufe der Zeit wird die Gesamtheit der wissenschaftlichen Theorien offenbar immer artikulierter. Sie werden der Natur an immer mehr Punkten immer genauer angepasst. Auch steigt die Zahl der Gebiete, auf denen der Ansatz des Rätsellösens möglich wird, im Laufe der Zeit eindeutig an." (A. a. O.) Damit konnte er die Anhänger der Lehre vom akkumulativen, stetigen Fortschritt der Wissenschaften jedoch nur teilweise versöhnen, vor allem, weil er dabei blieb, dass es keinen definitiven Fortschritt gäbe, mehr noch: dass wir Fortschritt gar nicht genau bestimmen könnten. – Es gab jedoch auch noch andere Kritik an Kuhn. So stellte z. B. *Falter* (1984) fest, dass Kuhns Konzept auf das von ihm untersuchte Beispiel (die Durchsetzung eines neuen Paradigmas in der amerikanischen Politikwissenschaft) nicht passt. Er argumentiert weiter, dass Kuhn zwar über alle Wissenschaften rede, aber eigentlich nur die Problemlagen bestimmter Wissenschaften – etwa der Sozialwissenschaften – charakterisiere. Zu deren Situation passe jedoch das „Revolutionsmodell" nicht.

In der Tat waren Kuhns Überlegungen Wasser auf die Mühlen vieler, die mit der herrschenden Wissenschaftsauffassung unzufrieden waren – insbesondere der Sozial- und Kulturwissenschaftler, die sich gegen die Vorherrschaft des Positivismus wandten. Kuhn war zudem einer der ersten Vertreter einer empirisch orientierten, kritischen Richtung der Wissenschaftsforschung, die sich der Entmythologisierung der Wissenschaft widmete. In der Folge kam es zu einer Fülle von Untersuchungen, die teils makrotheoretisch die allgemeine Entwicklung von Wissenschaft diskutierte, teils mikrotheoretisch einen genauen Blick auf die Wissenschaftspraxis warf.

Knorr-Cetina

Eine Vertreterin dieser neuen, mikrologischen Wissenschaftsforschung ist Karin Knorr-Cetina. Sie praktiziert keine „positivistische" Sozialforschung, sondern „teilnehmende Beobachtung" – eine Methode, bei der von größter Wichtigkeit ist, im Feld, vor Ort, genau und aufmerksam zu beobachten, was wirklich passiert und sich dabei möglichst wenig von Vorschriften beeinträchtigen zu lassen. Ihr Bericht über die „Fabrikation von Erkenntnis" basiert auf einer solchen intensiven Beobachtung des Geschehens in einem biochemischen Labor. Der Titel des Buches ist Programm: Es geht ihr darum, zu zeigen, dass Erkenntnis *erzeugt* wird und dass dabei unentwegt Entscheidungen getroffen werden, die Einfluss auf die Richtung und die Art der Erkenntnis nehmen.

Sie beschreibt dabei die praktische Realität wissenschaftlicher Forschung in allen ihren Facetten. Es handelt sich um ein Milieu, in dem es um viel Geld, das investiert und erwartet wird, geht, aber auch um Status und Anerkennung, um Karrieren und Konkurrenz, um Macht und Hierarchie – kurz: Um alles, was das Leben so bietet. Es geht zunächst um die schwierigen Hürden, die ein Projekt nehmen muss, um realisiert zu werden – welche Koalitionen geschmiedet werden, mit wem gegen wen ein Projekt beantragt wird, wie eine Leerstelle im Forschungsfeld gesucht und verteidigt wird etc. Schon dieser Teil der Geschichte ist massiv beeinflusst von den Zufälligkeiten der Umstände. Bei der Arbeit selbst sieht es kaum anders aus:

„Es ist der 9. Februar. ... Dietrich erfährt durch einen Anruf von Jackie, seiner unmittelbaren Vorgesetzten, dass Watkins endlich die Benutzung des Großlabors zugestimmt habe, ‚nachdem er eine Menge Schwierigkeiten gemacht habe'. Die Experimente sind für den nächsten Tag angesetzt, was die Be-

teiligten unter beträchtlichen Druck setzt. Der angesetzte Zeitpunkt lässt sich nur unter extremen Umständen verändern.
Außerdem ist man dankbar für *jede* Gelegenheit, das Großla-
bor zu benutzen." (Knorr-Cetina 1981, 212)

Unter diesem Druck wird improvisiert.

„Nach Dietrich besteht nun die Aufgabe darin, das Bentonit
[ein Absorptionsmittel] für die Versuche aufzutreiben. Er
macht sich auf die Suche ... Als er nach zwei Stunden zurück-
kommt, sagt er, er habe es (nirgends) finden können. ... Das
Problem wird von den Anwesenden diskutiert. Anderson
schlägt vor, Kalziumkarbonat zu benutzen. ... Dietrich sagt, sie
würden es morgen probieren, da es keine andere Alternative
gäbe." (A. a. O.)

Knorr-Cetina prägt für dieses pragmatische Herumprobie-
ren den Ausdruck „Labor-Opportunismus": Man richtet sich
nach den Gegebenheiten und nutzt zufällige Chancen. Sie
spricht von der Abhängigkeit der Laboroperationen von „der
lokalen Situation sowie der Dynamik der lokalen Interaktion"
(a. a. O., 213). – Von alledem steht jedoch nichts in dem Papier,
welches schließlich über die Ergebnisse verfasst wird. Es enthält überhaupt keine Prozessbeschreibung mehr: „Im wissenschaftlichen Papier hat die experimentelle Methode keine eigene dynamische Struktur: Es gibt keine Probleme, keine
Ressourcen, die diese Probleme in Lösungen überleiten, keine
Interessensfusionen, die die Ausführung der technischen Operationen tragen könnten." (A. a. O., 214) Die Darstellung legt
nahe, im Ablauf des Geschehens ein von vorn herein geplan-
tes, sich selbst begründendes Geschehen. Was durch Umstände erzwungen oder nahegelegt wurde, erscheint im Papier „als
flow-chart ausgewählter Selektionen, die mangels Kontextuali-
sierung und Begründung den Eindruck von Nicht-Selektionen
erwecken." (A. a. O.) Auffällig, dass im Papier auch

„jede (technische) Begründung ebenso fehlt wie jede The-
matisierung alternativer Entscheidungsmöglichkeiten. Verglichen mit der Laborarbeit, in der das eine Vielzahl von Aktivitäten umfassende *Treffen* von Entscheidungen dominierte,

offeriert das Papier eine kurios bereinigte *Residual*beschreibung. Ich meine damit eine Beschreibung, die hauptsächlich Dinge enthält, die im Labor höchstens *am Rande* interessieren (wie das Fabrikat eines Instruments oder der Herkunft einer Technik)." (A. a. O., 216)

Auf diese Weise entstehen Artefakte – künstlich erzeugte Sachverhalte. So ist beispielsweise die Trennung in Methoden und Resultate nichts, was der Forschungsrealität entspricht, sondern ein Resultat der Darstellungsweise. Während in Wahrheit (opportunistisch) Methoden gewählt und dadurch bestimmte Resultate erzeugt wurden, stellt das Papier den Vorgang so dar, als wären „neutrale" Methoden verwendet worden, die „objektiv" zu bestimmten Ergebnissen geführt hätten – die Trennung von Methoden und Resultat suggeriert also eine Unabhängigkeit, die so nicht existiert. – Für die Publikation wird das Papier erneut überarbeitet. Jetzt wird das, was in der ersten Version von den Spuren der Produktion gereinigt wurde, so dass daraus ein abstraktes Produkt entstanden ist, erneut bearbeitet. Diesmal sind es mehr oder weniger wissenschaftspolitische Strategien, die die Bearbeitung steuern. Man versteckt sich hinter anderen Autoren, um nicht allein verantwortlich zu sein. „Die Endfassung *argumentiert* … zugunsten der vorgeschlagenen Alternative, aber sie *gibt* nicht länger zu, den Vorschlag gemacht zu haben. … (Man bedient sich) der Guerilla-Taktik, die durch literarische Zerstreuungsstrategien verdeckt wird." (A. a. O., 230) Das hängt auch damit zusammen, dass nun, wo das Papier in die Öffentlichkeit gebracht wird, alle als Mit-Verfasser aufgenommen werden, denen man verpflichtet ist oder auf die Rücksicht genommen werden muss. Diese „Ko-Autoren" wiederum haben ihre Empfindlichkeiten, denken an neue, größere Forschungsprojekte, die finanziert werden müssen, wozu bestimmte Personen günstig gestimmt werden müssen usw. usw. Daraus ergibt sich ein ausgesprochen komplexes soziales Kalkül, ein schwieriger Drahtseilakt aus Interessenskoalitionen und -Widersprüchen.

Was Knorr-Cetina damit zeigen will: Im Forschungsalltag kann überhaupt keine Rede davon sein, dass aus Theorien Hypothesen abgeleitet werden, die dann rigoros überprüft werden (womöglich nach dem Hempel-Oppenheim-Schema). Was tatsächlich passiert, ist ein permanenter Entscheidungsprozess, der auch ganz anders aussehen könnte und wesentlich von nicht-sachlichen Themen (verfügbare Technik, verfügbare Materialien, soziale Abhängigkeiten, Karriereinteressen usw.) mitbestimmt werden. Und was davon dargestellt wird, ist ein künstliches Produkt namens „Ergebnis", welches von allen Spuren seiner Erzeugung gereinigt wurde. – Auch diese Kritik ging mindestens indirekt an Poppers Adresse. Sie ergänzte die Kuhn-Kritik durch die Verdeutlichung, dass auch im Alltag die propagierte bzw. geforderte methodische und theoretische Strenge des Kritischen Rationalismus ein Mythos ist. –

Feyerabend
Die dritte neue Form der Kritik zielte noch grundsätzlicher auf die positivistische Grundphilosophie des hochdisziplinierten und -kontrollierten Gebrauchs von Theorien und Methoden. Sie wurde von Paul Feyerabend, einem ursprünglichen Schüler von Popper, auf den Begriff gebracht. In seiner wissenschaftstheoretischen Provokationsschrift mit dem Titel „Wider den Methodenzwang" rechnet er ab mit dem, was ihm an Positivismus und Kritischem Rationalismus als rigide Zwangsjacke des Denkens erschien. Er schreibt „in der Überzeugung ..., dass der *Anarchismus* vielleicht nicht gerade die anziehendste *politische* Philosophie ist, aber gewiss eine ausgezeichnete Arznei für die *Erkenntnistheorie* und die *Wissenschaftstheorie.*" (Feyerabend 1975, 28) Die Arznei ist nötig, weil beide restriktiv und ungemessen (geworden) sind und der Wirklichkeitskomplexität nicht entsprechen. „Sollen wir wirklich glauben, dass die naiven und biederen Regeln, von denen sich Methodologen leiten lassen, ein ... ‚Labyrinth von Wechselwirkungen' auflösen können?" (A. a. O., 28f) Die Antwort: Nein. Fortschritt von Erkenntnis ist „nur einem rücksichtslosen Oppor-

tunisten möglich …, der an keine bestimmte Philosophie gebunden ist und jede gerade geeignet erscheinende Methode anwendet." (A. a. O., 29)

Der Grund, wieso denn die Wissenschaft so vom rechten Pfad der Tugend abkommen konnte, liegt in einer (mehr oder weniger absichtlichen) (Selbst-)Täuschung. In Zuspitzung der Kuhn'schen Thesen stellt er fest, dass die Geschichte der Wissenschaft „komplex, chaotisch, voll von Fehlern und unterhaltend" sei. Aber: „Ein wenig Gehirnwäsche (macht) die Geschichte der Wissenschaft sehr viel flacher, simpler, einförmiger, ‚objektiver' und strengen, unveränderlichen Regeln zugänglicher. Die wissenschaftliche Ausbildung, wie wir sie heute kennen, hat genau dieses Ziel. Sie simplifiziert die ‚Wissenschaft'" (a. a. O., 30f) durch eine Kette von Festlegungen, Ausgrenzungen, Definitionen, durch die der Eindruck einer fest-stehenden Welt und einer ebenso fest-stehenden Wissenschaft erzeugt wird. Die Regeln, die dieses verzerrte Weltbild beherrschen, wirken „verdummend" und widersprechen dem eigentlichen Ziel der Wissenschaft. Sie funktioniert dann, aber sie bleibt unproduktiv und weiß dies nicht einmal.

„Ganz wie ein gut dressiertes Haustier seinem Herren gehorcht, wie verwirrt es auch immer sein mag, genauso gehorcht ein gut dressierter Rationalist dem Vorstellungsbild *seiner* Herren, er hält sich an die Grundsätze des Argumentierens, die *er* gelernt hat, und zwar auch dann, wenn er sich in der größten Verwirrung befindet, und er kann überhaupt nicht erkennen, dass das, was er als die ‚Stimme der Vernunft' ansieht, nicht anderes ist als eine *kausale Nachwirkung seines Trainings.*" (A. a. O., 38)

Feyerabend kritisiert nicht zuletzt den Mythos, Forschung sei eine kausale Folge von Überlegung und Ausführung, von Problem und Lösung. In Wahrheit handelt es sich um einen komplexen Prozess, der nicht auseinander dividiert werden kann.

„Die Schaffung eines *Gegenstands* und das vollständige Verständnis einer *richtigen Vorstellung* von dem Gegenstand *gehören sehr oft zu ein und demselben unteilbaren Vorgang.* ... Der Vorgang selbst wird von keinem wohldefinierten Programm geleitet, denn er enthält die Bedingungen für die Verwirklichung aller möglichen Programme." (A. a. O., 39)

Diese notwendigerweise offene Dynamik von Erkenntnis lässt für Feyerabend nur eine Konsequenz zu:

„Es ist ... klar, dass der Gedanke einer festgelegten Methode oder einer feststehenden Theorie der Vernünftigkeit auf einer allzu naiven Anschauung vom Menschen und seinen sozialen Verhältnissen beruht. Wer sich dem reichen, von der Geschichte gelieferten Material zuwendet und es nicht darauf abgesehen hat, es zu verdünnen, um seine niedrigen Instinkte zu befriedigen, nämlich die Sucht nach geistiger Sicherheit in Form von Klarheit, Präzision, ‚Objektivität‘, ‚Wahrheit‘, der wird einsehen, dass es nur *einen* Grundsatz gibt, der sich unter *allen* Umständen und in *allen* Stadien der menschlichen Entwicklung vertreten lässt. Es ist der Grundsatz: *Anything goes (Mach, was du willst).*" (A. a. O., 45)

Wirtschaft, Politik und Wissenschaft

Noch eine vierte Art der Kritik traf das wissenschaftstheoretische Selbstverständnis des Positivismus. Die „Kritische Theorie" hatte ja bereits moniert, dass das positivistische Wissenschaftsverständnis keine Selbstkritik, keine kritische Auseinandersetzung mit den Bedingungen seines Denkens, aber auch keine mit dessen Folgen einschloss. Auch ohne die theoretische Position der Kritischen Theorie zu teilen, mehrten sich in der zweiten Hälfte des 19. Jahrhunderts wissenschaftskritische Stimmen, die ihre Willfährigkeit und Bedenkenlosigkeit aufs Korn nahmen. Während am Anfang der gesellschaftlichen Modernisierung Wissenschaft als Garant des Fortschritts schien (und nur von hoffnungslos Konservativen abgelehnt wurde), nimmt parallel zum wissenschaftlichen Fortschritt selbst die Skepsis zu – auch und gerade bei denen, die sich dem

Fortschritt verpflichtet fühlen. Diese Parallele ist kein Zufall, wenn man bedenkt, wie sich die Wissenschaft selbst, aber auch die Beziehung zwischen Wissenschaft und Gesellschaft entwickelt hat. Zwar unterschied sich Wissenschaft von Anfang an von vorwissenschaftlicher Forschung durch die Systematik ihrer Intentionen und die Form ihrer sozialen Institutionalisierung. Dennoch war das, was am Anfang geschah, quantitativ wie qualitativ eher bescheiden. Die Universitäten waren kleine Einrichtungen mit wenig Professoren und Studenten, bescheiden ausgestattet. Zu diesem Zeitpunkt war Forschung vorrangig eine bestimmte Art von „Grundlagenforschung" – wörtlich verstanden: Man suchte noch nach Grundlagen. Da jedoch weite Bereiche der Wirklichkeit völlig unbekannt waren und keine rechten Vorstellungen über die Systematik von Wirklichkeit und Forschung vorhanden waren, bestand diese Art von Forschung oft in einem mehr oder weniger erratischen Sammeln von Informationen, punktuellem Überprüfen und probeweiser Verkoppelung.

Noch hatte Forschung also mehr mit Abenteuer als mit praktischer Verwertung zu tun. Das vorhandene Grundlagenwissen war noch wenig technisch nutzbar und die wenigen Studierenden waren nur begrenzt daran interessiert, einen „Job" zu bekommen. Es gab auch noch keinen „Akademiker-Arbeitsmarkt". Produktion und Reproduktion funktionierten noch auf so einfachem Niveau, dass es noch keiner Spezialisten, keiner hochqualifizierten Experten bedurfte, um sie in Gang zu halten und vorwärts zu bringen. Wer studierte, tat dies aus Neugier und/oder um im akademischen Betrieb zu bleiben. – In der zweiten Hälfte des 19. Jahrhunderts geht die Pionierphase der modernen Wissenschaft über in eine Phase der Konsolidierung und gezielten Expansion. „Wissenschaft" hat sich als gesellschaftliches Subsystem etabliert und intern geordnet. Gleichzeitig beginnt das, was die weitere Entwicklung entscheidend prägen sollte: Eine *engere Verbindung mit Wirtschaft und Politik*. Die enge Verbindung mit der Wirtschaft ergibt sich von zwei Seiten. Produktion und Distribution werden mehr und mehr umgestellt auf wissenschaftlich begründete Techniken und Verfahren. Dadurch steigt jedoch der Bedarf an Experten erheblich. Es entsteht der neue Typus von akademisch gebildeten Fachleuten, die bestimmte Themenbereiche theoretisch und technisch beherrschen; die Universität wird der Ort, an der diese Fachleute ausgebildet werden. Das Verhältnis von Wissenschaft und Politik ändert sich, wo die Politik Wissen als Machtmittel begreift und nutzt. Damit wird Erkenntnis zum Gegenstand politischer Interessen (und entsprechend gesteuert).

Diese neue Verbindung von organisierter Produktion von Erkenntnis und gesellschaftlicher Verwertung bringt die Modernisierung erst richtig in Gang und beschleunigt sie erheblich. Erst dadurch wird die Wirklichkeit systematisch zum Material, welches geformt und instrumentalisiert werden kann und auch wird. Die Reichweite menschlicher Aktivitäten dehnt sich quantitativ wie qualitativ erheblich aus; „natürliche" Grenzen menschlichen Tuns werden überschritten und „Natur" wird mehr und mehr von menschlichen Aktivitäten geformt und vor allem erweitert: Aus den natürlichen Vorgaben werden gänzlich neue, „unnatürliche" Produkte erzeugt, die die Reichweite von Praxis exponentiell ausweiten. Dies ist zunächst ein Segen: Es gelingt, Krankheiten zu heilen, die Lebensbedingungen vieler Menschen wesentlich zu verbessern. Aber zugleich sind die Produkte der Wissenschaft auch ein potentielles Risiko, vor allem dann, wenn sie eigens für problematische Zwecke erzeugt werden und/oder wenn ihre Auswirkungen nicht kontrolliert werden können. Die Frühphase der wissenschaftlichen Expansion ist auch das Zeitalter des Imperialismus, welches zum Ersten Weltkrieg führt. Für die Eroberung und Ausbeutung von Kolonien liefern die (jeweils nationalen) Wissenschaften ebenso unbekümmert oder gar begeistert „Grundlagen"-Wissen wie für die Militärtechnik, die Millionen von Menschen das Leben kostet.

Die Verbindung von Wirtschaft, Politik und Wissenschaft wird in der Folge noch intensiver. Dies schon deshalb, weil

Forschung immer mehr kostet, je weiter sie voranschreitet. Die nunmehr erforderlichen großen Investitionen werden naturgemäß strategisch gesteuert, also von Unternehmen, die sich davon Erträge erwarten und/oder von Politikern, die in ihre Vorstellung von Zukunft (bzw. die ihres Klientels) investieren. Dies führt tendenziell dazu, dass Forschung sozusagen außerhalb von Wissenschaft betrieben wird: In Industrielaboratorien und in Einrichtungen, die privat organisiert und universitätsfern sind. Zugleich werden Ergebnisse stärker sortiert. Viele Erkenntnisse werden geheim gehalten (aus politischen Gründen, aber auch, damit sie die Konkurrenz nicht nutzen kann). Es gibt Schätzungen, die davon ausgehen, dass inzwischen etwa die Hälfte aller neuen Erkenntnisse nicht mehr der (wissenschaftlichen) Öffentlichkeit frei zugänglich sind, sondern geheim gehalten oder privatisiert sind.

Anders gesagt: Die Annahme, Wissenschaft diene „dem Fortschritt" schlechthin, ließ sich in dem Maße nicht mehr aufrecht erhalten, wie sie völlig neue Risiken erzeugte und partikularen Interessen diente. Die Gleichsetzung von Erkenntnis und Fortschritt, unter der die Wissenschaft angetreten war, löste sich durch Differenzierungen auf beiden Seiten auf – weder ließ sich „Fortschritt" eindeutig bestimmen und ließen sich wissenschaftliche Erkenntnisse immer eindeutig eine bestimmte (und nur diese eine) Wirkung zuordnen. Der Fortschritt von Erkenntnissen brachte Möglichkeiten der Manipulation von Wirklichkeit hervor, die strukturell mehrdeutig bis ambivalent waren/sind. Beinahe noch harmlose Beispiele: Die Entwicklung von FCKW ermöglichte technisch bessere Lösungen in manchen Bereichen der Produktion, trug aber zugleich zur Zerstörung der schützenden Ozonschicht der Atmosphäre bei. DDT half, landwirtschaftliche Monokulturen vor „Schädlingen" zu schützen, erwies sich jedoch als schlecht abbaubar und sammelte sich am Ende der Nahrungskette – im menschlichen Fettgewebe, z. B. der weiblichen Brust, wodurch die Muttermilch mit Insektiziden verseucht wurde. Noch ganz andere Folgen hat die Entdeckung der Spaltbarkeit des Uranatoms mit sich gebracht – nicht nur Waffen, die alle bis dato bekannten Möglichkeiten der Tötung von Menschen bei weitem übertreffen (wir leben heute mit der Möglichkeit eines vielfachen „overkills"), sondern auch zivile Nutzungen, deren Restrisiko (siehe Harrisburg oder Tschernobyl) verheerend sein kann. Und was die Gentechnologie nicht nur an Segen, sondern auch an Risiken bringt, ist heute noch nicht einmal zu ahnen.

Kurz: Die Wissenschaft hat schon lange „ihre Unschuld verloren" (Hermann 1984). Problem- und risikolos waren Erkenntnisse, solange es sich noch um erste, suchende Schritte ohne unmittelbaren Nutzungseffekt handelte. Je weiter Erkenntnis sich ausdehnt, desto problematischer wird ihre Anwendung. Einerseits, weil viele Chancen, die sie bietet, mit Risiken verbunden ist, andererseits jedoch vor allem, weil viele Erkenntnisse hochspezieller Art und unmittelbar nur auf bestimmte Teile von Realität bezogen sind. Ihre Anwendung ist jedoch stets eine Intervention in ein komplexes System, was zur Folge hat, dass mehr mitbetroffen wird als intendiert ist (DDT wurde nicht erfunden, um Muttermilch zu vergiften) und das System auf komplexe, „nicht-lineare" Weise reagiert (die Veränderung der Ozonschicht hat weitreichende Konsequenzen in vielen Bereichen, die heute noch nicht wirklich absehbar sind). Es besteht also in modernen Gesellschaften eine systemische Diskrepanz zwischen *der Partikularität von Erkenntnis* und der *Systematik ihrer Auswirkungen*. Folgen treten an Stellen auf, wo sie nicht erwartet und erwünscht sind; erwünschte Folgen sind für manche positiv, für andere negativ. Dies alles führt dazu, dass Erkenntnis nicht mehr einfach Fortschritt ist, sondern aus vielen Richtungen als Problem gesehen wird. Eingefordert wird häufig Transparenz und gesellschaftliche Kontrolle der Produktion und Verteilung von Erkenntnissen; mehr oder weniger heftig kritisiert wird dabei die Abstinenz des Positivismus in bezug auf die Diskussion dieser Themen. –

7 Alternativen zum Positivismus: Neo-Konstruktivismus

Gegen Positivismus und seine Weiterentwicklung, den Kritischen Rationalismus, entwickelte sich also eine breite Front der Kritik. Während dessen Anhänger emsig weiter mit seiner Ausarbeitung beschäftigt waren (mit dem üblichen Resultat: die Vorstellungen gingen und gehen weit auseinander), wurde dem Paradigma von Kritikern schwere Fehler vorgehalten:

- Der Positivismus ist eine ideologisch vereinseitigte und verzerrte Form von Wissenschaftstheorie, die ein Großteil der Wirklichkeit nicht erfassen kann/will, weil er Theorien überhaupt keine Selbständigkeit zuerkennt und sich zugleich unnötig einengt auf bestimmte (quantitative) Methoden. Zugleich ist er unfähig, seine eigenen Bedingungen zu reflektieren (Kritische Theorie).
- Der Positivismus vertritt eine naive und primitive Vorstellung von Entwicklung und Funktionsweise von Wissenschaft und fällt dabei einem selbst erzeugten Eindruck zum Opfer. Weder entwickelt sich Erkenntnis gradlinig, Stein-auf-Stein-artig, wie dies das Fortschrittsmodell unterstellt, noch kann man unterstellen, dass stets nur das jeweils bessere Modell aus jeweils nur sachlichen Gründen akzeptiert wird (Kuhn).
- Die reale Wissenschaftspraxis hat mit dem idealisierten Schema der Ableitung von Hypothesen aus Theorien und

deren rigorosen empirischen Überprüfung wenig zu tun. Forschung ist ein permanenter Entscheidungsprozess, der sich im Prinzip nicht von anderen unterscheidet. Die Ergebnisse müssen daher als Resultate von praktischen Entscheidungen und damit der Bedingungen, unter denen sie getroffen werden, gesehen werden (Knorr-Cetina).

- Der Verhaltenskodex des Positivismus ist viel zu simpel und disziplinierend; er regt nicht zur Kreativität und zum Voranschreiten an, sondern sorgt im Gegenteil dafür, dass das Gleiche immer wieder reproduziert wird. Auf diese Weise wird der Eindruck von Einheitlichkeit, Homogenität und Effizienz erzeugt, während in Wahrheit der Ertrag dürftig und eindimensional ist (Feyerabend).

- Die Wissenschaft erzeugt in Abhängigkeit von Geld und Politik Produkte, die funktional für bestimmte Interessen, aber für andere dysfunktional und für das gesellschaftliche Ganze unter Umständen sogar gefährlich sind, weil sie blind agiert und keinem vernünftigen Plan folgt bzw. imstande ist, ihre Folgen zu begreifen und zu kontrollieren (Wissenschaftskritik).

Selbstverständlich muss Einiges an der Kritik relativiert werden. Es ist fraglich, ob Kuhns Modell wirklich jede Form von wissenschaftlicher Entwicklung zu jeder Zeit trifft oder ob er nicht das, was sich in bestimmten Bereichen bzw. bestimmten Phasen von Wissenschaften ereignet, (über)generalisiert. Es ist auch fraglich, ob die Untersuchungen von Knorr-Cetina den ganzen Wissenschaftsprozess charakterisieren (und nicht nur bestimmte, pragmatische Formen) und es ist auch fraglich, ob Feyerabends Kritik an der Dogmatik des Positivismus dessen Nutzen nicht zu klein schreibt. Dennoch: Die Perspektiven machen deutlich, dass der Positivismus weder als Erkenntnistheorie noch als Theorie der Wissenschaft ausreicht bzw. zutrifft. – Damit stellte und stellt sich die Frage nach Alternativangeboten. Tatsächlich mangelt es daran nicht, im Gegenteil: Es gibt mehr als genug. Aber es ist unübersehbar, dass die Kritik wesentlich einfacher ist als die Entwicklung einer Alternative, die konsensfähig ist. Die Opposition ist sozusagen in viele verschiedene Strömungen und Subströmungen zerfasert. Es gibt zwar eine Reihe von identifizierbaren Traditionen, auf die man sich oft beruft; es gibt jedoch keine einheitliche Gegenposition mit der (einfachen) Prägnanz des Positivismus und des Kritischen Rationalismus.

Dies ist alles andere als zufällig. Der Hintergrund, auf dem sich der Positivismus und seine Variationen entwickelte, war der Erfolg eines bestimmten Modells von wissenschaftlicher Forschung: Das der quantitativen, experimentellen Analyse und die damit verbundene Form der Theorie. Es hat zwar den Nachteil, dass es nicht überall passt und sich auf bestimmte Ausschnitte von Wirklichkeit beschränken muss. Aber es hat den Vorteil, dass es standardisierbar und parallelisierbar ist. Dadurch sind auch wissenschaftstheoretische Aspekte auf Standardprobleme reduzierbar. Ebenso (relativ) einfach ist die Kritik dieses standardisierten Programms – eben weil es für viele Problemlagen nicht passt. Anders ist es dagegen, wenn man versucht, ein umfassendes Gegenprogramm zu entwerfen. So sind sich viele Theoretiker einig, dass humane Realität interpretationsbedürftig ist, wobei diese Interpretationen sich nicht aus empirischen Gegebenheiten ableiten lassen. Aber wie solche Interpretationen aussehen sollten, wie man sie durchführt und wie sie überprüft werden können, war nicht festzustellen. So sehr also „Hermeneutik" als Verfahren propagiert und verwendet wird, so wenig ist es gelungen, zu bestimmen, welche Form von Interpretation denn korrekt ist. Ein Kriterium für eine klare Unterscheidung, welche richtig und welche falsch ist, hat sich nicht ergeben. Einigkeit besteht auch über die Komplikation des Subjekt-Objekt-Verhältnisses, wenn Erkenntnis selbstreflexiv wird, also das erkennende Subjekt sich selbst zum Gegenstand macht. Wie die Folgen aussehen und wie sie zu behandeln sind, wird jedoch unterschiedlich gesehen. Und so sehr viele Theoretiker der Ansicht sind, dass der Blick sich auf Zusammenhänge, die Totalität, das

Gesamtsystem usw. richten muss, so wenig konnte daraus eine einheitliche Methodologie oder ein einheitliches Theorieverständnis abgeleitet werden.

Pragmatismus

Es besteht also in bestimmten Bereichen der Wissenschaft eine Gegenbewegung gegen die Grundannahmen des Positivismus, die sich in dessen Ablehnung einig ist, aber keine einheitliche Gegenposition entwickelt hat. Es wird die Dialektik von Subjekt und Objekt angenommen, es wird methodologisch von einer aktiven Leistung der Erkenntnis ausgegangen, es wird unterstellt, dass nur theoretische Komplexität der Wirklichkeit gewachsen ist – aber wie genau dies alles ausformuliert werden soll, ist umstritten. Trotzdem gab und gibt es Ähnlichkeiten und Parallelen in den Bemühungen um eine Alternative zum Positivismus. Einige versuchen, Theorie stärker an Praxis zu binden und daraus Begründungen zu entwickeln. Eine wichtige Rolle spielten in diesem Zusammenhang die Anregungen, die vom *„Pragmatismus"* ausgingen. Ein für die Erkenntnistheorie zentraler Autor war *C. S. Peirce*. Er sah eine anthropologische Begründung von Forschung darin, dass Zweifel ein unangenehmer Zustand sei, den der Mensch zu überwinden trachte. Ziel wäre stets ein Zustand der Überzeugung, die es erlaubt, Verhaltensregeln „habits of behaviour" zu entwickeln, mit deren Hilfe man unter gegebenen Umständen bestimmte Ziele erreicht. Forschung ist also ein Mittel, um Unsicherheit zu überwinden, indem sie praktische Orientierung bietet. Daher ist für Peirce Denken (und damit die symbolische Verarbeitung von Wirklichkeit) im Kern nichts anderes als die Herstellung von praktischen Wirkungen. Seine „Pragmatische Maxime" des Erkennens lautete daher auch: „Überlege, welche Wirkungen, die denkbarerweise praktische Relevanz haben könnten, wir dem Gegenstand unseres Begriffes in der Vorstellung zuschrieben. Dann ist unser Begriff dieser Wirkungen das Ganze unseres Begriffs des Gegenstandes." (Peirce

1976, 195) Wir denken also in praktischen Wirkungszusammenhängen.

Interpretatives Paradigma

Eine strukturell ähnliche (wenn auch inhaltlich anders angelegte) Argumentation wird von vielen Vertretern des *„interpretativen Paradigmas"* der empirischen Forschung vertreten. Sie beruft sich oft auf *Alfred Schütz*, den Begründer der *„Sozialphänomenologie")* Schütz hatte sich mit der Frage beschäftigt, wie Menschen sich in ihrer Welt orientieren. Entscheidende Bedeutung hatte für ihn dabei die Funktionsweise des Alltagsbewusstseins (s. u.): Es hebt aus der Fülle der vorhandenen Reize einige wenige hervor und verbindet sie zu einem sinnvollen Bild von Realität. Es wird also nicht „Wirklichkeit" abgebildet, sondern aktiv „erzeugt". Dabei lässt sich das Alltagsbewusstsein leiten von den lebensgeschichtlich erworbenen Vorstellungen, die wiederum eng verflochten sind mit den Vorgaben, die gesellschaftlich vermittelt werden. Es enthält also „Deutungsmuster", „Typisierungen", mit deren Hilfe Ereignisse und neue Situationen geordnet und interpretierbar werden. Aus dieser Sicht ist Wissenschaft zunächst nur eine Form von Deutung und Typisierung von vielen; ein Sonderfall, weil sie besondere Ansprüche stellt, aber nichts vom Alltagsgeschehen systematisch Verschiedenes. Es stellt sich daher eine doppelte Frage: Wie sieht die besondere Leistung der Interpretation aus? Und wie steht diese besondere Leistung zum „normalen" Interpretieren? Auch diese Fragen werden (wiederum) unterschiedlich beantwortet. Viele Antworten heben hervor, dass wissenschaftliches Interpretieren auf die Leistungen des Alltagsbewusstseins aufbaut, aber sich methodisch davon distanziert und es seinerseits kritisch reflektiert.

Aus dieser Perspektive ist jede wissenschaftliche Forschung immer auch ein Akt des Verstehens. „Verstehende Ansätze stellen … *wissenschaftstheoretisch* gesehen, keine Ergänzung, sondern eine Alternative zu allen nicht-verstehenden Richtungen" (Hitzler, 232) dar, weil sie nicht nur ergänzende Methoden begründen, sondern die Grundoperationen von Forschung und Theoriebildung untersuchen (a. a. O., 233). – Was sich im Pragmatismus und in der Sozialphänomenologie andeutet, ist eine grundsätzlich andere Sichtweise von Wissenschaft. Erkenntnis ist das Resultat eines aktiven Erzeugungsvorganges, der sich zwar methodisch kontrolliert vollzieht, aber seine Wurzeln im praktischen Lebensvollzug, im alltäglichen Leben hat und sich davon auch nur begrenzt löst. Dieses Denken zielt in eine ähnliche Richtung wie die Kritik am Positivismus (und bildet in gewisser Weise dessen Grundlage).

Radikaler Konstruktivismus
Beides: die Kritik am Positivismus und die Bemühungen um eine Alternative, tragen bei zu einer breiten Bewegung, die unter dem Dach „Konstruktivismus" zusammengefasst wird. Ganz neu ist der Kerngedanke des Konstruktivismus – Wirklichkeit wird nicht einfach erfasst und abgebildet, sondern symbolisch konstruiert – nicht. Kant hat ihn bereits unmissverständlich entwickelt. Daher spricht man besser von Neo-Konstruktivismus. – Auch ihn gibt es in vielen Spielarten. Eine Richtung nennt sich *„Radikaler Konstruktivismus"*. Radikal ist vor allem der „Abschied von der Objektivität" (so der Titel eines Aufsatzes von Ernst v. Glasersfeld). „Was immer wir unter ‚Erkenntnis' verstehen wollen, es kann nicht mehr die Abbildung oder Repräsentation einer vom Erleben unabhängigen Welt sein." (A. a. O., 17) Objektivität, so Heinz von Foerster, ist nur die Illusion, dass Beobachtungen ohne einen Beobachter gemacht werden können. Der „radikale Konstruktivismus" vertritt hier die pragmatische Perspektive: „Die Rolle von Wissen (besteht) nicht darin, objektive Realität widerzuspiegeln, sondern darin, uns zu befähigen, in unserer Erlebniswelt zu handeln und Ziele zu erreichen. Daher rührt der … Grundsatz, dass Wissen *passen*, aber nicht übereinstimmen muss." (A. a. O., 24)

Diese Verschiebung bedeutet nicht nur eine Einschränkung der Genauigkeit der Übereinstimmung von Theorie und Welt, sondern eine – eben „radikale" – Trennung von beidem. „An-passung (ist) nie eine Angleichung, sondern die Entwicklung von Strukturen, … die in der Erlebniswelt den erwarteten Dienst tun. Und die Erlebniswelt ist immer und ausschließlich eine Welt, die wir aus Begriffen aufbauen, die wir selbst … hervorbringen." (A. a. O., 25) Der Radikale Konstruktivismus beruft sich bei dieser Argumentation auf Befunde der Wissen-schaft selbst. Die Kommunikationsforschung beispielsweise habe bewiesen, dass Hören nicht etwa die (passive) Registrie-rung von externen Reizen sei, sondern eine aktive Organisa-tion von Aufmerksamkeit. Neurobiologische Forschung habe gezeigt, dass Nerven nicht etwa etwas über den Gegenstand, der sie reizt, sagen, sondern eine Information erzeugen, die im Gehirn zu einem Bild des Gegenstandes zusammengesetzt wird. Schließlich sei die moderne Physik in Bereiche vorgesto-ßen, die zeigen, dass „die menschliche Vernunft sich von der Beschaffenheit der ontischen Welt keine kohärente Vorstel-lung machen kann" (a. a. O., 27) – Dies alles, so v. Glasersfeld, zeige eins unabweisbar: „Die Annahme, dass unsere Sinne uns irgend etwas Objektives aus der ontischen Welt übermitteln könnten, wird hinfällig." (A. a. O., 28) Es zeigt sich, „dass alle Kenntnis in der Erlebniswelt konstruiert werden muss, sich ausschließlich auf eben diese Erlebniswelt bezieht und keiner-lei ontologischen Ansprüche auf Objektivität erheben kann." (A. a. O.) Entsprechend dürfen „empirische Bestätigungen we-der in der Wissenschaft noch in der konstruktivistischen Wis-senschaftstheorie jemals als Beweis hingestellt werden …, denn hier wie dort konstruiert man Modelle, die sich in der er-lebten Gegenwart und den selbstgewählten Situationen als er-folgreich zu erweisen haben." (A. a. O.)

Für den Konstruktivismus steht also im Zentrum der Über-legungen die Einsicht, dass es keine direkte Verbindung zwi-schen Welt und Bild der Welt – Erkenntnis – gibt. Alle Theorie ist daher eine eigene Wirklichkeit, die von der, auf die sie sich bezieht, völlig getrennt ist (und unabhängig von ihr, nach ei-genen Regeln, funktioniert). Ein bekannter Protagonist des

Neo-Konstruktivismus, *Humberto Maturana*, hat dieses Prinzip im Rahmen seiner Theorie *„autopoietischer Systeme"* – Systeme, die ihre Bestandteile selbst erzeugen und sich selbst steuern – bildlich formuliert: Wir sind wie U-Boote, die sich im Meer bewegen – wir sitzen in einem vollkommen geschlossenen Gehäuse, haben keinen Realkontakt mit der Umgebung und reagieren nur auf das, was uns unsere Instrumente anzeigen. Echolot, Geschwindigkeitsmesser und Höhenanzeige enthalten jedoch nichts aus der Umwelt selbst, auch keine Informationen über die Umwelt, sondern nur systemeigene Ausdrucksweisen für Umweltreize, die auf systemeigene Weise interpretiert werden. – Dass das Navigieren im Meer funktioniert, sagt nichts darüber, ob die Anzeigen auf den Messgeräten „die Wahrheit" über die Umwelt sagen, sondern besagt nur, dass sich unsere Reaktionen und Interpretationen (bisher) mit den Verhältnissen vertragen. „Das Urteil, dass eine Theorie *passt*, beruht in der Praxis einzig und allein darauf, dass sie bisher nicht gescheitert ist." (v. Glasersfeld 1999, 25)

Evolutionäre Erkenntnistheorie
Der „Radikale Konstruktivismus" bezieht sich auf Argumente, die einem eigenen erkenntnistheoretischen Ansatz entstammen: Der *„Evolutionären Erkenntnistheorie"*. Dieses Konzept baut seine Überlegungen auf biologischen Einsichten bzw. Überlegungen auf, vor allem auf die von Darwin begründete Evolutionstheorie. Ein Grundgedanke von Darwin war, dass alle biologische Entwicklung nach dem Prinzip der Zweckmäßigkeit – im Sinne der Anpassung an gegebene Umstände – erfolgt. Das Zusammenspiel von (genetischer) Mutation und ökologischer Selektion sorgt dafür, dass das am besten angepasste Lebewesen sich fortpflanzen kann und so als Typ überlebt. – Als einer der Stammväter der Evolutionären Erkenntnistheorie gilt *Konrad Lorenz*, der Mitbegründer der *Humanethologie*. Er übertrug Darwins Prinzip der Optimierung von Anpassung an die Umwelt auf das menschliche Erkenntnisvermögen. Da der Mensch ein Produkt der Evolution ist, ist

auch sein Gehirn nichts Außerirdisches, sondern Ergebnis einer langandauernden Anpassung. Sie hat sich ergeben, erhalten und weiterentwickelt, weil sie dem Menschen einen Anpassungsvorteil bietet. Dieser Anpassungsvorteil liegt in der höheren Komplexität der Informationsverarbeitung: Durch die Fähigkeit der reflexiven Verarbeitung von Wirklichkeit lassen sich die Grenzen der sinnlichen Wahrnehmung weit überschreiten.

Zu den Grundannahmen der Evolutionären Erkenntnistheorie gehört jedoch auch, dass diese evolutiv entwickelte und angepasste Fähigkeit zur Erkenntnis nicht bedeutet, dass das, was Menschen als Erkenntnis betrachten, auch „die Wahrheit" über die Wirklichkeit darstellt. Die Evolution sorgt sowieso nicht für 100%-Perfektion, sondern kann – schon wegen der Heterogenität der Milieus, an die die Anpassung erfolgt – immer nur annähernde Funktion garantieren. Die Ressourcen der Evolution sind (im Vergleich mit den Anpassungsanforderungen) immer knapp. Im Zweifelsfall beschränkt sie sich daher auf hinreichendes Funktionieren. Das bedeutet auch für menschliche Erkenntnis, dass auch sie nicht optimal, sondern funktional operiert. Zunächst insofern, als der Horizont der Erkenntnis durch die Grenzen der Wahrnehmbarkeit eingeschränkt ist. Wir erkennen im Prinzip das, was für uns in unserer Lebenswelt unmittelbar bedeutsam ist. Lorenz verglich daher die humane Erkenntnisfähigkeit mit anderen Anpassungsleistungen der Evolution: Sie passt zu unserer Lebensweise wie der Huf des Pferdes auf den Steppenboden, die Flosse des Fisches ins Wasser. Das hat zur Folge, dass wir für das Geschehen, welches sich in Dimensionen humanen Handelns abspielt, gut gerüstet sind. Dagegen haben wir für die für uns nicht unmittelbar wichtigen Dimensionen – für das Universum, den atomaren und subatomaren Bereich – überhaupt keine Wahrnehmungsfähigkeiten und unsere Versuche, sie uns zugänglich zu machen (d. h. die in Dimensionen humanen Handelns passenden Kategorien darauf anzuwenden), führen unausweichlich zu unlösbaren Aporien.

Eine weitere Konsequenz ist, dass Denken niemals voraussetzungslos funktioniert. Es ist gebunden an die Erfordernisse des menschlichen Lebens, setzt sie also immer schon voraus. Die Anschauungsformen spiegeln die Welt, in der wir leben. Damit wird der Gedanke von Kant – die Kategorien des Verstandes sind eine Voraussetzung jeglichen Denkens und daher ein nicht hintergehbares Resultat jeder gedanklichen Ordnung – biologisch begründet. Wir denken also in Kategorien wie „Raum", „Zeit", „Kausalität", weil diese Orientierungen für uns sinnvoll sind, nicht, weil sie objektiv „richtig" sind. Das bedeutet beispielsweise, dass die Annahme einer externen Realität nicht logisch zwingend, aber für unser Leben nützlich ist – genauso ist jedoch die Annahme einer Welt der Götter (auf andere Weise) nützlich. – Dazu kommt als weitere systematische Einschränkung, dass in dem Bereich, der für unser (Über-)Leben wichtig ist, wir stets nur über (zu) knappe und unterentwickelte Mittel verfügen. Jede Optimierung von Erkenntnis ist „kostenintensiv" und geht daher zu Lasten anderer, lebenswichtiger Funktionen. Daher „reichen" uns Näherungslösungen.

Genetische Erkenntnistheorie
Lorenz thematisierte die Entwicklung des menschlichen Erkenntnisvermögens von den Hominiden zum homo sapiens sapiens, also in der Evolution einer Gattung, d. h. in der Phylogenese. Ebenso interessant und aufschlussreich ist ein anderer Aspekt: Die Entwicklung des Erkenntnisvermögens eines einzelnen Menschen von seiner Geburt an. Diese wichtige Ausarbeitung der Erkenntnistheorie hat der schweizerische Psychologe *Jean Piaget* vorgenommen und wurde damit zum Begründer der *Genetischen Erkenntnistheorie*. Auf Grund empirischer Untersuchungen beschreibt sie, wie das Kind im Kontakt mit seiner Umwelt nach und nach seine kognitiven Strukturen denen der Wirklichkeit anpasst (Akkomodation) und umgekehrt die Umwelt, z. B. die Eltern, ihre Strukturen an diejenigen des Subjekts anpassen (Assimilation). Beide Vorgänge erzeugen

ein Gleichgewicht (Äquilibration), das jeweils eine Stufe der Entwicklung markiert. –

Piagets Absicht war, die Kantsche Theorie der Voraussetzung jeder Erkenntnis – der „transzendentalen Apperzeption" – auf eine neue Basis zu stellen. Er untersuchte, wie das kognitive Vermögen des Menschen sich von der Geburt an entwickelt und welche Stufen des Denkens darauf aufbauen. Kern seiner Theorie ist die Feststellung, dass diese Stufen nur über Erfahrung zu erreichen sind. Mit fortschreitender Entwicklung seiner senso-motorischen Fähigkeiten (Wahrnehmungssinne und Eigenbeweglichkeit) steigert der Mensch seine Aktivität und somit die Möglichkeit der Erfahrung. So lässt das Kind das frühe, sogenannt konkrete Stadium hinter sich, um schließlich auf der formal-operationalen Stufe anzugelangen, auf der es mathematische Aufgaben lösen kann. Dabei unterstellt Piaget, dass nicht nur das Denken des einzelnen, sondern auch das der Wissenschaft diese Stufen durchlaufen. Es gibt Untersuchungen, die zu dem Schluss kommen, dass Aristoteles tatsächlich physikalische Bewegung ähnlich begriffen haben muss wie ein Kind (Wenzel 2000).

Piaget geht in seiner Theorie von einer gegebenen Realität aus, an der der Mensch seine Schemata entwickelt. Trotzdem wird das Ding-an-sich für den Menschen nie erkennbar sein – darin ist er sich mit Kant einig. Seine neo-konstruktivistische Theorie ist noch um einen wichtigen Schritt radikaler als die Kants: Sogar die Apriori werden noch einmal hinterfragt und als Konstruktionen kenntlich gemacht. Sein Versuch, die Erkenntnistheorie von der Philosophie abzukoppeln und auf eine experimentelle Basis zu stellen, hat ihm auch Kritik eingebracht. Dem Vorwurf, in den bloßen Empirismus zurückzufallen, entgegnet er, dass auch eine empirische Betrachtung zu Apriori führen kann. Die Kritik, er psychologisiere Probleme der Logik nur, und tue nicht mehr, als sie in eine andere Disziplin zu übersetzen, anstatt sie zu lösen, kontert er mit dem Hinweis auf die Interdisziplinarität seines Ansatzes.

Psychoanalyse

Die psychologischen Grundlagen der Erkenntnis wurden noch von anderen Denkschulen untersucht. Die von Sigmund Freud begründete psychoanalytische Theorie geht ebenfalls davon aus, dass das Denken sich erst im Rahmen der Biografie entwickelt. Sie untersucht jedoch nicht die kognitiven Muster und deren Entwicklung, sondern den psychischen Sinnzusammenhang ihrer Verwendung. Denken ist Teil eines komplexen psychischen Prozesses, der nicht nur bewusst abläuft und in seinen Anfängen und Grundlagen nicht „rational" strukturiert ist. Am Anfang steht die ursprüngliche „Einheit" der Erfahrung, d. h. der Säugling unterscheidet weder „Innen" und „Außen" noch „lebendig" und „unbelebt", sondern erlebt einen Fluss von ungeordneten Eindrücken teils angenehmer, teils unangenehmer Art, die verarbeitet und integriert werden müssen. Der Aufbau der Persönlichkeit und der Kontakt mit der Welt vollzieht sich zunächst auf der Basis so genannter „primitiver" Mechanismen: Erleben wird in die Umwelt projiziert; Erlebtes wird in die Psyche hinein genommen (introjiziert). Gleichzeitig werden real zusammenhängende Dinge aufgespalten und die Erfahrungsfragmente getrennt behandelt: Die Mutter erscheint dann im Erleben als zwei getrennte Personen – als „gute" und als „böse" Mutter, je nach dem, wie sie erlebt wird. Auch im weiteren Verlauf der psychischen Entwicklung kommt es zur Entwicklung von problembewältigenden Mechanismen des Umgangs mit Wirklichkeit, die Erfahrung und Wahrnehmung manipulieren. Die Psychoanalyse spricht von Verleugnung, von Rationalisierung, von Verdrängung und beschreibt weitere Formen der Konfliktbewältigung, die das Erkenntnisvermögen beeinträchtigen.

Unter günstigen Bedingungen entwickelt sich das Erleben weiter in Richtung auf einen besseren, differenzierteren und stabileren Umgang mit der Innen- und Außenwelt, das Erleben reift in Richtung auf das Vermögen, Wirklichkeit als solche – unabhängig von eigenen Bedürfnissen, Problemen, Konflikten – wahrzunehmen und zu verarbeiten. Erfahrungen zeigen jedoch, dass die Tendenz zur Verwendung der frühen/primitiven/verzerrenden Mechanismen des Umgangs mit Wirklichkeit keineswegs verschwunden sind, d.h. auch Erwachsene projizieren und spalten, leugnen und manipulieren Wirklichkeit. Dann sind Wünsche und Ängste Väter der Gedanken – eine Erfahrung, die im Alltag problemlos gemacht werden kann. So ist es üblich, für unliebsames Geschehen jemanden verant-

---

Subjektivität und Erkenntnis

Marx (und in der Folge die Wissenssoziologie) hat die gesellschaftliche Bedingtheit und Abhängigkeit von Erkenntnis verdeutlicht. Piaget und Freud haben die subjektiven Grundlagen der Erkenntnis untersucht. Piaget hat herausgearbeitet, wie sich kognitives Vermögen von Frühformen über bestimmte Stufen bis zur Reife entwickelt; Freud hat gezeigt, dass Denken am Anfang völlig vom Erleben bestimmt ist und in gewisser Weise in der Abhängigkeit von subjektiven Konflikten bleibt bzw. bleiben kann. Auf diesen Grundlagen haben sich einige allgemeine Überlegungen über subjektive Grundformen und Grundbedingungen des Denkens entwickelt. Erkennen basiert unreduzierbar auf subjektiven Schemen, die aus der Entwicklungslogik von Emotionen und Kognitionen stammen und sozial programmiert werden. Daraus ergeben sich typische Muster und Denkformen. So wird das Denken in Kausalitäten anhand früher Beziehungserfahrungen gebildet: Das Kleinkind nimmt jedes Ereignis als Handlung seiner Bezugspersonen wahr. In Folge übergeneralisiert es dieses sogenannt *subjektivische Schema*, so dass es das grundlegende kognitive Schema überhaupt wird. Da auch komplexere theoretische Leistungen letztlich auf diesen Grundlagen beruhen, bleiben sie im Hintergrund immer wirksam. Dagegen hilft nur: Ständiges Aufpassen, dass man nicht dem Schein der Denkschemata und ihrer Beeinträchtigungen durch Ideologien, subjektive Bedürfnisse und Konflikte wird.

wortlich zu machen, nicht zuletzt auch, um von eigenen Beteiligungen (sich selbst und andere) abzulenken. Die Sündenbockjagd gehört zweifellos zu den beliebtesten Formen der Bewältigung von Problemen; ebenso wie wirklichkeitsverzerrende Interpretationen, in denen Sachverhalte umdefiniert, je nach Bedarf hochgepuscht oder verniedlicht werden; ebenso wie die Beschwörung von Göttern, Geistern und sonstigen Produkten der Phantasie.

Kurz: Menschen tendieren dazu, an Stelle von wirklichkeitsangemessenem Denken mit verzerrenden Modalitäten zu arbeiten, vor allem, wenn sie psychisch unter Druck stehen und/oder die Entwicklung ihres Erlebens biografisch erheblich beeinträchtigt wurde. In diesen Fällen wird die Wahrnehmung von Wirklichkeit und ihre kognitive Verarbeitung getrübt und gestört, weil sie von inneren Zwängen (die sozial provoziert und vorgegeben sein können) bestimmt werden. – Objektive Erkenntnis, damit auch Wissenschaft, setzt voraus, dass diese Problematik unter Kontrolle gehalten werden kann. Die Sachlage ist zwar etwas komplizierter, weil unter bestimmten Umständen gerade subjektive Verstricktheit in Probleme Motive und Scharfsinn liefern kann, Probleme besser zu erkennen (wer misstrauisch ist, zweifelt eher an scheinbaren Selbstverständlichkeiten …). Aber im Prinzip ist eine Neutralisierung von subjektiven Wahrnehmungsverzerrungen Bedingung objektiver Erkenntnis.

Das ist allerdings eine normative Forderung und keine empirische Gesetzmäßigkeit. Solange Wissenschaft von Menschen betrieben wird, besteht immer das Risiko, dass sich auch ihre Vorlieben, Ängste, Phantasien in Theorie einschleusen. Hier reicht das Spektrum von bewusster Manipulation bis zu unbewusster Abwehr. So hat etwa der Zwillingsforscher Sir Cyril Burt die empirischen Grundlagen seiner Theorien schlicht gefälscht – vermutlich sogar im Glauben, hier der Forschung nur etwas auf die Sprünge zu helfen. So haben Erforscher „fremder" Kulturen immer wieder deren Sitten und Gebräuche mehr oder weniger selektiv wahrgenommen, mit eigenen Vorstellungen vermischt und zur Stabilisierung des eigenen Weltbildes benutzt. So wurde Einsteins Relativitätstheorie zunächst abgelehnt, weil sie angeblich auf typisch teutonischen Vorurteilen basierte, um später abgelehnt zu werden, weil sie „typisch jüdisch" sei. – Auch Wissenschaft ist also nicht davor gefeit, in den Sog verzerrender Formen der Wahrnehmung und Interpretation zu geraten. *Georges Devereux* (1967) hat in diesem Zusammenhang die These vertreten, dass dort, wo die Beziehung zum Thema affektiv aufgeladen ist oder affektive Probleme mit sich bringt, Methoden immer auch unbewusste Bewältigungsfunktionen hätten. Die scheinbare Objektivität und Nüchternheit des Vorgehens ist dann ein Schutz, mit dessen Hilfe die prekäre Identität des Wissenschaftlers und der Institution Wissenschaft geschützt wird und/oder es geschieht eine Verhüllung von wissenschaftsfremden Motiven und Interessen. Ein bedrückendes Beispiel: Die Pseudo-Wissenschaftlichkeit, mit der Rassismus und Ethnozentrismus begründet worden sind (und gelegentlich noch werden).

Aus der Sicht der Evolutionären wie genetischen Erkenntnistheorie und der modernen Theorien von Kognition und Emotion sind unsere Erkenntnismöglichkeiten also *strukturell begrenzt*: Sie sind pragmatisch dimensioniert und in der Reichweite eingeschränkt. Auf der anderen Seite müssen sie Wirklichkeit mindestens so gut erfassen, dass wir uns in unserer Welt erfolgreich orientieren können. Dies ist eindeutig der Fall, da sonst die Gattung Mensch nicht so erfolgreich sein könnte. Daher muss in unseren Erkenntnissen eine Annäherung an die Wahrheit gegeben sein. Dies gilt für die meisten Vertreter der Evolutionären Erkenntnistheorie ausdrücklich auch für die Bereiche, die unseren Horizont überschreiten. Wir können in gewisser Weise die Brille, die uns die Natur gegeben hat, abnehmen, indem wir wahrnehmungsunabhängig Modelle entwerfen, die wir dann mit kontrollierter Wahrnehmung vergleichen. Dies gewährleistet nicht Wahrheit, aber hinreichend leistungsfähige Erkenntnis. – Evolutionäre Erkenntnistheorie und moderne Subjekttheorien sind in gewisser Weise eine Art Mittelding zwischen Kritischem Rationalismus und Neo-Konstruktivismus. Sie verbindet die Annahme einer strukturellen Relativität von Erkenntnis mit der der systematischen Optimierbarkeit. Das Besondere liegt darin, dass hier der Erkenntnis auf eine „materielle", genauer: biologische Grundlage aufgebaut wird. Damit wird versucht, den Zirkel der Begründungen durch eine empirische Fundierung zu verlassen. Kritiker waren damit nicht zufrieden (was nicht verwunderlich ist). Angemerkt wurde vor allem, dass auch die Evolutionäre Erkenntnistheorie eine unbeweisbare Hypothese sei, so dass sie eine wirkliche Begründung nicht leisten könne. Kritisiert wurde zudem, dass eine inhaltliche Bearbeitung von erkenntnis- und wissenschaftstheoretischen Fragen auf dieser allgemeinen Basis kaum möglich sei. –

Systemtheorie

Ein weiterer konsequent neo-konstruktivistischer Ansatz ist im Rahmen der *Systemtheorie* entwickelt worden. Vor allem *Niklas Luhmann* hat den Versuch unternommen, systemtheoretisches Denken auf Erkenntnisprobleme anzuwenden und dabei eine Reihe von Überlegungen angestellt, die die Diskussion erheblich angeregt haben. Er stellt zunächst fest, dass mit der bloßen Feststellung, dass „Wirklichkeit" ein kognitives oder soziales Konstrukt ist, noch nicht viel erreicht ist: „Es genügt nicht, von der (unbestreitbaren) Mitwirkung bestimmter (sprachlicher, psychologischer, sozialer) *Ursachen* am Zustandekommen von Erkenntnis auszugehen und daraus zu schließen, dass das *Resultat* Erkenntnis nichts anderes ist als eine … Konstruktion." (Luhmann 1990, 521) Er setzt daher allgemeiner an: Bei der Frage, wieso denn solche Einflüsse überhaupt wirken. Um dies zu klären, benutzt er sein Modell der generellen Funktionsweise von Systemen. Systeme, so Luhmann, müssen sich in ihrer Umwelt orientieren können. Sie tun dies, in dem sie ihre Umwelt beobachten und daraus Schlüsse ziehen. Diese grundlegende Operation der Beobachtung besteht aus zwei Teilen: Sie unterscheidet und bezeichnet die bis dahin sozusagen undifferenzierte Welt (und erzeugt dadurch eine kognitive Ordnung, auf deren Basis dann Entscheidungen getroffen werden können). Systeme existieren also in einer Umwelt, die für sie jedoch erst zugänglich wird, wenn sie sie qua Beobachtung strukturiert haben. Sie erzeugen ihre Umwelt erst, indem sie unterteilen und bezeichnen. Die so entwickelten Vorstellungen von Realität dienen intern als Bezugspunkte für weitere Aktivitäten. Umgekehrt werden Systeme erst zu Systemen, wenn sie ihre Beziehung zur Umwelt auf diese Weise organisieren. Indem sie „order from noise" (Heinz von Foerster) erzeugen, erzeugen sie sich selbst.

Diese Operation der Beobachtung, bei der „die Unterscheidung zur Gewinnung von Informationen über das Bezeichnete benutzt wird" (Luhmann 1984, 597), liegt also jedem funktionierenden System zugrunde. Die auf diese Weise gewonnenen Vorstellungen sind systeminterne Konzepte, keine Abbilder der Umwelt. Was sich als Gegenstand darstellt, ist eine bezeichnete Einheit im beobachtenden System, kein Element der Umwelt. – Systematisierte Erkenntnis ist in dieser Perspektive nichts anderes als eine Professionalisierung dieser grundlegenden Operation. Wenn Systeme sich selbst und andere Systeme beim Beobachten beobachten, wird Beobachtung reflexiv. Sie fängt an, Bedingungen und Formen der Beobachtung in die Beobachtung einzubeziehen. Dies geschieht durch Differenzierung: Systemintern werden spezielle Leistungen dafür entwickelt; es wird ein eigenes Subsystem eingerichtet, welches sich auf die entsprechenden Aktivitäten spezialisiert. Das ändert nichts daran, dass sich auch systematisierte Erkenntnis immer nur auf die innere Logik des beobachtenden Systems bezieht. Aber durch Professionalisierung und Ausdifferenzierung erhöht sich das Reflexionspotential, die „Anschlussfähigkeit" der Ergebnisse nimmt zu, das „Auflösungs- und Rekombinationsvermögen" (Luhmann 1990, 185) der gewonnenen Vorstellungen nimmt zu.

In dieser Sichtweise ist also Wissenschaft ein Beobachten von Beobachten bzw. ein „Beobachten 2. Ordnung", weil und wo sie sich an organisierte Regeln hält. Und Wissenschaftstheorie ist ein „Beobachten 3. Ordnung", weil sie die Regeln, nach denen Wissenschaft funktioniert, beobachtet. Dabei sind „Objektivität" und „Wahrheit" Kategorien, mit denen das Beobachten funktioniert, aber keine wie auch immer gearteten Feststellungen über eine Übereinstimmung von Vorstellungen und Realität. Dies ist aus prinzipiellen Gründen nicht möglich: Das System kann sein Gehäuse nicht verlassen; die Beobachtung bleibt immer Teil des Systems. Dass Erkenntnisse praktisch genutzt werden können, ist kein Beweis für die „Richtigkeit" der Erkenntnis, sondern nur dafür, dass etwas machbar ist: „Es geht bei Technik ... um das Ausprobieren von Kombinationsspielräumen. ... Dass es funktioniert, wenn es funktioniert, ist ... der einzige Anhaltspunkt dafür, dass die Realität so etwas toleriert." (A. a. O., 263)

Neo-Konstruktivismus

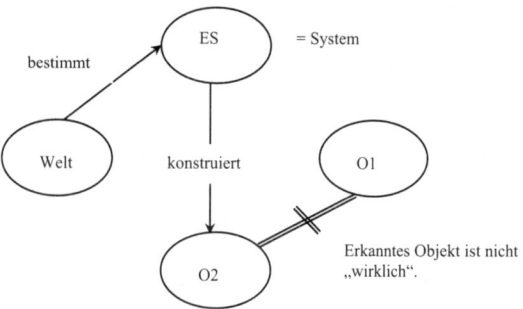

Der systemtheoretische Neo-Konstruktivismus gibt also eine andere Antwort auf die Frage, was Erkenntnis ist. Er nimmt keinen Bezug auf materiale (biologische) Befunde, sondern setzt nur die Funktionsweise von Systemen voraus, aus deren Logik wissenschaftliche Erkenntnis als ein Sonderfall bzw. eine Spezialisierung abgeleitet wird. Aber auch aus dieser Variante ergibt sich das, was generell den Neo-Konstruktivismus kennzeichnet: Auf jeden Versuch einer Begründung von Erkenntnis wird verzichtet. Statt dessen steht die Annahme der (System-)Relativität von Vorstellungen im Zentrum, so dass zwar über bessere Funktionalität von Vorstellungen, aber nicht mehr über ihren Wahrheitsgehalt gesprochen werden kann. Erkenntnistheorie und Wissenschaftstheorie sind daher auch (nur noch) Beschreibungen von Beobachtungen, aus denen sich keine Objektivitätskriterien (mehr) ableiten lassen. –

War der „Kritische Rationalismus" die moderne Variante von Wissenschaftstheorie, so kann der Neo-Konstruktivismus als *„postmoderne" Erkenntnistheorie* verstanden werden. Die „Post-Moderne" ist eine Bezeichnung für eine weitere Steigerung der Moderne, die zugleich ihre Brechung einschließt. Während für die (bzw. während der) „Hochmoderne" noch eine gewisse Geschlossenheit der Gesamtentwicklung angenommen wurde – alles entwickelt sich in die gleiche Richtung und auf die gleiche Weise –, bringt die „Postmoderne" gewissermaßen eine „Dezentrierung" mit sich. Teils als Gegenbewegung, teils aber auch, weil die vorangetriebene Modernisierung wieder neue Spielräume für Differenzierungen eröffnet, kommt es zu einer Vielfalt der Entwicklungen. Man spricht davon, dass die „Einheitlichkeit der Erzählung" sich auflöst und Platz macht für eine Fülle von verschiedenen Geschichten. Gleichzeitig macht sich Skepsis gegenüber jeder Art von Zentralismus und Sicherheit breit: Der „Dekonstruktivismus" – eine Art von „postmoderner" Ideologiekritik – bemüht sich, hinter allem Festen und Festgelegtem implizite Voraussetzungen, Brüche und Risse aufzustöbern. – Dazu passt/daraus stammt das neo-konstruktivistische Denken, wo es das Bemühen um Eindeutigkeit, Klarheit, Verlässlichkeit selbst einer Kritik unterzieht, als Selbsttäuschung kritisiert und ersetzt durch eine Beschreibung, wie sie funktioniert – wie sozusagen der Schein von Wissenschaft erzeugt wird und wozu er genutzt wird.

8   Denotative und konnotative Theorien

Mit dem Neo-Konstruktivismus ist die Darstellung der bisherigen erkenntnis- und wissenschaftstheoretischen Entwürfe und Angebote nicht vollständig, aber in gewisser Weise abgeschlossen. Es gibt gegenwärtig kein Modell, welches an Prominenz mit dem Kritischen Rationalismus und dem Neo-Konstruktivismus mithalten kann. Aber dies ist mit Sicherheit nicht der Abschluss der Diskussion selbst. Man kann mit großer Wahrscheinlichkeit davon ausgehen, dass sie weitergehen wird, auch wenn sich gegenwärtig nicht abschätzen lässt, in welche Richtung sie gehen wird. Genauer gesagt: In welche Richtungen sie gehen wird. Denn die Wahrscheinlichkeit, dass es zu einer Vereinheitlichung der Diskurse kommt, ist gering. Jedenfalls ist kein logischer Grund zu sehen, warum jetzt passieren sollte, was in ca. 2500 Jahren nicht passiert ist – auch wenn es seit genauso viel Jahren immer wieder versucht wird.

Damit stellt sich die Frage: Wieso ist es so schwer, für Erkenntnis- und Wissenschaftstheorie zu einer einheitlichen Basis zu kommen? In diesem Kapitel sollen zwei Gründe diskutiert werden:

• Erkenntnis- und Wissenschaftstheorien beschäftigen sich nicht mit einer einzigen, sondern mit *verschiedenen Problemlagen*;

- Erkenntnis- und Wissenschaftstheorien stellen selbst einen *Theorietyp* dar, der bestimmte Eigenschaften/Probleme hat, die *keine Vereinheitlichung ermöglichen.*

Beide Themen hängen eng zusammen. Um sie zu erläutern, sollen einige der bereits angesprochenen Diskussionen weiter entwickelt werden (vgl. Schülein 2002). – Im 19. Jahrhundert hatte sich schon bald eine Opposition gegen den Positivismus gebildet. Dilthey hatte, wie erwähnt, gegen dessen universalen Ansprüche als allein gültiges Modell objektiver Erkenntnis das Modell einer „geisteswissenschaftlichen Methodologie" gestellt. Seine wichtigsten Argumente: Während die Naturwissenschaften die Natur erklären, verstehen die Geisteswissenschaften die Gegebenheiten der humanen, kulturellen Welt. Diese sind von den Menschen selbst geschaffen, haben daher Sinn und diesen Sinn zu entschlüsseln ist eine Frage der Interpretation, die möglich wird auf Grund der Tatsache, dass jeder Mensch an dieser Kultur teilhat und daher ein inneres Verständnis entwickeln könne. Das aus dieser Diskussion entstandene Konzept der Hermeneutik als systematischer Methode der Interpretation ist nach wie vor aktuell (wenn auch in vielfach modifizierter und weiterentwickelter Form). Dagegen gilt Diltheys erkenntnis- und wissenschaftstheoretisches Modell als gescheitert. Schon deshalb, weil es die von ihm angenommene Einheit „Geisteswissenschaften" nicht mehr gibt (und eigentlich nie gab). Tatsächlich war (und ist) die Zuordnung von wissenschaftstheoretischen Konzepten zu Wissenschaften problematisch. Wissenschaften sind immer auch Ergebnisse von willkürlichen Abgrenzungen und Zuordnungen, die sich im Laufe der Zeit ändern. So ist zum Beispiel die völlige Trennung zwischen Medizin und Psychologie historisch verständlich, aber thematisch nicht sinnvoll, weil sich inzwischen gezeigt hat, in welchem Ausmaß somatische und psychische Prozesse ineinander greifen. Genau so wenig sinnvoll ist die Trennung von Ökonomie und Soziologie: Wirtschaft und Gesellschaft sind nur als Gesamtzusammenhang verständlich.

Dennoch hält sich im Wissenschaftssystem (aus Gründen, die nichts mit dem Thema zu tun haben) hartnäckig eine scharfe Abgrenzung.

Logisch unterschiedliche Gegenstände

Trotzdem sind die Unterschiede, die Dilthey ansprach, nicht an den Haaren herbeigezogen. Es gibt sie, aber sie können nicht auf „Wissenschaften" zurückgeführt werden. Die Unterschiede sind sachlich bedingt: Durch die *Logik des Gegenstandes*, mit dem Wissenschaften es zu tun haben. Aber auch die Gegenüberstellung von „Geist" und „Natur" (wie Dilthey sie betrieb) ist nicht sinnvoll, weil beides bei näherer Betrachtung nicht als homogene, sondern komplexe Sachverhalte, die nicht auf eine (und nur eine) Logik reduzierbar sind. Zudem ist eine strikte Trennung, ein Entweder-Oder, mit einem Zuordnungszwang verbunden, der dazu führt, dass alle „Mischungen", Überschneidungen usw. nicht angemessen behandelt werden können. – Es ist daher nicht verwunderlich, dass die Versuche, gegenstandslogische Differenzen auf dieser Ebene festzumachen, gescheitert sind. Die Unterschiede im Gegenstand müssen daher abstrakter gefasst werden: Auf der Ebene der Logik von Realität. Dadurch abstrahiert man von konkreter empirischer Realität, die oft eine Mixtur aus verschiedenen Logiken darstellt, also nicht homogen ist. Feststellungen über die Logik des Gegenstandes betreffen dann nicht mehr irgendwelche empirischen Gegebenheiten („Natur"), sondern beziehen sich auf deren logische Komponenten.

Folgt man diesem Konzept, so kann man (mit Blick auf die Vorschläge, die in den verschiedenen Diskussionen gemacht wurden) auf der Ebene der Logik von Realität zwei Typen unterscheiden, die sich empirisch auf unterschiedliche Weise mischen (können):

- Auf der einen Seite der Typ von Realität, der innerhalb bestimmter Grenzen konstant und unveränderlich gegeben

ist, der immer und überall auf die gleiche Weise funktioniert. Dies ist in der Literatur als *nomologische* Realität bezeichnet worden.

- Auf der anderen Seite der Typ von Realität, der veränderlich
  ist, der immer verschieden ist, der sich selbst entwickelt und
  steuert und dabei mit seiner Umwelt interagiert und der einen offenen Entwicklungshorizont besitzt. Auf diesen Rea-
  litätstyp passt der Begriff *autopoietische* Realität.

Empirisch sind diese Typen nur in *Mischformen* vorhanden. Reine Nomologie existiert nur in Lehrbüchern, in denen nomologische Zusammenhänge unabhängig von den jeweiligen Bedingungen dargestellt werden. Aber bereits das Zusammenspiel von verschiedenen nomologischen Prozessen bringt eine
Realität hervor, die – zunächst noch begrenzte – autopoietische Züge hat: Die bekannten physikalischen und chemischen
Prozesse, auf denen unser Wetter basiert, sind in ihrer Entwicklung nicht mehr genau berechenbar und bestimmbar, da
sich eine eigendynamische Entwicklung ergibt, die sich jeder
genauen Vorhersage entzieht. Diese Art von Autopoiesis ist
noch *zyklisch*, weil zwar die genauen Entwicklungen unvorhersehbar sind, die Formen, die das Wetter annimmt bzw. annehmen kann, jedoch begrenzt sind. Das Zusammenspiel von
verschiedenen Formen zyklischer Autopoiesis (Klima und Ge-
ologie) ergibt einen noch stärker eigendynamischen Prozess:
Dynamische Autopoiesis, die immer neue Formen von Realität
hervorbringen kann (biologische Evolution). Auch dynamische Autopoiesis ist noch begrenzt in ihren Möglichkeiten,
weil sie gewissermaßen „blind" nach bestimmten Steuerungs-
prinzipien (Mutation und Selektion) verfährt. Dynamische
Autopoiesis wiederum ist steigerbar, wenn die beteiligten Akteure handlungsfähig werden, also ihr Verhaltenspotenzial
selbst kontrollieren und entwickeln können. Dann wird Autopoiesis *reflexiv*, d. h. die autopoietische Realität steuert sich
selbst und erzeugt auch die Regeln ihrer Selbststeuerung. Dies
trifft auf humane Realität zu, weil Menschen, aber auch von

Menschen erzeugte und auf menschlichen Handlungen basierende Systeme aktiv eine Eigenwelt gestalten und entwickeln.

Logisch unterschiedliche Theorien

Stellt man nun die Frage, welche Art von Theorie benötigt wird, wenn man die jeweiligen Formen von Realität erfassen will, so ergeben sich eine Reihe von Differenzen.

Denotative Theorien
Solange Theorie sich mit rein nomologischer Realität beschäftigt, hat sie die Möglichkeit, sie methodisch zu fixieren und zu manipulieren (weil diese Art von Realität nicht durch Manipulationen verändert wird). Zugleich kann sie nomologische Realität aus allen Zusammenhängen herauslösen und in beliebige Kontexte einbetten (aus dem gleichen Grund). Dies bedeutet, dass nomologische Realität mit Hilfe methodischer Arrangements experimentell bearbeitet und dadurch systematisch und kontrollierbar untersucht werden kann. Auf diese Weise lässt sich aus der empirischen Realität reine – kontextunabhängige – Logik herauspräparieren: Das, was immer und unter allen Umständen gleich abläuft, kann von dem, was jeweils nur Rahmenbedingung ist, getrennt werden.

Zugleich lassen sich die so gefundenen Ergebnisse ebenfalls kontextunabhängig darstellen. Durch den Ausschluss von allen nicht zum Thema gehörenden Rahmenbedingungen bleibt nur die Logik der Sache übrig, die, da sie invariant – immer gleich – ist, sich in Form eines ihr zu Grunde liegenden verbindlichen Kalküls beschreiben lässt. *Nomologische Realität* lässt sich, anders gesagt, *algorithmisch reduzieren*. Sie lässt sich daher in der Sprache der formalen Logik ausdrücken. Formale Logik ist eine Kunstsprache, die mit einem begrenzten Vorrat an Zeichen (die eindeutige Bedeutungen haben) und mit einer festgelegten Grammatik (also der Regeln, wie Verbindungen von Zeichen hergestellt werden können) arbeitet. Theorien, die nomologische Realität behandeln, sind daher *denotativ*: Eindeutig abgrenzend, zuordnend und festlegend. Sie bieten stabile und exklusive Muster von nomologischer Realität. Dabei führt die Verwendung von denotativen Theorien immer zu den gleichen Ergebnissen, wer immer sie wo auch immer (richtig!) verwendet.

Konnotative Theorien

Dagegen stellt autopoietische Realität andere Anforderungen an Theorien. Autopoietische Realität ist das Ergebnis eines Zusammenspiels von vielen verschiedenen Faktoren. Dabei ist dieses Zusammenspiel nicht immer gleich, sondern variiert. Die Entwicklung von Gesellschaften, Erfolg und Misserfolg einer Firma, der Verlauf eines Abends zu zweit, das Schicksal einer Familie oder eines Menschen – alles hängt von vielen Umständen ab und entwickelt sich zugleich selbständig, unvorhersehbar, auf immer verschiedene, immer besondere Weise. Das heißt auch, dass allgemeine Logik und konkrete Logik nicht identisch sind. Autopoietische Realität ist immer etwas Besonderes und diese Besonderheit ist nicht allein aus dem, was für alle Fälle gilt, abzuleiten. In gewissem Umfang ist jeder Fall ein Fall für sich – folgt seiner eigenen Logik und bestimmt daher selbst, was die verschiedenen beteiligten Faktoren bedeuten. Das, was in einem Fall fördert, kann in einem anderen Fall behindern; was dem Einen hilft, ruiniert den Anderen – und in vielen Fällen haben Ereignisse und Umstände zugleich unterschiedliche Effekte. Mit anderen Worten: Autopoietische Realität ist nicht nur *eigendynamisch* und bringt ständig neue Variationen hervor, sie ist auch *widersprüchlich*, also nicht auf einen einzigen Nenner zu bringen.

Damit müssen Theorien, die autopoietische Realität bearbeiten, andere Aufgaben bewältigen und dazu auf andere Weise verfahren, als dies im Umgang mit nomologischer Realität der Fall ist. Sie sind *konnotativ*. Zunächst ist die Fülle der beteiligten Faktoren und die der möglichen Variationen theoretisch nicht zu bändigen. Es ist kaum möglich, alle relevanten

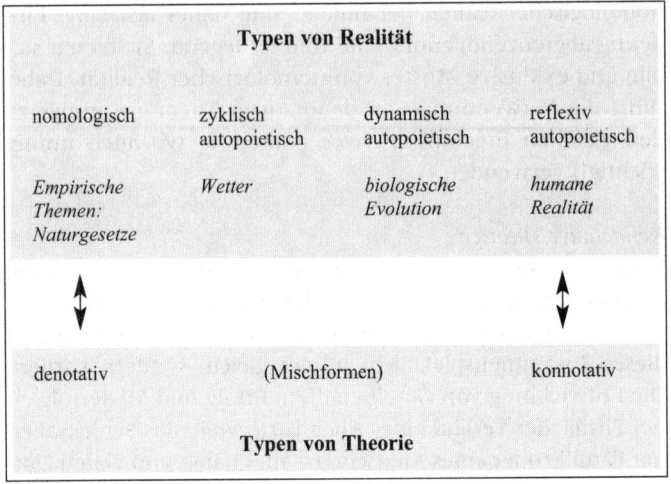

Faktoren zu erfassen bzw. angemessen zu erfassen. Damit lässt sich das Prinzip des Experimentierens mit Realität nur begrenzt verwenden, da autopoietische Wirklichkeit zu umfangreich ist, um vollständig manipulierbar zu sein und zudem mit dem experimentellen Arrangement interagiert, so dass im Experimentieren eine jeweils eigene Wirklichkeit erzeugt wird. Man kann Familienleben nicht im Labor simulieren, einzelne Teile isolieren und unter variierenden Bedingungen prüfen. Das bedeutet nicht, dass es keine Möglichkeiten der empirischen Untersuchung von Familienleben gäbe, aber es bedeutet, dass es eine *methodologische Fixierung* des Gegenstands nur *begrenzt* gibt.

Dies hat zur Folge, dass es in bezug auf autopoietische Realität keine eindeutigen methodologischen Verfahren geben kann, sondern immer nur Rezepte des Umgangs mit empirischer Komplexität, die unterschiedlich aussehen können. Es gibt also nicht nur *eine* Form von Hermeneutik, sondern deren *viele*; nicht nur *eine* Form qualitativer Sozialforschung, sondern *verschiedene*. Jedes dieser methodologischen Rezepte hat seine

Vor- und Nachteile. Das Gleiche gilt für Theorien. Angesichts einer Fülle von Faktoren und Beziehungsmöglichkeiten besteht immer die Möglichkeit, Unterschiedliches hervorzuheben bzw. das Gleiche unterschiedlich in Beziehung zu setzen und zu gewichten. Es gibt also nicht nur eine Möglichkeit der theoretischen Konzeptualisierung, sondern verschiedene Möglichkeiten der Einschätzung und Zuordnung. Ob also die moderne Arbeitswelt das Familienleben fördert oder erschwert (oder beides), kann – je nach Perspektive – unterschiedlich gesehen werden. Dadurch wird jedoch Theoriearbeit auch unabschließbar: Da es immer Unzulänglichkeiten und Möglichkeiten der Kritik gibt, da immer Faktoren noch anders gewichtet, Zusammenhänge noch anders gesehen werden können und da es immer wieder Neues und Unerwartetes zu verarbeiten gibt, bleiben Theorien chronisch unabgeschlossen, bleiben sozusagen eine „Dauerbaustelle".

Dies wiederum zwingt konnotative Theorien, ihre Möglichkeiten systematisch zu überschätzen. Schließlich sollen und wollen sie Erklärungen abgeben. Wenn sie alle Unwägbarkeiten und Unbestimmtheiten ständig präsent halten, werden sie unfähig, überhaupt Aussagen treffen zu können. Daher müssen sie ihr Thema künstlich stärker festlegen als es real „fest" ist und ihre Interpretationen in ihrer Leistungsfähigkeit kontrafaktisch so behandeln, als wären sie besser als sie sein können. Sonst kommen sie mit einem heterogenen, sich ständig bewegenden und verändernden Gegenstand ebenso wenig zurecht wie mit der Konkurrenz von Angeboten, die zur Folge hat, dass nur der Ansatz eine Überlebenschance hat, dem es gelingt, als leistungsfähiger als andere auch zu *gelten*. Konnotative Theorien müssen also ihre Schwächen kompensieren, aber sie dürfen sie nicht verleugnen, weil sie sonst rigide und damit unproduktiv werden. Dies ist ein ständiger Drahtseilakt. –

Ein weiteres Problem in diesem Zusammenhang ergibt sich daraus, dass autopoietische Realität heterogen ist, also aus dem Zusammenspiel qualitativ verschiedener Faktoren besteht. Es ist für Theorien nicht möglich, alle verschiedenen

Faktoren, die beteiligt sind, zugleich und gleich gut zu bearbeiten. Eine Organisation beispielsweise basiert auf rationalen und irrationalen, bewussten und unbewussten, externen und internen Bedingungen. Eine Theorie, die sich auf einen dieser Aspekte spezialisiert, kann nicht zugleich alle anderen genau so gut behandeln – wenn die Theorie die zweckrationale Logik besser erfasst, wird sie zugleich weniger geeignet, die irrationalen Aspekte angemessen zu erkennen. Die Leistungen von Theorien sind daher unvermeidlich mit dem Risiko verbunden, dass sie andere – ebenfalls erforderliche – Leistungen nicht mehr erbringen können.

Aus diesen Gründen gibt es Theorien autopoietischer Prozesse – Theorien der Familie, der Firma, des Managements, der Therapie, der Politik usw. – nicht im Singular, sondern im Plural. Es gibt immer die Möglichkeit (und auch die Notwendigkeit!), autopoietische Realität aus einem anderen Blickwinkel und in einer anderen Dimension zu sehen. *Multiple Thematisierbarkeit* hat *Multiparadigmatik* zur Folge. – Dabei präsentieren sich die jeweiligen Theorien keineswegs als klar identifizierbare Einheit. Ein wichtiger Grund dafür ist, dass sie anschlussfähig bleiben müssen für jeweils besondere Problemstellungen und Verwendungszusammenhänge. Sie bleiben daher als Thematisierungsstrategien strukturell unscharf. Deswegen sind diese Theorien bei näherem Hinsehen kein in sich geschlossenes, eindeutiges Modell, sondern präsentieren sich als eine Art von *Thematisierungskorridor*, der unscharfe Grenzen hat. Daher gibt es beispielsweise nicht eine Systemtheorie, sondern verschiedene Formen von Systemtheorie und die verschiedenen Formen werden von ihren unterschiedlichen Vertretern unterschiedlich ausgelegt. „Die" Systemtheorie erweist sich daher bei näherem Hinsehen als ein Paradigma (im Kuhn'schen Sinn), nicht als eindeutige, scharf abgegrenzte Theorie.

Damit ist deutlich, dass Theorien, die autopoietische Realität behandeln, nur begrenzt denotative Strategien verwenden können. Algorithmische Reduzierung hat hier den Effekt, dass relevante Faktoren und Variationsmöglichkeiten ausgeblendet werden, d. h. sie gehen auf Kosten der Leistungsfähigkeit der Theorie. Je stärker davon Gebrauch gemacht wird, desto mehr wird Wirklichkeit auf immer ärmer werdende Allgemeinheiten reduziert – etwa, dass „Risikokapital" mehr Gewinn und mehr Verlust bedeuten kann, dass familiäres Zusammenleben von intensiven Affekten geprägt ist, dass große Organisationen formale Strukturen entwickeln usw. Eine Aussage über konkrete Einzelfälle ist damit nicht mehr verbunden. Statt also denotativ zu verfahren, muss Theorie hier *konnotativ* verfahren. Sie muss sich der Eigenlogik ihres jeweiligen Themas anpassen, ohne die reflexive Distanz zu verlieren. Sie muss imstande sein, hinreichende Allgemeinheit von Aussagen mit der Möglichkeit zu verbinden, die jeweilige besondere Logik zu erfassen. Sie müssen dabei den gesamten Variationshorizont von Realität einschließen und dabei jeweils den Zugang zu den besonderen Konfigurationen offen halten.

Diese Kontaktaufnahme mit der Eigenlogik der autopoietischen Realität, dieser Spagat zwischen Allgemeinheit und Besonderheit, zwischen Regel und Abweichung, zwischen Typik und Individualität verlangt aktive und flexible Verbindungsleistungen, die auch mit Unerwartbarem, mit Widersprüchen, mit Exzentrik umgehen können. Dazu ist reine Zeichenlogik und eine fixierte, eingeengte Grammatik, wie sie denotative Theorien verwenden, ungeeignet. Daher verwenden konnotative Theorien Begriffe, die Wirklichkeit aktiv erfassen, kombinieren und in spezifische Zusammenhänge integrieren können. Dazu benutzen sie eine Sprache, die zwar logisch kontrolliert ist, aber fähig sein muss, die erforderlichen Sätze zu bilden. Darin ähneln sie der Umgangssprache. Das bedeutet jedoch auch, dass konnotative Theorien ihren Gegenstand nicht nur rekonstruieren, sondern unvermeidlich erst konstituieren: Sie entscheiden selbst darüber, was als „Datum" gesehen wird, was als feststehend und als variabel gesehen wird, welche Verbindungen welche Bedeutung haben.

Konnotative Theorien sind *gebrauchsabhängig*. Erst in und durch Anwendungen werden sie produktiv. Da sie ein offenes Relationierungspotential darstellen, sind ihre Ergebnisse kein automatisches Resultat der Vorgaben (wie bei denotativen Theorien). Das bedeutet, dass die Theorie selbst noch nichts über die Qualität der Ergebnisse sagt – man kann mit guten Theorien durch schlechte Verwendung uninteressante Ergebnisse erhalten und auch unterentwickelte oder einseitige Theorien durch intelligenten Gebrauch produktiv werden lassen. Zudem ist damit zu rechnen, dass Theorien immer Stärken mit Schwächen verbinden, also nie nur gut oder nur schlecht sind. Noch dramatischer ist jedoch, dass es für konnotative Theorien *keine eindeutigen Kriterien* gibt, was denn „gut" oder „schlecht" überhaupt bedeutet. Dass es konnotative Theorien nur im Plural gibt, also unterschiedliche Ansätze möglich sind, bedeutet auch, dass sich jedes Konzept selbst begründet, also die jeweils besonderen Entscheidungen selbst legitimiert. Das Nebeneinander und Gegeneinander verschiedener Theorien spiegelt sich also auf der Ebene der Theoriebegründungen, sprich: auf der der Erkenntnis- und Wissenschaftstheorien. Nicht nur die Theorien selbst, sondern auch ihre Grundlagen bleiben eine „Dauerbaustelle".

Daher haben konnotative Theorien keine einheitliche Grundlage. Jede Theorie muss sich selbst begründen, weil mit der Begründung bereits Entscheidungen über die jeweiligen Theorien getroffen werden. Anders als bei denotativen Theorien sind hier die Theorien selbst und ihre metatheoretische Begründung nicht zu trennen. Eine Textinterpretation, Organisationstheorie o. ä. enthält jeweils eine bestimmte (eigene) Begründung, die sich von anderen unterscheidet. Das wiederum setzt sie – angesichts der ständigen Möglichkeit von Alternativen – unter dauerhaften Legitimationsdruck. Daher sind konnotative Theorien im *Dauerstress der Selbstbegründung und -behauptung*; daher wird zwischen ihnen ständig über den „richtigen" Weg gestritten.

Zwei weitere Konsequenzen sollen noch kurz gestreift werden. Die eine betrifft das Verhältnis von *Theorie und Praxis*. Denotative Theorien sagen eindeutig, was für praktische Konsequenzen sich aus ihnen ergeben (können). Dabei verändern sie die nomologische Realität nicht, sondern entwickeln Möglichkeiten ihrer Nutzung. Dies ist bei konnotativen Theorien anders. Zunächst: Praktische Konsequenzen aus konnotativen Theorien sind immer *politisch*. Überall, wo es Alternativen gibt, müssen Entscheidungen darüber getroffen werden, was für ein Ziel wie erreicht werden soll. Das ist Politik. Was an praktischen Konsequenzen aus konnotativen Theorien gezogen wird, kann sehr unterschiedlich aussehen. Dieselbe wirtschaftliche Entwicklung wird von verschiedenen Theoretikern unterschiedlich eingeschätzt, entsprechend unterschiedlich fallen die jeweiligen wirtschaftspolitischen Vorschläge aus. Dazu kommt, dass die praktischen Konsequenzen, die sich aus ihnen ergeben, nicht genau vorhersehbar sind. Da autopoietische Realität immer eigendynamisch ist, kann nicht präzise vorausgesagt werden, welche Effekte praktische Eingriffe haben werden. Konnotative Theorien *verändern* die Wirklichkeit, weil und wo sie das Reflexionspotential der Akteure verändern, aber ihre Wirkungen sind *nicht kontrollierbar*.

Der zweite Punkt betrifft die andere Seite des Verhältnisses von Theorie und Realität. Nomologische Realität kann von denotativen Theorien nicht beeinflusst werden, sie kann sie aber auch nicht beeinflussen. Theorie und Realität sind und bleiben getrennte Welten. Auch dies ist bei konnotativen Theorien anders. Sie verändern die Wirklichkeit, auf die sie sich beziehen nicht nur, sie werden auch von ihr beeinflusst und gesteuert. Da es konnotative Theorien als Alternativen gibt, deren Voraussetzungen und deren Auswahl nicht allein von ihrem Thema her begründbar ist, spielen themenfremde Faktoren eine wichtige Rolle: Sie beeinflussen die Entscheidungen, welche Prämissen genutzt werden, welche Paradigmen akzeptiert werden und welche nicht. Es sind also auch kulturelle und institutionelle Faktoren, die konnotative Theorien konstituieren und steuern. Traditionen und „Zeitgeist" beeinflussen daher Entscheidungen über präferierte Denkweisen. Aus diesem Grund gibt es konnotative Theorien in Form von „Soziolekten" – amerikanische Systemtheorien sehen anders aus als französische und deutsche.

Theorie und Institution

Darüber hinaus spielen institutionelle Faktoren bei Theoriewahl und -begründung eine wichtige Rolle. Das Schicksal von konnotativen Theorien hängt auch davon ab, wie die Machtverhältnisse in den entsprechenden Institutionen aussehen – also welche Vertreter von welchen Paradigmen die Verteilung von Ressourcen, von Stellen, von Anerkennung bestimmen. Dies ist ein sich selbst verstärkender Mechanismus: Wer neu in die Institution kommt, wird sozialisiert unter dem Einfluss der jeweils herrschenden Paradigmen, übernimmt ihre Orientierungen, lernt, in den entsprechenden Vorgaben zu denken. Dies haben Kuhn und Feyerabend zutreffend beschrieben. Da die Institutionen jedoch selten von einem einzigen Paradigma beherrscht werden, sondern im Allgemeinen aus verschiedenen Angeboten bestehen, spielt sich die Wahl des jeweiligen Paradigmas und seiner Verwendung auch unter den Vorzeichen von Konkurrenz von Theorien ab. Diese Konkurrenz wird von einer Reihe von Faktoren gesteuert. Was Kuhn zu recht beschreibt, ist beispielsweise die „generative" Struktur von Theoriewahl: dass jede Generation sich sozusagen neu orientiert und gegen die vorherige abgrenzt. Was er nicht berücksichtigt hat, ist die Logik von *Theoriemoden und -karrieren*. Ohne erkennbaren sachlichen Grund machen bestimmte Theorien eine steile Karriere und verschwinden dann wieder weitgehend aus der Diskussion. So ist vom Behaviorismus heute nicht mehr viel zu sehen, ebenso wenig vom Strukturalismus – vielleicht bis zu dem Zeitpunkt, wo sie wieder ausgegraben und neu formuliert als Gegenentwurf gegen herrschende Modelle ins Feld geführt werden. –

Fazit

Theorien, die sich mit autopoietischer Realität beschäftigen, unterscheiden sich also von denen, die nomologische Realität behandeln. Sie verfahren konnotativ, was einige besondere Strukturmerkmale verursacht (Methodologische Uneindeutigkeit, fehlende algorithmische Reduzierbarkeit, Unabgeschlossenheit, schwierige Balance zwischen Allgemeineinheit und Besonderheiten, Multiparadigmatismus, Mehrdeutigkeit, dauerhafte Begründungsproblematik, Anwendungsabhängigkeit, Verwendung von relativ unscharf definierten Begriffen und einer offenen Grammatik), was mit einem komplexen Austausch zwischen Theorie und Realität verbunden ist. Je ausgeprägter der autopoietische Charakter der Realität ist, auf die sich Theorie bezieht, desto stärker machen sich auch diese Merkmale und die damit verbundenen Folgeprobleme bemerkbar. Wo Theorien des Wetters sich noch weitgehend auf identifizierbare nomologische Kalküle stützen können, die sie mit erfahrungsgestützten „Daumenregeln" verwenden, stehen Theorien der Wirtschaftsentwicklung vor dem Problem, dass sie die Fülle der sich wechselseitig beeinflussenden Faktoren nicht definitiv erfassen und „bändigen" können. Sie haben daher nur die Wahl zwischen verschiedenen Risiken und Inkompetenzen.

Konsequenzen

Was haben diese Überlegungen für die Interpretation der Probleme von Erkenntnis- und Wissenschaftstheorie für Konsequenzen? Vor allem drei Konsequenzen können zum besseren Verständnis beitragen.

Unterschiedliche Ebenen von Theorie

Der erste Punkt: Der Begriff „Theorie" ist zu vieldeutig. Man muss erkenntnistheoretisch genauer unterscheiden, auf welche *Ebene von Theorie* sich die Argumentation bezieht. Dabei kann man unterscheiden zwischen:

- der *allgemeinen Ebene*: Hier geht es um Merkmale, die jede Theorie hat und die Theorie von anderen Formen kognitiver Modelle (Meinung, Glauben etc.) unterscheidet;
- der *Ebene der strukturellen Differenzen*: Hier geht es um Merkmale, die sich aus systematischen Unterschieden (etwa des Gegenstandes, mit dem Theorien zu tun haben) ergeben;
- der *Ebene der singulären Theorie*: Hier geht es um Merkmale, die eine bestimmte Theorie (und nur sie) auf Grund der besonderen Umstände, unter denen sie arbeitet, betreffen.

Wenn man diese Ebenen unterscheidet, wird deutlich, dass eine ganze Reihe von Problemen und Kontroversen der erkenntnis- und wissenschaftstheoretischen Diskussionen daraus resultieren, dass die Ebenen, auf denen argumentiert wird, nicht deutlich genug markiert oder vermischt werden. So ist unübersehbar, dass der Positivismus eine spezielle Methodologie (die für nomologische Realität entwickelt wurde) als Anspruch auf der allgemeinen Ebene formuliert und dadurch die Problemlage anderer Theorien verfehlt. Der Neo-Konstruktivismus tendiert dagegen dazu, ein allgemeines Merkmal (jede Theorie ist eine symbolische Konstruktion) auch auf der Ebene der strukturellen Differenzen einzusetzen. Dadurch kommt er zu dem (unangemessenen) Ergebnis, alle Theorien seien auf die gleiche Weise Konstruktionen – was so nicht stimmt.

Gemischte Realität, gemischte Theorie
Der zweite Punkt: Reale Theorien sind (fast) immer Mischtypen. Logisch lassen sich nomologische und autopoietische Realität und, darauf bezogen, denotative und konnotative Theorie unterscheiden. Die meiste Wirklichkeit, die behandelt wird, ist jedoch komponiert und enthält nomologische und autopoietische Aspekte in einem spezifischen Mischungsverhältnis. So unterliegen Sonnensysteme und Planeten feststehenden Gesetzen, die berechenbar sind – ob und wann aus einer Son-

ne ein „roter Riese" oder „weißer Zwerg" wird, ist (unter gleichbleibenden Bedingungen) ebenso vorhersehbar wie die Umlaufbahn eines Planeten (ebenfalls unter gleichen Bedingungen). Aber auch die Entwicklung von Planeten enthält die Möglichkeit von überraschenden, unerwartbaren Wendungen – siehe das Beispiel Erde, ohne deren überraschende Entwicklung es auch keine Wissenschaft und keine Wissenschaftstheorie gäbe. Diese Entwicklungen sind nicht denotativ begründ- und erklärbar. Auf der anderen Seite unterliegt auch reflexive Autopoiesis einer logischen Konstruktion, die dazu dient, ein Prinzip zu verdeutlichen. Reine Autopoiesis gibt es empirisch nicht, weil es keine Realität geben kann, die *nur* aus Offenheit und willkürlicher Selbstbestimmung besteht. Auch humane Realität, Gesellschaften, Organisationen, Familien, Kaffeehausbesuche enthalten zumindest Regelmäßigkeiten und typische Muster. Auch da, wo es keine Nomologie (gesetzmäßige Ordnung) gibt, ist Realität daher logisch strukturiert. Man müsste daher genauer (aber umständlicher) von dominant autopoietischer Realität sprechen.

Die Leistung – die Kunst –, die von Theorie verlangt wird, ist also, das jeweilige Verhältnis von denotativer und konnotativer Theoriestruktur zu finden und zu formulieren. Dies ist alles andere als leicht. So hat sich die Physik lange Zeit lieber mit Dingen beschäftigt, die sich im Labor behandeln lassen, statt sich auf die empirische Realität der Welt einzulassen. Schwerkraft und Wellenbewegungen waren also längst genauestens untersucht, aber mit der Art und Weise, wie ein Bach seinen Weg bergab bahnt, wie Strudel sich bilden, wie die Talfahrt eines Blattes abläuft, wurde ebenso sorgfältig ausgeklammert wie eine Beschäftigung mit makroskopischen Systemen wie dem Geoklima. Der Grund: Diese Phänomene ließen sich nicht wie rein nomologische Sachverhalte manipulieren, sie folgen zudem einer komplexen Logik, die sich mit herkömmlichen positivistischen Mitteln nicht behandeln ließ. Erst durch die Entwicklung neuer Modelle, die die autopoietischen Anteile der Realität berücksichtigen konnten (Chaostheorie, fuzzy logic, Systemtheorie u. ä.) fand man Möglichkeiten, diese Art komponierter Realität besser zu bearbeiten. Analoges gilt für dynamische Autopoiesis. Die Theorie der Evolution setzte eine völlig andere Denkweise als das, was rein positivistisches Denken anbietet, voraus. Und sie ist bis heute nicht „abgeschlossen".

Die Theorien, die sich mit reflexiver autopoietischer Realität – humaner Realität – beschäftigten, haben diese Problemlage schon immer behandelt. Für sie ist also der Umgang mit Vielfalt, Heterogenität, offener Systemdynamik von Anfang an unvermeidlich gewesen. Erkenntnistheorie, geisteswissenschaftliche Methodologie usw. sind also immer auch Antworten auf die Probleme der Behandlung autopoietischer Realität. Wie sich gezeigt hat, gibt es hier jedoch keine abschließenden Lösungen. Das Problem der Theoriebalance bleibt dauerhaft erhalten. Aus den genannten Gründen sind konnotative Theorien nicht definitiv fertig zu stellen. Ihre Unsicherheit zwingt sie, ihre Leistungsfähigkeit zu überschätzen bzw. zu übertreiben (zum Beispiel durch besondere Hervorhebung der allgemeinen Logik oder der Autonomie des Besonderen). *Konnotative Theorien* – und damit auch Erkenntnis- und Wissenschaftstheorien – haben also ein doppeltes Problem zu behandeln, wenn sie die spezifische *Mischung von Realitätstypen* erfassen müssen und dabei mit vorrangig autopoietischer Realität zurechtkommen müssen.

Erkenntnis- und Wissenschaftstheorien sind konnotativ
Der dritte Aspekt, der sich aus dieser Perspektive ergibt, ist, dass *jede Erkenntnis- und Wissenschaftstheorie konnotativ ist* und daher die skizzierten Probleme hat. Dies hängt vor allem damit zusammen, dass sich diese Theorien nicht auf (nomologische) Sachverhalte beziehen, sondern Erkenntnis zum Gegenstand haben. Erkenntnis ist jedoch stets eine Beziehung zu (nomologischen, autopoietischen) Sachverhalten. Eine (offene) Beziehung ist inter-aktiv. Interaktionen sind jedoch autopoietische Prozesse, d. h. sie besitzen eine multiple Eigenlogik, sie kön-

nen so oder auch anders aussehen, sie werden von verschiedenen Seiten beeinflusst, wobei die verschiedenen Faktoren nicht definitiv festzumachen und zu gewichten sind. Theorien selbst begründen sich durch Leistungen: Dadurch, dass sie einen Sachverhalt klären (wobei sich gezeigt hat, dass dies in bezug auf nomologische einfacher ist als bei der Beschäftigung mit autopoietischen). Die Begründung, wie Theorien funktionieren, muss dagegen das ganze Spektrum von Faktoren, die Theorie ermöglichen, sowie deren Zusammenspiel einbeziehen.

Als *Meta-Theorien* – Theorien über Theorien – stehen *Erkenntnis- und Wissenschaftstheorien* vor dem Problem, *Begründungen* liefern zu müssen für eine *bestimmte Form autopoietischer Realität*. Daher haben sie, auch wenn sie sich auf die Begründung von denotativen Theorien beziehen, unvermeidlich die angesprochenen Schwierigkeiten. Auch wenn die experimentellen Methoden und die darauf basierenden Theorien noch so erfolgreich sind – ihre Begründung ist (unabhängig von der Leistungsfähigkeit der Theorien selbst) ein prinzipiell nicht lösbares Problem und bedingt Diskussionen, die nicht abschließbar sind. Das hat das Schicksal des Logischen Positivismus in aller Deutlichkeit vorgeführt. Auch wo man sich grundsätzlich über die Ausgangspunkte und Ziele einig war, zeigte sich, dass kein Weg, der beschritten wurde, alle Mitdiskutanten überzeugte, dass jeder Versuch der Problemlösung neue Probleme verursachte oder die alten in neuer Form wiederkehren ließ. Daher endeten auch die intensivsten Bemühungen in gewisser Weise wieder dort, wo sie begannen. Davon abgesehen war das vom Logischem Positivismus vorgeschlagene Lösungsprinzip für Vertreter anderer Denkweisen überhaupt nicht akzeptabel. Daher zeigte die ganze Diskussion das typische Bild konnotativer Theorien: Man ist sich zwischen den verschiedenen Schulen nicht einig, man kann sich, wenn man versucht, über grobe Orientierungen hinaus zu kommen, auch innerhalb der einzelnen Schulen nicht einigen. Erst recht gilt dies für die modernen Beiträge zur Wissenschaftstheorie.

Wissenschaft als soziale Institution, die eine Fülle von verschiedenen logischen, strukturellen und empirischen Aspekten umfasst, die sich gegenseitig beeinflussen, ist ein reflexiver autopoietischer Prozess. Es liegt daher auf der Hand, dass Wissenschaftstheorie konnotativ ist.

Kurz: Es ist nicht verwunderlich, dass sich Erkenntnis- und Wissenschaftstheorie in so hohem Maße als Dauerkontroverse, als intensiv in Zeitgeist und gesellschaftliche Bedingungen verstrickt, als breites Spektrum von verschiedenen Konzepten, die in sich zersplittert und untereinander zerstritten präsentieren. Was sich in ihrer Entwicklung zeigt, ist das *Schicksal konnotativer Theorien.* –

9   Wozu also Wissenschaftstheorie?

Es ist also nicht zu erwarten, dass die Diskussionen in absehbarer Zeit zu einem Abschluss kommen. Wahrscheinlicher ist, dass die jetzt herrschenden Diskurse und Auseinandersetzungen irgendwann ins Stocken kommen, an Schwung und Attraktivität verlieren und durch Neuauflagen und/oder neue Perspektiven ersetzt werden.

Dieser Befund ist zunächst enttäuschend – wenn man mit der Erwartung an Erkenntnis- und Wissenschaftstheorien herangeht, dass sie alle Fragen eindeutig und endgültig klären können. Sie können es nicht, aber das liegt nicht an Versäumnissen, Fehlern, Inkompetenz, sondern am Thema selbst. Es ist mit den (bisher) verfügbaren Mitteln nicht abschließend behandelbar. Das bedeutet jedoch keineswegs, dass man von der Beschäftigung mit Erkenntnis- und Wissenschaftstheorien nichts hätte. Auch wenn sie ihre Probleme nicht lösen, öffnen ihre Leistungen den Blick auf ein wesentlich besseres Problemverständnis. Immerhin haben sich im Laufe der Zeit viele der besten Denker ihrer Zeit mit den Themen beschäftigt – mit einer Intensität und Ausdauer, die äußerst eindrucksvoll ist. Was sie dabei erarbeitet haben, gehört mit Sicherheit zu den bleibenden Großtaten des menschlichen Geistes.

Theorie und Praxis

Im Laufe der Zeit hat sich dabei eine Fülle von produktiven Perspektiven ergeben. Allerdings sind sie nicht unbedingt unmittelbar „verwendbar". Für Erkenntnis- und Wissenschaftstheorien gilt zunächst, was für *alle* Theorien gilt: Sie sind nicht direkt auf praktische Bedürfnisse zugeschnitten. Das Ziel von Theorien ist ein logischer Zugang zur Welt. Dies ist, wie oben beschrieben, gerade kein praktischer Zugang, sondern setzt Praxis erst mal außer Kraft, um sich überhaupt entwickeln zu können. Theoretische Erkenntnis wird entsprechend in einer praxisfernen Form ausgedrückt und ist unmittelbar auf sich selbst zentriert, auf die innere Logik von Theorien. In dieser Innenwelt gelten andere Kriterien, andere Maßstäbe als in der Welt der Praxis. Daher wirken ihre Befunde für Außenstehende doppelt fremd: Sie sind in einer anderen, nicht unbedingt verständlichen Sprache formuliert und sie beschäftigen sich mit Fragen, die in der Außenwelt vielleicht gar keine Bedeutung haben – und das in einer Ausführlichkeit, die von außen oft unverständlich ist. – Genau so geht es der Erkenntnis- und Wissenschaftstheorie. Ihre Themen wirken hin und wieder von außen exzentrisch, die Diskussionen esoterisch und überflüssig. Sie erschließen sich erst, wenn man sich auf die Problemlagen einlässt, die sich durch den Anspruch auf ein theoretisches Verständnis ergeben. Erst dann wird sichtbar, was es wirklich bedeutet, die Frage einer systematischen Begründung von Erkenntnis und Wissenschaft in Angriff zu nehmen; erst dann wird verständlich, warum ein Mann wie Wittgenstein ein ganzes Leben lang mit bestimmten Fragestellungen ringt, dicke Folianten mit Notizen, Überlegungen, Argumenten füllt. Ohne dieses Verständnis muss er wie ein Besessener, wie ein Verrückter wirken, der seine Zeit mit Fragen vertut, die praktisch ohne Belang sind.

Aber dies ist der einzige Weg, den Theorie gehen kann: Sie muss sich von der Praxis entfernen, um die Probleme behandeln zu können, die sich in der Praxis selbst nicht behandeln lassen. Und sie muss dies mit allem gebotenen Einsatz tun, weil sie sonst nicht die Leistung erbringen kann, die nötig ist, um die Probleme systematisch zu behandeln. Dass sie sie – wie beschrieben – nicht lösen kann, ist ein weiteres Problem, welches „von außen" nur dann verständlich ist, wenn man die Schwierigkeiten konnotativer Theorien kennt und berücksichtigt. Praxis ist zwar kein nomologischer, sondern ebenfalls ein autopoietischer Prozess, aber sie trifft definitive Entscheidungen. Sie legt sich fest, wählt eine Option aus, realisiert sie und schafft dadurch eine neue Wirklichkeit, die durch die Entscheidung bestimmt ist. Dazu muss unterstellt werden, dass es gute (bessere) Gründe für die Entscheidung gibt. Dies simuliert gewissermaßen Nomologie, in dem Wirklichkeit so behandelt wird, dass eine Entscheidung für eine Alternative (gegen andere) möglich ist. Jeder Form von Praxis liegt daher in gewisser Weise diese Form der Simulation von Nomologie zu Grunde. Gehandelt und entschieden kann nur werden, wenn davon ausgegangen wird, dass es identifizierbare und eindeutige Zusammenhänge gibt, auf die man sich verlassen kann. Das setzt beispielsweise die Gewissheit in bezug auf die eigenen Annahmen voraus. Dazu sind die Skrupel, der spezielle Legitimationsdruck, die Theorien haben (müssen!), nicht nur nicht hilfreich, sondern sogar störend. Dies ist eine unerschöpfliche Quelle von Missverständnissen und Auseinandersetzungen zwischen „Praktikern" und „Theoretikern".

Dazu kommt ein zweiter Punkt. Jede Theorie muss ihr Thema idealisieren. Realität ist überhaupt nur theoretisch bearbeitbar, wenn die Fülle des empirischen Geschehens einige wenige Aspekte hervorgehoben, andere weggefiltert werden. Die so ausgewählten Aspekte werden weiter verarbeitet, vereinfacht, neu formatiert, um handhabbar und kompatibel zu werden. Der Mars ist in Wirklichkeit keine ideale Kugel, wird aber bei der Berechnung seiner Laufbahn um die Sonne so behandelt, damit sie besser berechenbar ist. Reines Marktgeschehen gibt es nicht, weil überall „intervenierende Variable" wirksam sind. Um die Logik des Marktes überhaupt erfassen zu können, muss davon abstrahiert werden, so dass in Modellen unvermeidlich ein kontrafaktisches Bild von Realität entsteht (mit unterschiedlichen Auswirkungen bei denotativen und konnotativen Theorien – siehe oben).

Daher muss Theorie für Praxis immer erst übersetzt und neu formatiert werden. Dies gilt auch für Erkenntnis- und Wissenschaftstheorie. Man muss die Erwartungen an sie richtig einstellen und ihre Ergebnisse für den Eigenbedarf adaptieren. Dabei treten allerdings die beschriebenen Probleme im Umgang mit konnotativen Theorien auf: Sie müssen erst angewendet werden, damit sie produktiv werden und diese Anwendung ergibt sich nicht aus den Theorien selbst. – „Anwendung" von Erkenntnis- und Wissenschaftstheorie verlangt also zwei Leistungen, die sich ergänzen und wechselseitig bestimmen:

- Man muss sich darüber im Klaren sein, *welcher Begründungsbedarf* mit den Theorien verbunden ist, die man verwenden will, um Realität zu bearbeiten und
- man muss mit den *Besonderheiten von Erkenntnis- und Wissenschaftstheorie umgehen* können, also sich im Labyrinth der Angebote und Versuche auskennen und die Gründe dafür kennen.

Der eigene Begründungsbedarf ist ein (autopoietisches) Thema für sich. Es hängt von der jeweils spezifischen Wissenschaftskultur ab, ob man überhaupt dazu ermuntert, ermutigt, gedrängt wird, sich mit Erkenntnis- und Wissenschaftstheorie zu beschäftigen. Wo die Wissenschaftskultur ein gut funktionierendes, homogenes Selbstverständnis besitzt und es keine thematischen „Krisenfälle" gibt, besteht auch wenig Anlass, sich auf Themen dieser Art einzulassen. Dies ist dort wahrscheinlich, wo Theoriearbeit auch ohne metatheoretische Begründung zufrieden stellt bzw. als zufrieden stellend betrachtet wird – etwa in Bereichen, wo mit rein nomologischer Realität gearbeitet wird. Dies gilt aber auch dort, wo Unsicherheiten, Probleme, Schwierigkeiten so extrem sind, dass sie durch

Ausgrenzung entschärft werden müssen. Dies ist dort wahrscheinlich, wo die Mittel zur Verarbeitung von Komplexität unterentwickelt sind und man sich mit Dogmatik gegen Überlastung schützen muss (also etwa im Bereich von Wissenschaften, die autopoietische Realität behandeln, aber mit dem Problem konnotativer Theorien nicht zurecht kommen). Solche Umstände verhindern bzw. behindern sowohl institutionelle Reflexion als auch die Entstehung von persönlichem Interesse.

Da, wo die Problemlage von Theorien offensichtlich ist und nicht verleugnet wird, besteht dagegen ein Bedarf an Erkenntnis- und Wissenschaftstheorien. Bedarf ist allerdings nicht gleich Bedarf. Es kommt auf die Fragestellung an. Dabei können sowohl die Fragestellungen als auch die Möglichkeiten, die Fragen zu beantworten, durch die wissenschaftstheoretischen Diskussionen angeregt werden. Das, was weiter oben als „Nachteil" beschrieben wurde: dass Erkenntnis- und Wissenschaftstheorien sich als bunte, heterogene Vielfalt ohne eindeutige, wasserdichte Ergebnisse präsentieren, ist zugleich ein Vorteil: Es wird viel angeboten und damit ergeben sich auch Möglichkeiten, jeweils etwas Passendes für die jeweils eigene Fragestellung, den eigenen Zugang zu finden. Die (Geschichte der) Erkenntnis- und Wissenschaftstheorien präsentiert sich als eine Fundgrube von hochinteressanten Ansätzen und Angeboten, in der sich für jede Problemlage intelligente Ansätze und Überlegungen finden – auch wenn die Diskussionen immer noch weiter laufen (müssen).

Ein Blick zurück

Was kann man in diesem Zusammenhang aus den bisherigen Diskussionen an immer interessanten und relevanten Perspektiven und Einsichten besonders hervorheben? Der lange Weg vom Mythos über Theologie und Philosophie bis zur modernen Wissenschaft(stheorie) hat eine Fülle von Ideen und Erkenntnissen hervorgebracht.

Bestimmte Formen von Gesellschaft haben zu bestimmten Formen von Erkenntnis geführt.

Formen von Gesellschaft und Erkenntnis

Archaische Gesellschaft	Mythos
Agrargesellschaft	Religion/Theologie
Bürgerliche Gesellschaft (Antike)	Philosophie
mittelalterliche Feudalgesellschaft	Scholastische Philosophie
Bürgerliche Gesellschaft (Neuzeit)	Klassische Erkenntnisphilosophie
Frühe Moderne	Positivismus, Positivismus-Kritik
Hochmoderne	Analytische Philosophie Kritischer Rationalismus
Postmoderne	Kritik des Krit. Rationalismus Neo-Konstruktivismus
Post-Postmoderne	?

Die Ergebnisse der Diskussionen, die im Lauf der Geschichte geführt worden sind, sind für die heutige Situation der Erkenntnis- und Wissenschaftstheorie nach wie vor relevant.

Ohne Anspruch auf Vollständigkeit lassen sich hier eine Reihe von Ergebnissen nennen. In Stichworten:

- Zunächst zeigt die Diskussion vor allem eins: Eine definitive Lösung der Probleme wissenschaftlicher Erkenntnis ist nicht in Sicht. Es steht sogar zu befürchten, dass sie aus prinzipiellen Gründen nicht zu haben ist. Bereits Jakob Friedrich Fries (1773–1843) beschrieb in seiner Auseinandersetzung eine Problemlage, die Hans Albert als „Münchhausen-Trilemma" jeder Erkenntnistheorie bezeichnet hat: Entweder sie mündet (auf der Suche nach der Begründung von Begründungen) in einen unendlichen Regress oder sie behauptet irgendwann etwas nur noch (und wird dogmatisch) oder aber sie ist tautologisch, weil sie in ihren Begründungen wiederholt, was sie bereits vorausgesetzt hat. – Die Probleme sind also nicht definitiv lösbar. Die Aufgabe der Erkenntnis- und Wissenschaftstheorie besteht darin, sie besser zu verstehen, damit man besser mit ihnen umgehen kann.

• Einen einleuchtenden *empirischen Rahmen* bietet das auf Darwin und in die Sozialpragmatik zurückgehende, von Lorenz und anderen ausgearbeitete Modell der „Evolutionären Erkenntnistheorie" mit dem Konzept einer „Biologie der Erkenntnis". Was einleuchtet ist der Kerngedanke, dass Erkenntnisfähigkeit ein Produkt der Evolution ist und von den „Produktionsbedingungen" dimensioniert ist. Was ebenso einleuchtet, sind die Hinweise auf die physiologischen Grundlagen der Erkenntnis, vor allem der Nachweis, dass keine Wirklichkeit abgebildet, sondern externe Reize intern interpretiert werden. Die damit verbundenen weiterreichenden Überlegungen sind, soweit sie zum Reduktionismus (Rückführung von Erkenntnis auf Biologie) tendieren, allerdings nicht unbedingt geeignet, die weiterreichenden Problemlagen – vor allem die Dialektik von Erkenntnis und Gegenstand sowie Erkenntnis und Gesellschaft – zu begreifen. Die historisch-genetische Theorie Piagets hat den evolutionären Ansatz weiterentwickelt, um ihn auf die Themen Kants – die Apriori – anzuwenden, damit sie als Konstruktionen verständlich werden.

• Der erste *systematische Rahmen* muss nach Kant und den Befunden des Neo-Konstruktivismus die Einsicht sein, dass Erkenntnis *immer* eine eigenlogische Konstruktion ist. Theorie ist stets eine symbolische Reproduktion von Wirklichkeit und darf nicht mit Wirklichkeit gleichgesetzt werden. Sie schafft eine eigene Wirklichkeit, die eigenen Regeln folgt. Hier muss jedoch berücksichtigt werden, dass symbolische Reproduktion nicht gleich Theorie und Theorie nicht gleich Theorie ist. Insofern sagt diese allgemeine Feststellung noch nichts über Art und Leistungsfähigkeit von Konstruktionen.

- Ein geeigneter Zugang für die Differenzierung von *Typen symbolischer Reproduktion* von Realität ergibt sich aus der Theorie des Alltagsbewusstseins, die das normale Funktionieren von Bewusstsein als pragmatischen und egozentrischen Umgang mit Wirklichkeit unter den vorrangigen Zielen der Aufrechterhaltung von Handlungsfähigkeit und der Identitätsbalance beschreibt. Dabei verwendet das Alltagsbewusstsein verschiedene kognitive Modi, ohne sie immer zu trennen: Glauben, Meinen, Wissen, Fühlen. In Krisensituationen und/oder unter Entlastung von Handlungs-(bzw. Identitäts)druck kann der Modus des Alltagsbewusstseins auf Reflexion umgestellt werden: Die Aufmerksamkeit wendet sich bestimmten Themen zu und orientiert sich am Ziel der Gewinnung von objektiver Erkenntnis.

- *Objektive Erkenntnis* unterscheidet sich von anderen Formen von symbolischer Reproduktion von Wirklichkeit grundsätzlich dadurch, dass sie sich *legitimiert* und legitimieren muss (wo Glauben sich einfach voraussetzt und Meinen eine relativ beliebige Entscheidung bleibt). Dazu bedarf es der Verwendung von speziellen *Methoden* zur Gewinnung und Überprüfung von Informationen sowie einer besonderen Form der Erklärung. *Theorien* sind vom Anspruch her in sich logisch konsistent und enthalten nur die Logik der Sache – und dies perfekt. Theorien sind also logisch korrekte Reproduktionen von Wirklichkeit – theoretisch. Nach allem, was diskutiert wurde, muss dazu ergänzt werden, dass die bloße Form einer theoretischen Aussage noch nichts sagt über ihre inhaltliche Angemessenheit (auch das Evolutionsverständnis christlicher Fundamentalisten präsentiert sich als Theorie). Ergänzt werden muss außerdem, dass es weder einheitliche Methoden noch eine einheitliche Form von Theorie gibt und geben kann, weil empirische Realität nicht identisch und homogen ist. Während denotative Theorien eindeutig sind und – wie auch immer vorläufig – exklusive Geltung gewinnen können, sind konnotative notwendig vielfältig und dauernd pflegebedürftig.

- Auch Erkenntnis ist und wird – wie jede soziale Aktivität – *gesellschaftlich formatiert*. D. h. es gibt Rahmenbedingungen, unter denen sie sich entwickelt und operiert, es gibt soziale Formen, in denen objektive Erkenntnis entwickelt, ausgedrückt, anerkannt, nachgefragt wird. Diese sozialen Formen ermöglichen und begrenzen, was an Erkenntnis zustande kommen kann. Dies gilt für alle Theorien: Jede Theorie setzt voraus, dass es einen Kontext gibt, in dem sie entstehen und sich entwickeln kann. Während sich jedoch denotative Theorien unabhängig von ihren Rahmenbedingungen entwickeln können, bleiben konnotative in ihrem Kontext verstrickt.

- Erhellt haben vor allem die neueren wissenschaftssoziologischen Untersuchungen die *Formen*, in denen die *soziale Wirklichkeit Erkenntnis konstituiert und steuert*. Es sind die jeweiligen gesellschaftlichen Bedingungen, die die Themenhorizonte definieren, auf die sich Erkenntnis bezieht. Sie geben vor, welche Theoriesprache benutzt und verstanden werden kann. Der gesellschaftliche Status von Wissen gibt Motive vor, er definiert, wer wo und wie an Erkenntnis arbeiten darf. Vor allem aber bestimmen Gesellschaften, welche Mittel wie in Erkenntnis investiert werden, wobei herrschende Bedingungen (Politik, Moral, Wirtschaft, Ideologie) naturgemäß auch beeinflussen, was wie gedacht und ausgedrückt werden kann.

- Die vielfältigen Bemühungen haben das traditionelle *Konzept des „erkennenden Subjekts"* entscheidend weiterentwickelt. Die frühen Formen von Weltsicht (Mythos, rationale Theologie) startete mit dem Konzept eines kollektiven Erkenntnissubjekts. Auf dem Weg von der Erkenntnisphilosophie zur klassischen Erkenntnistheorie entwickelte sich daraus die Idee eines personalen Erkenntnissubjekts, zunächst empirisch (etwa bei Locke), dann transzendental (bei Kant). Dies war bereits die Vorstufe zu einem institutionellen Verständnis. Im Positivismus schwand zwar zunächst die konkrete Person aus dem Modell von (nunmehr wissenschaftlicher) Erkenntnis; Wissenschaftskritik und vor allem die Anwendung wissenschaftlicher Forschung auf die Wissenschaft selbst führten dazu, dass die Bedingungen, unter denen Erkenntnisse produziert werden, deutlicher wurden. Ein modernes Verständnis des „Erkenntnissubjekts" ist entsprechend ausgeweitet und differenziert. Es umfasst alle die Faktoren, die aktiv an der Produktion von Erkenntnis beteiligt sind. Dies heißt für die Antike, dass die Form, in der Erkenntnis ausgedrückt wird (Philosophie) in Verbindung gebracht wird mit gesellschaftlichem Bedarf (an „kontemplativem" Bildungswissen einer bestimmten sozialen Gruppe) und konkreter sozialer Organisation (in Form von Privatschulen). Für die Moderne bedeutet dies entsprechend, dass das „erkennende Subjekt" alle die Einrichtungen umfasst, die mit Erzeugung und Verteilung von Erkenntnissen beschäftigt sind – Universitäten, aber auch private Forschungseinrichtungen. Die Aktivitäten dieses komplexen und heterogenen erkennenden Subjekts sind entsprechend vielfältig und umfassen weit mehr als nur persönliche Entscheidungen darüber, wie man sich womit beschäftigt. Moderne Erkenntnis- und Wissenschaftstheorie ist ohne Blick auf die vielfältigen konkreten Bedingungen der Steuerung und Entscheidung kaum denkbar.

- In bezug auf das, was objektive Erkenntnis garantiert, also *die Auswahl von Methoden und Theorien*, denen dies zugetraut wird, hat sich die Lage unterschiedlich entwickelt. Für denotative Theorien gibt es ein eindeutiges Konzept, welches (bei aller notwendigen Relativierung) allgemeine Anerkennung gefunden hat. Zwar hat sich gezeigt, dass sich beim Versuch der Begründung dieses Modells Abgründe auftun (siehe Wittgenstein, Logischer Positivismus usw.). Es hat sich auch gezeigt, dass Methoden und theoretische Prämissen nicht indifferent sind. Aber sie verändern ihren Gegenstand nicht, sondern wählen Perspektiven, Aspekte und Optionen aus – die Theorien funktionieren davon unabhängig und zuverlässig. In bezug auf konnotative Theorien, die sich mit autopoietischer Realität beschäftigen, ist dagegen eine solche Einheit nicht in Sicht. Ganz im Gegenteil hat sich hier ein breites Spektrum von verschiedenen Paradigmen und Konzepten ergeben, die jeweils eigene Prämissen und Kriterien entwickeln. Das erschwert die Theorieprüfung ganz erheblich und erweckt zunächst den Eindruck einer babylonischen Sprachverwirrung. Von daher ist nicht verwunderlich, dass viele (Wissenschafts-)Theoretiker versucht haben und versuchen, als Heilmittel auch hier das Ideal einer denotativen Theorie zu verschreiben. Aber: so sinnvoll es ist, alle nomologischen Anteile so präzise wie möglich herauszuarbeiten, es löst die Probleme konnotativer Theorien nicht. In jedem Fall müssen jedoch Methoden und Theorien – da Erkenntnis ein autopoietischer Prozess ist –, nicht nur ausgewählt, sondern intelligent angewendet werden.

• Ein wesentlich besseres Verständnis haben die Diskussionen in bezug auf das *Prozessieren von Methoden und Theorien* gebracht. Dies betrifft zum einen den logischen Transformationsprozess. Was sich gezeigt hat, ist, dass Methoden Wirklichkeit zuschneiden, sortieren und (neu) zusammensetzen und sortieren und auf diese Weise „Daten" erzeugen. Gezeigt hat sich auch, dass Theorien im symbolischen Reproduzieren (neue) Wirklichkeit erzeugen (wobei sich algorithmische Reduzierung und logische Modellierung in Verfahren und Auswirkung unterscheiden). Dazu kommt auch hier die institutionelle Perspektive: Der Blick auf die konkreten sozialen Bedingungen, unter denen Erkenntnis zustande kommt, hat zudem gezeigt, wie konkrete Umstände – Zufälle, Karrierepläne, Koalitionen – die „Produktion von Erkenntnis" steuern. Beide Perspektiven haben verdeutlicht, dass Erkenntnis ein aktiver, damit ein konstitutiver und selektiver Vorgang ist, so dass es stets sinnvoll ist, diese Dimensionen im Auge zu behalten.

• Die Geschichte der Erkenntnis- und Wissenschaftstheorie ist auch eine der ständigen Weiterentwicklung des Instrumentariums von Theorien vom einfachen zum komplexen Kausaldenken, zum Denken in Systemvorstellungen, zum Verständnis nicht-linearer und dialektischer Prozesse, zu formallogischen und wahrscheinlichkeitstheoretischen Analysen. Es stehen daher heute der Theoriearbeit eine Vielzahl von logischen Prinzipien zur Verfügung. Dies ist auch nötig, da sich gezeigt hat, dass Theorie sich der Komplexität ihres Gegenstands anpassen muss und das heißt überall da, wo der Gegenstand nicht monologisch ist, dass verschiedene Theoriestrategien benutzt werden müssen. Eine komplexe, heterogene (d. h. aus verschiedenen Logiken komponierte) Realität muss entsprechend mit einer multiplen, hybriden (= gemischten) Theorielogik in Angriff genommen werden, weil sonst immer die Gefahr besteht, dass die Komplexität logisch auf eine bestimmte Teillogik reduziert und daher nicht angemessen abgebildet wird. Die Kunst – und auch die Schwierigkeit – der Theorie besteht also darin, die passenden Strategien und Verfahren auszuwählen und zu kombinieren und sie so zu nutzen, dass alte Themen in neuem Licht erscheinen und neue Themen angegangen werden können. Entsprechend müsste auch das Beurteilungskriterium erweitert werden: Das Popper-Prinzip der („strengen") Prüfung und vorläufigen Akzeptanz bedarf der Erweiterung durch die Fragen nach der Reichweite und nach der Produktivität und Kreativität von Theorien.

• Erkenntnis- und Wissenschaftstheorien haben herausgearbeitet, welche *Auswirkungen* Erkenntnisse haben (können). Dies hat eine Außen- und eine Innenseite. Intern regen Erkenntnisse nicht nur neue Forschungen an, sie wirken sich auch auf die institutionellen Machtverhältnisse und Orientierungen aus. Prestige bedingt Vorteile bei der Verteilung von Ressourcen; Moden sorgen dafür, dass die Popularität von (vor allem konnotativen) Methoden und Theorien sich selbst verstärkt und dadurch den Eindruck einer sachlich begründeten, selbstverständlichen Gegebenheit gewinnt. Die Umwelt erkenntnisproduzierender Institutionen ist in modernen Gesellschaften vielfältig. Sie schließt die Einrichtungen von Wirtschaft und Politik, aber auch der interessierten Öffentlichkeit ein. Für sie werden Erkenntnisse zu Produkten, die auf einem Markt nachgefragt und abgenommen werden. Entsprechend gibt es eine Außenpolitik, die Erkenntnisse präsentiert und platziert, vor allem aber auch

Wissenschaftliche Erkenntnis: schematischer Überblick

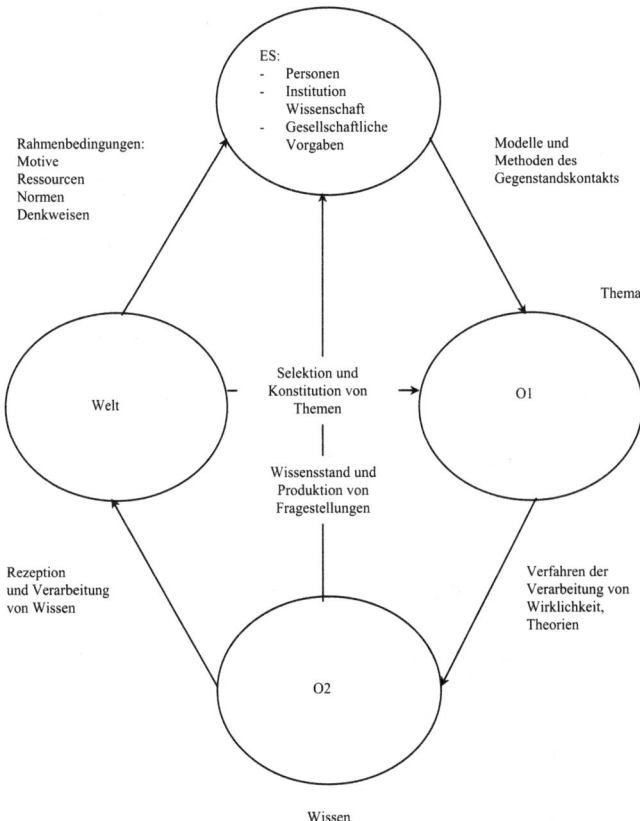

Strategien, wie sie aufgenommen, ausgewählt und benutzt werden. Was sich dabei zeigt, ist eine allgemeine Dialektik von Erkenntnissen und Wirklichkeit: Hinter den Intentionen stehen strukturelle Muster der Interaktion, die den Austausch von Gesellschaft und Wissen(sproduktion) steuern. Deren Kenntnis ist ein wichtiger Bestandteil moderner Erkenntnis- und Wissenschaftstheorie.

Damit ist schon angesprochen, dass *moderne Erkenntnis- und Wissenschaftstheorie* sich nicht auf bloße Erkenntnislogik beschränken können, sondern *den gesamten Kontext, in dem sich Erkenntnis abspielt, berücksichtigen muss*. Es handelt sich also um einen komplexen, heterogenen – autopoietischen – Gesamtprozess, der viele Einflüsse, viele Formen, viele verschiedene Konstellationen enthält. Dieser Gesamtprozess bildet eine differenzierte und dynamische Einheit im Sinne von Hegel (wenn auch nicht in der Art, wie er sich dies vorgestellt hat). Erkenntnis bewegt sich in der Welt und mit der Welt, sie bewegt die Welt und wird von ihr bewegt – und das zugleich in verschiedenen Formen und Richtungen. Entsprechend differenziert muss das Thematisierungsvermögen von Erkenntnis- und Wissenschaftstheorien sein. Damit haben sich ihre Aufgaben ausgeweitet. Je weiter der Horizont der Möglichkeiten sich öffnet, desto mehr wird an Problemen sichtbar. Zugleich nimmt die *Verantwortung von Wissenschaft* und damit auch die der Erkenntnis- und Wissenschaftstheorie zu.

Verantwortung der Wissenschaft

Moderne Gesellschaften werden auch als Informations- und Wissensgesellschaften bezeichnet. Was damit gemeint ist: Modernität basiert auf dem, was weiter oben als funktionale Differenzierung beschrieben wurde. Das heißt nicht zuletzt auch, dass Entscheidungen weniger auf Grund von Traditionen oder normativen Prinzipien, sondern zweckrational getroffen werden, wobei „Zweckrationalität" immer auch eine Frage des verfügbaren Wissens ist. Moderne Gesellschaften steuern und entwickeln sich also durch die Art und Weise der Produktion und Verwendung von Wissen. Der Qualität des Wissens kommt daher eine besondere Bedeutung und damit Verantwortung zu. Nach allem, was diskutiert wurde, ist klar, dass „Wissen" nicht einfach ein simples und problemlos verfügbares Instrument ist und dass seine Verwendung ebenfalls problematisch ist. Es stellt sich daher unentwegt die Frage, welche Auswirkungen die gegebenen Bedingungen auf Form und Inhalt haben, was es für Alternativen gibt etc. Entsprechend erhöht sich der Anspruch an Erkenntnis- und Wissenschaftstheorie; entsprechend muss ihr Qualifikationsprofil erweitert werden.

Wissenschaft, Politik und Moral

Schließlich hat sich mit dem besseren Verständnis dieser Dynamik das Problem der *normativen und moralischen Bedeutung* bzw. Funktion von Erkenntnis auf neue, unabweisbare Weise gestellt. Wo Wissen die Welt nicht nur interpretiert, sondern verfügbar macht, wo wissensbasierte Entscheidungen nicht nur die Produktion, sondern immer auch eine bestimmte (Um-)Verteilung von Chancen und Risiken bedingen bzw. ermöglichen, kann Wissenschaft nicht länger als isolierter Teilbereich mit reiner Binnenorientierung gesehen werden. Die Zeiten, in denen Erkenntnis selbstverständlicher Bestandteil einer Kultur oder automatischer Fortschritt im Kampf gegen Ignoranz und Repression war, sind vorbei. Durch ihren enormen Fortschritt übernimmt Wissenschaft, ob sie will oder nicht, *politische Funktionen* und muss sich entsprechend auch legitimieren können. Umgekehrt wird Wissen(schafts)politik – die Steuerung der Produktion von Wissen – zu einer zentralen Schlüsselfunktion der gesellschaftlichen Entwicklung. Die Frage, wer wie dazu animiert wird, Erkenntnisse zu gewinnen, welche Formen und Einrichtungen lizenziert, gefördert, unterdrückt werden und wie mit den Erkenntnissen verfahren wird, entscheidet (mit) über die Zukunft. Auch diese Problemstellungen sind für Erkenntnis- und Wissenschaftstheorie Aufgaben, auf die sie mit ihren bisherigen Mitteln nicht angemessen reagieren kann.

Kann Wissenschaft eine *Ethik* hervorbringen? Kann man von Institutionen, die auf Wissensproduktion getrimmt sind, erwarten, dass sie Normen hervorbringt, die diese Produktion in allgemeinverträgliche Richtungen lenken? Dagegen spricht einiges. Zunächst: „die" Wissenschaft gibt es nicht. Es gibt eine Fülle von verschiedenen Einrichtungen, die sehr unterschiedlich konstruiert und in sehr unterschiedliche Zusammenhänge (um nicht zu sagen: Zwänge) eingebunden sind. Entsprechend unterscheiden sich die Problemlagen, so dass es kein Rezept für alle geben kann. Dazu kommt, dass wissenschaftliche Praxis per se nicht schlechter, aber auch nicht besser für die Aufstellung von Normen qualifiziert als andere Tätigkeiten (ausgenommen natürlich die wissenschaftliche Disziplin der Ethik). Woher auch? Ihre Sozialisation enthält in der Regel keine besondere Ausbildung und die Norm der Wissensproduktion basiert ja gerade auf der Suspendierung von Handlungszwängen, d. h. auch von normativen Vorgaben. Wissenschaftler sind daher von Berufs wegen in gewisser Weise skrupellos. Das muss Verantwortung nicht ausschließen, aber bedingt sie auch nicht unmittelbar. Die Geschichte der Wissenschaften hat gezeigt, dass Wissenschaftler zu ungewöhnlichem politischen Mut und Engagement ebenso fähig sind wie zu Fanatismus und Borniertheit. Auch die Institutionalisierung von externer Moral und entsprechender Kontrollen ist nicht unproblematisch. Wenn Forschung immer erst erklären muss, ob sie Gutes oder Böses tut, wird sie Legitimationszwängen unterworfen, die nicht zu ihrer Sache gehören. Ganz abgesehen davon, dass „gut" und „böse" Definitionssache und daher umstritten sind, liegen die Dinge nicht immer so einfach. Komplexe – autopoietische – Realität ist vieldeutig, d. h. Entwicklungen kombinieren in der Regel bestimmte Vorteile mit bestimmten Nachteilen. Sie bieten daher selten eindeutige Beurteilungsmöglichkeiten. Die Ansichten liegen unvermeidlich weit auseinander.

Wenn man dann noch die erheblichen Interessens- und Zielkonflikte bedenkt, die mit Erkenntnissen verbunden sind, zeichnet sich nicht ab, dass es zu einer stabilen Wissenschaftsethik kommt – zumindest nicht von selbst. Andererseits werden die ethischen Fragen immer drängender, je deutlicher die Problemlagen werden, die mit Erkenntnisfortschritt sichtbar werden bzw. entstehen. Moderne Wissenschaft kann die Augen vor den Auswirkungen ihrer Erkenntnisse nur noch mit Mühe schließen. Und sie kann, wenn sie konsequent entwickelt wird, auch die Augen vor den dramatischen Problemen, die auf Gesellschaften zukommen, nicht schließen, sondern muss sie zum Thema machen. Der Problemdruck wird also zunehmen; die Diskussionen werden geführt werden müssen. Für spezielle Fragen der Ethik haben einige Disziplinen bereits Subdisziplinen ausgebildet (so z. B. die Medizin-Ethik). Allerdings besteht hier die Gefahr, dass sich so eine Subdisziplin zu einem eigenen System entwickelt und in eine Wirkungslosigkeit hinein abkoppelt. Wegen der Reichweite ihrer Effekte hat deshalb Wissenschaftspolitik eine wichtige Funktion: Es wird dauernd entschieden, was wichtig und was unwichtig ist, wofür Mittel investiert werden, was an Leistung wie honoriert wird. Dieser Prozess ist jedoch stets auch normativ und damit ethisch aufgeladen, weil er von Wert- und Zielvorstellungen ausgeht.

Wissenschaftspolitik ist jedoch ebenfalls Teil eines komplexen autopoietischen Prozesses und daher nicht in die Form einer unbestrittenen, eindeutigen und nur (für wen?) förderlichen Praxis zu bringen. Aber sie kann verbessert werden. Ohnehin stehen moderne Gesellschaften vor dem Problem, dass die bisherige Form von Politik für die zu lösenden Probleme nicht mehr ausreicht. Es sieht so aus, als musste – auf dem Hintergrund funktionaler Differenzierung und ohne deren Leistungen aufzugeben – ein neues Niveau erreicht werden, auf dem Politik stärker von der Einbeziehung betroffener

Gruppen, Institutionen, Subsysteme sowie von einem höheren Informiertheitsgrad getragen wird. Es dürfte eine Überlebensfrage werden, ob es gelingt, Fragen wie Globalisierung und soziale Gerechtigkeit, Ökologie, moderne Ökonomie und Lebensbedingungen in stärkerem Maße als bisher auf der Basis tragfähiger Konsenspolitik und auf dem Hintergrund eines Maximums an Informiertheit zu behandeln. Dies gilt auch für Wissenschaftspolitik. Sie muss professionalisiert und auf eine breitere Basis gestellt werden. Die betroffenen Gruppen und Institutionen brauchen dazu auf jeden Fall auch ein besseres Verständnis, wie Erkenntnis und Wissenschaft funktionieren, was sie leisten, welche Chancen und Risiken damit verbunden sind. Dazu kann Erkenntnis- und Wissenschaftstheorie beitragen, indem sie die Entwicklung verständlich macht und Optionen zukünftiger Entwicklungen evaluiert.

Die Diskussionen haben jedoch auch gezeigt, dass es keinen einfachen und geraden Weg für Wissenschafts- und Erkenntnistheorie gibt. Sie teilt das Schicksal konnotativer Theorien. Es wird auch weiterhin dabei bleiben, dass sich kluge Köpfe selbige über die immer schwieriger werdenden Probleme zerbrechen. Wo denotative Theorien immer Teil eines geordneten logischen Makrozusammenhangs sind, ergibt sich der Fortschritt konnotativer Theorien immer nur als babylonischer Diskurs einer Menge von unterschiedlichen Paradigmen – nicht geordnet, nicht akkumulativ, sondern chaotisch. Fortschritt heißt dabei tatsächlich vor allem: Fort-Schreiten – in einem Labyrinth von Möglichkeiten auf einem Weg zu einem fernen Ziel. Der Diskurs ist dabei das einzige Heilmittel – ein schwaches Mittel, das nicht garantieren kann, dass richtige Entscheidungen getroffen werden. Zudem ist er abhängig von passenden Bedingungen: Eine offene und öffentliche Diskussion gedeiht nur (so wissen wir seit Habermas) herrschaftsfrei (auch wenn der Bedarf danach gerade durch Macht-Asymmetrien entsteht). Und er diskursiert mühsam auf verschlungenen Pfaden. Die Experten für Erkenntnis- und Wissenschaftstheorie sind daher nicht unbedingt zu beneiden. Sie arbeiten

im Bergwerk des menschlichen Geistes – nicht im Zentrum,
aber dafür an hartem Gestein.

Vermittlung der Wissenschaft
Was in diesem „Bergwerk" erarbeitet wird, ist jedoch verarbei-
tungsbedürftig. Durch ihre Arbeit entfernen sich Erkenntnis-
und Wissenschaftstheorie mit ihren Fragestellungen und ihren
Forschungsergebnissen von den Möglichkeiten und Bedürfnissen der Außenwelt. Das kann gar nicht anders sein, da Spezialisierung immer auch Distanzierung bedeutet. Aus dieser
Distanz sind eine Fülle von interessanten, orientierenden Einsichten entstanden: Alles in Allem verfügen moderne Er-
kenntnis- und Wissenschaftstheorien über ein bemerkenswer-
tes Spektrum an Einsichten, Methoden, Theorien. Man kann
heute zu jedem Aspekt interessante und anregende Informationen finden. Man muss sie allerdings suchen, meist auch erst
ins eigene Denken übersetzen und dann auf die eigene Pro-
blemstellung anwenden. Das heißt auch: Die „Abnehmer"
müssen sich auf ihre Besonderheiten einstellen können. Zur
modernen Ausbildung in Theorien und Methoden sollte daher
die in Erkenntnis- und Wissenschaftstheorie gehören, damit
die Möglichkeiten, Grenzen und Risiken der Erkenntnispraxis
von *allen, die Forschung betreiben*, erkannt werden können. Dies
ist wesentlich leichter, wo/wenn es der Erkenntnis- und Wissenschaftstheorie – umgekehrt – gelingt, sich auf externe Fragestellungen einzulassen. Deshalb muss sie auch unter Druck
gesetzt werden, ihre Befunde so anzubieten, dass sie auch von
Nicht-Experten aufgegriffen und genutzt werden können.
Nicht nur die Wissenschaft muss sich auf die Problemlagen
und Anforderungen einer modernen Gesellschaft besser einstellen, auch Erkenntnis- und Wissenschaftstheorie muss dem
damit verbundenen Reflexions- und Vermittlungsbedarf gerecht werden. Wie bei jedem entwickelten Diskurs besteht
auch hier die Gefahr, dass sich die Experten nur noch mit ihren eigenen Fragestellungen und Problemen beschäftigen. Daher ist auch hier ein Nach-Fragen, eine Einmischung des (Lai-

en-)Publikums wichtig und hilfreich, weil es die Experten dazu bringt, ihr Können auf externe, allgemein wichtige Probleme einzustellen.

Die Möglichkeiten der Vermittlung und ihre tatsächliche Nutzung sind entscheidend, wenn Wissenschaft wirksam sein soll. Neue Kommunikations-Medien wie einst der Buchdruck können ein enormes Potential bieten. Die Möglichkeiten des Internets sind (auch) für die Zwecke der Wissenschaft noch kaum ausgeschöpft. Das gigantische Informations-Volumen entbindet die Wissenschaft aber nicht davon, Inhalte verantwortungsvoll auszuwählen – im Gegenteil.

Wer etwas über die Geschichte von Problemen weiß, kann anders mit ihnen umgehen. Und der Anschluss an den wissenschaftlichen Diskurses gelingt einem umso besser, je genauer man die Meinung der Vorredner kennt. Wir haben uns als Autoren bemüht, eine überschaubare und prägnante Darstellung eines weiten Themen-Spektrums zu schaffen, um einen Einstieg in Erkenntnis- und Wissenschaftstheorie anzubieten. Nun am Ende des Überblicks möchten wir uns höflich von unseren LeserInnen verabschieden.

Hinter dem folgenden Literaturverzeichnis steht unsere Absicht, auf einige zu kurz gekommene Themen und alternative Sichtweisen aufmerksam zu machen. Die Erkenntnis- und Wissenschaftstheorie hat noch viel zu bieten, und die Weiterarbeit lohnt sich.

Glossar

Wir haben hier wichtige Begriffe aus den vorangehenden Kapiteln zusammengestellt, um eine handliche Übersicht zu schaffen.

Analytische Philosophie: Eine Denkrichtung, die Anfang des 20. Jh. entstanden ist. Sie beschäftigt sich vor allem mit der Analyse der Sprache, um so zu einer allgemeinen Logik zu kommen. Wichtige Vertreter sind Russell, Moore und Wittgenstein.

Algorithmus: Verfahren zur Darstellung und Lösung eines mathematischen Problems, z. B. in Form einer Gleichung.

Animismus: Ein Denken, in dem auch unbelebte Natur belebt sein kann. ➔ S. 31

Aporie: Eine (Erkenntnis-)Situation, die einen unauflösbaren Konflikt/Widerspruch enthält.

Autopoiesis: Lebewesen produzieren ihre Bestandteile und steuern sich selbst. Dieser Prozess wird nach den Chilenischen Biologen Maturana und Varela als Autopoiesis bezeichnet. In einem weiteren Verständnis ist damit jede Form von Realität gemeint, die sich selbst reproduziert und entwickelt.

Deduktion: D. ist das Verfahren, aus bereits vorhandener Erkenntnis logisch etwas abzuleiten, z. B. aus einem Prinzip (wie das Fallgesetz), das man schon früher erworben hat, darauf zu schließen, dass sich ein Einzelfall entsprechend verhält (der Apfel landet in 0,5 s am Boden) oder dass sich alle gleichartigen Einzelfälle so verhalten. ➜ *Induktion* ➜ S. 67, 70.

Dekonstruktivismus: D. ist eine Denkrichtung, die selbstverständliche Voraussetzungen, Konzepte, Begriffe auseinander nimmt, um zu zeigen, dass und wie sie aus Bewegungen bzw. Prozessen der Erzeugung hervorgehen.

Denotativ: Eine Bezeichnung, die eine Sache im Kern trifft. Denotationen sind konstant und daher nicht subjektiv variierbar. Denotative Theorien sind daher eindeutig und exklusiv.

Dialektik: Der Prozess, der sich aus dem Zusammenhang und der Interaktion verschiedener (eigendynamischer) Faktoren ergibt – eine komplexe, nicht lineare, vielfältige Bewegung.

Differenzierung: Wenn sich eine Einheit (ein System) intern in verschiedene Untereinheiten (Subsysteme) gliedert. Differenzierung steigert die Komplexität, aber auch die Leistungsfähigkeit.

Diskurs: D. meint ursprünglich Gespräch. Einerseits gelten Diskurse als der Ort der konstruktiven Auseinandersetzung (so z. B. für J. Habermas), als Teil von Machtstrukturen und damit auch als Repressionsinstrument (so M. Foucault).

Emotion: Emotionen, d. h. Gefühle, sind qualifizierende Empfindungen. Sie steuern uns von innen und stehen somit der Kognition gegenüber, die uns Informationen von außen liefert. Beide zusammen bestimmen Denken und Handeln.

Empirie: Reale Welt bzw. verlässliches Wissen über die reale Welt. Empirisches Wissen wird methodisch kontrolliert gewonnen, in dem der Gegenstand beobachtet, untersucht, experimentell bearbeitet wird.

Empirismus: Der E. ist die Denkrichtung, mit der nach dem Mittelalter der Aufschwung Wissenschaft begann. Er geht davon aus, dass jedem Wissen (begriffsfreie) Erfahrung zu Grunde liegt. ➜ Rationalismus

Erkenntnis: Erkenntnis ist begründetes Wissen, also eine besondere Form des Wissens. Was allerdings zu dieser besonderen Güte des Wissens führt, wird von einzelnen Theoretikern unterschiedlich gesehen. Wie Erkenntnis entsteht und was die Anforderungen an die Begründungen sind, die sie liefern soll, ist Gegenstand der Erkenntnis- und Wissenschaftstheorie.

Ethik: E. ist die philosophische Disziplin, die sich mit Problemen der Moral beschäftigt; oder eine bestimmte Moraltheorie selber, z. B. die Ethik Kants.

Evolutionäre Erkenntnistheorie: Die E. E. erklärt die kognitiven Fähigkeiten von Lebewesen aus der Evolutionsgeschichte, vor allem mit der Umwelt des Lebewesens und den daraus resultierenden Anforderungen für den Erfolg der Gattung. Die E. E. ist populär geworden durch Konrad Lorenz. ➔ *Genetische Erkenntnistheorie.*

Falsifizierbarkeit: F. ist K. Poppers kritisch-rationalistisches Kriterium für die Wissenschaftlichkeit einer Aussage: Nur dann, wenn sich eine Aussage durch ein empirisches Verfahren widerlegen lassen würde, kann sie überhaupt als wissenschaftlich gelten. Das Verfahren zur Falsifizierbarkeit ist die Falsifikation, die deshalb für jede These versuchsweise durchgeführt werden muss. ➔ *Verifikation, Kritischer Rationalismus*

Formale Logik: F. L. ist der Versuch, die Logik, über die Menschen verfügen, nach dem Vorbild der Mathematik zu formalisieren. F. L. soll den logischen Zusammenhang von Aussagen sowie ihren Wahrheitswert überprüfbar machen. ➔ S. 128.

Formalisieren: Formalisieren heißt, eine Aussage in eine präzise, fachsprachliche Standard-Form zu bringen. Aussagen werden dadurch operationalisierbar, d. h. man kann sie in Kalküle überführen (mit ihnen „rechnen").

Genetische Erkenntnistheorie: Die G. E. ist die von J. Piaget in den 1920er Jahren begründete Denkrichtung, die die Entwicklung der kognitiven Fähigkeiten des Menschen untersucht. Piaget versuchte damit auch, die „transzendentale Apperzeption" von Kant empirisch zu begründen. Die G. E. ist verwandt mit der ➜ *evolutionären Erkenntnistheorie.*

Hermeneutik: H. ist eine Theorierichtung, die sich v. a. an den Problemen theologischer und literaturwissenschaftlicher Textauslegung gebildet hat. Anders als in der Beobachtung unbelebter Natur kommt man in der Lektüre von Texten immer wieder zu neuen und verschiedenen Erkenntnissen. Dabei spielt der „hermeneutische Zirkel", das Verhältnis von Voraussetzung und Ergebnis, eine zentrale Rolle. ➜ *Dekonstruktivismus*

Hypothese: Eine H. ist eine Annahme über einen realen Sachverhalt. Hypothesen werden aufgestellt, um sie empirisch zu überprüfen.

Idealismus: Gemäß der Auffassung des I. steht alles, die ganze Welt, die wir wahrnehmen, in einem geistigen (ideellen) Zusammenhang. Der frühe Idealismus (Plato) sah in den Ideen eine eigene, vorrangige Welt, der „Deutsche Idealismus" die Ideen als logisches Prinzip der Welt.

Ideologie: Eine I. ist eine mächtige Weltanschauung oder Theorie, die von ihren Anhängern kritiklos vertreten wird. Begründer der sog. Ideologiekritik ist K. Marx. Er sah in Ideologien „notwendig falsches Bewusstsein" (also weder Lüge noch zufällige Irrtümer).

Induktion: I. ist der Schluss von empirischen Feststellungen zu allgemeinen Aussagen. Kritiker des induktiven Verfahrens wie Hume halten es jedoch für logisch nicht korrekt, von einigen Beobachtungen (dass die Sonne bisher jeden Tag aufgegangen ist), auf eine allgemeine Aussage zu schließen (dass die Sonne immer, also auch in Zukunft jeden Tag aufgehen wird). ➜ *Deduktion* ➜ S. 72, 75.

Instinkt: Instinkte steuern ein Lebewesen auf seinem grundlegendsten Niveau. Es sind angeborene genetische Programme, die das Verhalten von Lebewesen festlegen (z. B. errichten Biber instinktiv Dämme oder Zugvögel fliegen nach Süden).

Interpretieren: Die Tätigkeit, vorliegende Informationen auszulegen, zu deuten.

Intention: Intentionen sind Absichten des Handelns.

Kognition: Kognition ist die Art und Weise, in der Lebewesen Informationen über ihre Umwelt gewinnen und weiterverarbeiten. Sie stellt einen Informationsfluss von außen nach innen her und verwertet ihn. Der Mensch bildet durch Kognition Wissen. Eine Kognition kann auch Emotionen auslösen und umgekehrt können Emotionen die Kognition beeinflussen.

Kritischer Rationalismus: Der K. R. ist die Denkrichtung, die K. Popper begründet hat. Zentrale Botschaft des K. R. ist, dass die Wahrheit einer Erkenntnis nie definitiv beweisbar ist; feststellbar ist bloß, dass ihr Gegenteil nicht stimmt und sie also vorläufig für korrekt gehalten werden darf, bis sie durch eine noch bessere Theorie ersetzt werden kann. → *Falsifizierbarkeit, Verifikation.*

Kritische Theorie: Eine Denkrichtung, die vor allem von M. Horkheimer und T. W. Adorno entwickelt wurde. Ihre Absicht ist die Kritik des positivistischen Denkens und anderer ideologieverdächtiger Ansätze, welche die bestehende Realität bejahen, ihre eigenen Bedingungen unthematisiert lassen und so zu einem gesellschaftlichen Risiko werden. Ziel der K. T. ist unaufhörliche Aufklärung, d. h. die Entlarvung ideologischen, mythischen Denkens. → *Ideologie, Mythos*

Kausalität: Wenn etwas geschehen ist, hat es eine Ursache gehabt. Kausalität ist diese einfachste Form von Logik: Denken in Ursache und Wirkung. Es liegt sowohl in den direkten Zusammenhängen einer Ursprungslogik vor als auch in einer komplizierten Prozesslogik, die aus vielen Kausalitäten ein komplexes Modell bildet. Das Grundmuster der Kausalität ist das subjektivische Schema: Etwas (eine Ursache) wirkt auf etwas anderes. → S. 24.

Konnotativ: Konnotationen sind Neben-Bedeutungen, die sich um eine Denotation gruppieren und mit ihr zusammen einen normalsprachlichen Ausdruck bilden. Die Denotation von „Rolex" ist „Uhr", eine der zahlreichen Konnotationen z. B. „Luxus". Konnotative Theorien stellen Verbindungen zwischen verschiedenen und veränderlichen Möglichkeiten und Wirklichkeiten her; sie variieren und sind verwendungsabhängig. ➔ *Denotativ.*

Konstruktivismus: Die grundlegende Annahme, dass jedes Bild der Welt erzeugt (konstruiert) ist, wobei sowohl die Instrumente als auch die Methoden der Konstruktion das Bild, das entsteht, beeinflussen. Begründer des K. ist I. Kant. Der *Radikale Konstruktivismus* geht davon aus (v. a. auf Grund von Erkenntnissen aus der Neurobiologie), dass die Informationen, die uns die Sinnesorgane liefern, Produkte interner Prozesse sind. Gemäß dem R. K. verlassen wir uns wie ein U-Boot-Kapitän auf Instrumente, die nur indirekt etwas mit der Wirklichkeit zu tun haben. Wichtige Vertreter des R. K. sind P. Watzlawick und H. v. Foerster.

Letztbegründung: Eine L. gibt die letzte Ursache für etwas an (z. B. den Schöpfergott für die Existenz meines linken Schuhs). Letztbegründungen sind ➔ *ursprungslogisch.*

Logik: Logik meint sowohl eine Ordnung der Wirklichkeit der Welt als auch eine des Denkens. Erkenntnis setzt beides voraus: Eine geordnete Welt und ein verlässliches kognitives Verfahren. Wie beides aussieht, ist trotz 2500 Jahren intensiver Diskussion nach wie vor umstritten. ➔ *Animismus, Formale Logik, Kausalität*

Metaphysik: Der Begriff stammt aus der griechischen Antike und bezeichnet ursprünglich: die „méta" = hinter der Physik von Aristoteles angeordneten Schriften. Daraus die „Erste Philosophie". Sie sucht nach den ersten Gründen, erklärt also, warum alles Physische so geworden ist, warum es die Welt gibt. Sie ist eine Fortsetzung religiöser Schöpfungsmythen mit rationalen Mitteln. Sie spricht nicht mehr von den Taten der Götter, sondern versucht zu klären, wie die

Welt aufgebaut ist und wie sie funktioniert. Bis zur Entstehung der Wissenschaft war Metaphysik die Grundlage jeder Erkenntnistheorie.

Metatheorie: Zu jeder Theorie gibt es eine Meta-, das heißt eine Rahmentheorie, die sie begründet und in die sie eingebettet ist. Theorie bedeutet also stets, dass es eine Metatheorie gibt. Das Verhältnis von Theorie und Metatheorie ist bei denotativen und konnotativen Theorien verschieden. – Ein Dauerproblem: Auch Metatheorien haben (Meta-)Meta-Theorien usw. usw.

Methode: Methodos heißt auf griechisch „Weg zur Wahrheit". Die Frage der richtigen Methode hat heute nicht mehr mit dem Anspruch auf Wahrheit zu tun, jedoch damit, größtmögliche Objektivität zu erlangen. Eine Methode soll also vor Gefahren und Irrwegen auf dem Weg der Forschung schützen und zu neuem, gesichertem Wissen führen. Methoden können jedoch auch zur Zwangsjacke des Denkens werden (Feyerabend). Eine sehr spezielle Position vertritt Hegel: Für ihn ist Methode der „Gang der Sache selbst", den wir reflektierend beobachten. Damit verweist er auf die dialektische Beziehung von Methode und Gegenstand.

Methodologie: M. ist die Lehre von den Methoden.

Modus: Die Art und Weise, etwas zu tun.

Monismus: Der Monismus geht davon aus, dass Gott und Natur eine Einheit sind.

Monologisch: Monologische Theorien kennen nur eine Art logischer Struktur, also auch nur eine Sichtweise der Welt.

Mythos: Der M. ist die vortheoretische Form der Erklärung in Gestalt einer Erzählung. Antike Mythen arbeiten mit der Überzeugungskraft und der Faszination von Göttergestalten. Jedoch auch moderne Theorien können wie ein Mythos gebaut sein, wenn sie zirkulär argumentieren; Aufklärung kann in den Mythos „zurückfallen". → *Kritische Theorie.*

Naturalismus: Der Naturalismus betrachtet den Menschen als Teil der Natur und versucht, menschliches Sein und Tun aus seinen natürlichen Bedingungen zu erklären. Eine besondere Ausformung des N. ist die → *evolutionäre Erkenntnistheorie*.

Nominalismus: → *Universalienstreit*

Nomologisch: Gesetzmäßig (griechisch „nomos"). Nomologische Realität ist eindeutig und präzise beschreibbar und ihre Veränderungen vorhersagbar.

Objektivität: Sachbezogenheit von Aussagen (im Gegensatz zur Personenbezogenheit). Der Anspruch der Objektivität hat in der Wissenschaft den der Wahrheit abgelöst. Objektivierung wird angesteuert, indem die Vorstellung von Wirklichkeit mit deren Merkmalen und Entwicklung verglichen werden. Dazu dient auch der wissenschaftliche Diskurs, in dem Vorstellungen der Kritik der KollegInnen ausgesetzt werden.

Objekt: Erkenntnis hat immer einen Gegenstand, ein Objekt. Wie das Verhältnis zwischen dem erkennenden Subjekt und seinem Objekt aussieht, und ob das Objekt überhaupt so existiert, wie das Subjekt es erkennt, wird in der Erkenntnis- und Wissenschaftstheorie diskutiert.

Ontogenese: Die Entwicklung eines Lebewesens von seiner Zeugung bis zum Tod (z. B. vom Embryo zum alten Menschen). → *Phylogenese*

Paradigma: Eigentlich: Beispiel, typische Begebenheit. T. Kuhn, der den Begriff aufgebracht hat, meint mit Paradigma einen wissenschaftlichen Ansatz, der sich bereits etabliert hat oder zu einem etablierten Ansatz in Widerspruch steht. In wissenschaftlichen Disziplinen können sich verschiedene Paradigmen entwickeln, wenn der Stand der Erkenntnis und die Struktur des Fachs keine eindeutigen Entscheidungen bedingen. Vor allem bei konnotativen Theorien kann dies ein Dauerzustand sein.

Phylogenese: Die Entwicklung eines Lebewesens durch die Evolution mit all seinen Veränderungen (z. B. von den Primaten zum homo sapiens sapiens). → *Ontogenese*

Positivismus: Der P. lässt nur gelten, was handfest empirisch nachweisbar und positiv demonstrierbar ist. Ausgehend von der Begriffsprägung durch A. Comte in den 1830er Jahren hatte die Denkrichtung einen beispiellosen Erfolg, weil sie die konkrete Praxis moderner Forschung (Beobachtung, Messung, Experiment) zu erfassen schien und mit dem Machbarkeitsdenken der Industrialisierung konform war. Erkenntnistheoretisch hat sich der ursprüngliche Positivismus als Einengung und Sackgasse erwiesen, so dass er Kritik (Dilthey, Kritische Theorie) und Weiterentwicklungen (Logischer Positivismus, Kritischer Rationalismus) auslöste.

Postmoderne: Unter „modern" („eben erst") wurde im letzten Jahrhundert die (technische, ökonomische, politische, kulturelle) Entwicklung der westlichen Industriegesellschaften verstanden und als Norm gesetzt. Seit den 1970er Jahren ist vor allem in Wissenschaft und Kultur die Rede von der P.: Damit ist insbesondere die Tatsache gemeint, dass eine Vielfalt von Meinungen und Formen gleichzeitig nebeneinander existieren und Akzeptanz finden. Der Glaube der Moderne, dass es eine objektiv wahre Meinung sowie einen linearen Fortschritt gibt, wird in der P. ersetzt durch den Glauben an Vielfalt, Differenz, Vermischung. ➔ *Dekonstruktivismus*

Logischer Positivismus: Der l. P. versuchte angeregt durch die ➔ *formale Logik* die perfekte Formalisierung wissenschaftlicher Erkenntnis. Der Übergang von praktischer Forschung zur Theorie und die theoretische Konservierung von Erkenntnissen war ein zentrales Thema vor allem des „Wiener Kreises". Sein Ziel einer definitiven Begründung jeder objektiven Aussage hat der l. P. nicht erreicht.

Positivismusstreit: Im P. warfen die Vertreter der ➔ *Kritischen Theorie* jenen des ➔ *Kritischen Rationalismus* vor, methodenfixiert und einseitig zu sein, währenddem diese ihr Gegenüber der bloßen Spekulation bezichtigten.

Prozesslogik: Seit der Neuzeit versucht die Wissenschaft nicht mehr, Realität kausal aus einem einzigen Ursprung zu erklären. Stattdessen versucht man den Prozess zu beschreiben, in dem etwas entstanden ist und in dem es sich verändert. Man geht davon aus, dass etwas in ein System eingebettet ist, in dem mehrere Faktoren zusammen einen Prozess in Gang setzen und halten. Dabei werden Prozesse meist als multilogisch und nichtlinear verstanden und nicht kausallogisch (auf einen Ursprung) reduziert. ➔ *Ursprungslogik*

Quantitativ: Q. Methoden gewinnen Erkenntnisse, indem sie zu einem Gegenstand Messungen durchführen und die Ergebnisse anschließend interpretieren. Sie zielen darauf ab, einen Gegenstand mit Zahlen zu erfassen. ➔ *qualitativ*

Qualitativ: Q. Methoden versuchen, die besondere Bedeutung von Ereignissen, die Sinnzusammenhänge, in denen sie stehen, zu erfassen. Dazu bedienen sie sich einer Fülle von Verfahren, deren gemeinsam ist, dass sie nicht zählen und messen, sondern interpretieren und sinnvoll ordnen. ➔ *quantitativ*

Rationalismus: Der „Rationalismus" greift die „idealistischen" und „realistischen" Denkweisen des Mittelalters auf und übersetzt sie in Fragen der Analyse der Funktionsweise des Denkens. ➔ *Empirismus*

Reflexion: Wenn eine Situation nicht durch die Routinen des Alltagsbewusstseins bewältigt werden kann, schaltet das Denken um auf Reflexion: Es tritt quasi einen Schritt zurück und betrachtet die Situation aus Distanz, um eine neue Grundlage für seine Entscheidungen zu erhalten.

Scholastik: Scholastik ist die Bezeichnung für die vorrangige Philosophie des Mittelalters, die vor allem im Dienst der Theologie betrieben wurde. Sie bezog sich stark auf Aristoteles und führte im Spannungsfeld zwischen den Aussagen antiker Philosophen und christlicher Theologie spitzfindige, aber intellektuell raffinierte Diskussionen. Auf diese Weise bewahrte und entwickelte sie die Methoden des Denkens und des Diskurses. Ein wichtige Debatte war der → Universalienstreit.

Sensualismus: Für den S. stammen alle Ideen im Bewusstsein eines Menschen und somit jede seiner Erkenntnisse ausschließlich aus der Erfahrung, das heißt aus Sinneswahrnehmungen. Angeborene Ideen existieren für den S. nicht. Wichtiger Vertreter war J. Locke. → *Empirismus*

Steuerung: Jedes System wird gesteuert. Wenn die Steuerung die Operationen eines Systems festlegt, liegt ein Programm vor (wie im Fall von Software) oder ein Gesetz (wie im Fall der Natur). Wenn die Steuerung einen größeren Spielraum lässt, handelt es sich um eine Regel (im Fall autopoietischer Realität – hier stellt Autopoiesis das steuernde Rahmenprogramm dar, in dem sich Regeln bilden und wandeln).

Struktur: Systeme bilden Strukturen. D. h. sie prägen intern Formen aus, die sich verfestigen und erkennbar sind.

Subjekt: Das Subjekt ist in der Erkenntnis- und Wissenschaftstheorie die Instanz, die erkennt und weiß. Das Erkenntnis-Subjekt erbringt eine aktive Leistung. Die klassische Erkenntnistheorie setzte „Subjekt" und „Mensch" gleich. Neuere Konzeptionen sehen im Erkenntnissubjekt nicht unbedingt einen einzelnen Menschen. Es kann sich dabei auch um ein Kollektiv, eine Institution oder um eine andere Art von System handeln; für einige Theoretiker (z. B. G. Günther) kann es sogar eine Maschine sein.

Subjektivisches Schema: Die entscheidenden Ereignisse, die ein Kleinkind in der nachgeburtlichen Welt erlebt, sind die Handlungen seiner Bezugspersonen. An ihnen entsteht das subjektivische Schema: Alles, was sich bewegt, jedes Ereignis wird zuallererst als Handlung von jemand oder etwas verstanden. Das Kind lernt zwar allmählich, das subjektivische Schema zu relativieren (es merkt z. B., dass der rollende Ball nicht lebt, sondern von jemand anderem angestoßen worden ist). Trotzdem bleibt das subjektivische Schema die Basis des Denkens. Wissenschaft versucht, dem subjektivischen Schema zu entkommen, indem sie die Vorgänge in der Welt differenzierter beschreibt. Als fundamentales Schema ist das subjektivische Grundlage jeder Logik (Dux). → S. 181.

System: In der heutigen Systemtheorie versteht man unter einem System generell eine Einheit, die sich in der Welt gebildet hat bzw. gebildet worden ist, so dass sie sich von ihrer Umwelt unterscheidet. Ein System kann sowohl ein Lebewesen sein, als auch soziale Kollektive (und ihre Errungenschaften wie Institutionen und Sprache), aber auch Maschinen. Die Systemtheorie interessiert sich für die Logik und Dynamik der Einheit; sie untersucht, wie das System aus vorhandenen Elementen entstanden ist, wie es diese organisiert und wie es sich durch seine Struktur von der Umwelt abhebt.

Theorie: Theorie kommt vom griechischen Verb „theorein", sehen. Eine Theorie bietet einen logifizierten Blick auf einen Ausschnitt der Welt. Sie kommt durch Reflexion zu Stande, ist also distanziert und ausgearbeitet. Sie besteht aus einem Bündel von Aussagen, die aufeinander abgestimmt sind und eine stimmige Gesamtsicht bieten.

Transzendenz: Das jenseits Liegende, oft mit dem Göttlichen gleichgesetzt. In der Logik sind damit vor jeder Erfahrung liegende Zusammenhänge gemeint, so etwa Kants Begriff der *transzendentalen Apperzeption*, der die Bedingungen jeder empirischen Erkenntnis des Subjekts beschreibt.

Universalienstreit: Der Universalienstreit war die wichtigste erkenntnistheoretische Diskussion der mittelalterlichen → *Scholastik*. Es ging dabei um die Frage, ob Allgemeinbegriffe wie „Blume" vor aller Realität (also als allgemeine Idee wie im Idealismus Platos) oder in den vielen Einzelheiten existieren (also quasi aus dem Gegenstand stammen, so die Meinung der Realisten) oder nur ex-post-Konstruktionen und Benennungen unseres Geistes sind (so die These der Nominalisten).

Ursprungslogik: Prototyp urprungslogischer Theorien sind Schöpfungsmythen. Sie schildern die Welt als eine einzige

Kausalkette, die ihren Anfang in einem ganz bestimmten Ursprung hat. Aus ihm stammt alles; er ist die Letztbegründung für die ganze Welt. Nach dem Mittelalter hat sich das Ideal von Theorie immer mehr von der Ursprungs- zur Prozesslogik verändert. → *Prozesslogik*

Utilitarismus: Die Vorstellung, menschliches Handeln sei prinzipiell nutzenorientiert. Offen bleibt dabei, was Nutzen ist …

Verifikation: Die Überprüfung der Wahrheit einer Hypothese. → *Falsifizierbarkeit.*

Wirklichkeit: Aus konstruktivistischer Sicht gibt es eine Realität, aber viele Wirklichkeiten. Jedes Erkenntnis-Subjekt lebt prinzipiell in einer eigenen Wirklichkeit, die es konstruiert. Dass es jedoch eine Realität gibt, auf die sich die verschiedenen Wirklichkeiten beziehen, ist eine notwendige Grundannahme der Wissenschaft. Ansonsten würde es sich ja nicht lohnen, sich überhaupt über seine Beobachtungen auszutauschen.

Wissen: Menschen und Gesellschaften steuern und entscheiden sich auf Grund von Wissen. Aus den Informationen über die Welt wird dabei eine symbolische Repräsentation und Interpretation der Welt entwickelt. Wissen unterscheidet sich vom bloßen Meinen und Glauben. Trotzdem ist es nicht mit Wahrheit gleichzusetzen, da es in einem Funktionszusammenhang steht: Es macht Menschen in ihrer Umwelt handlungsfähig.

Wissenschaft: Wissenschaft ist die Institutionalisierung von Reflexion. Das soziale System Wissenschaft ist auf die Funktion der Erkenntnisgewinnung spezialisiert.

Literatur

Das Literaturverzeichnis ist bewusst kurz gehalten. Es führt unter *„Primärliteratur"* diejenigen Texte auf, die in den vorangehenden Kapiteln als Standardautoren zitiert worden sind; sie zu lesen ist etwas vom besten, um die einzelnen Themen zu vertiefen. Hält der Lesebedarf weiter an, sind die Literaturverzeichnisse dienlich, welche die meisten der „Primärliteratur"-Ausgaben mitführen. – Unter *„Systematische Darstellungen"* sind aus dem Meer des Buchmarktes einige Texte zur allgemeinen Philosophie und Wissenschaftstheorie genannt, die uns für einen alternativen Kurz-Überblick besonders gut geeignet erscheinen. – Als *„Weiterführende Anregungen"* sind ausgewählte Titel zu Einzelthemen aufgeführt sowie einiges Kritisches und Interessantes, was zu kurz gekommen ist. Der Freiraum der Wissenschaft soll schließlich auch Riskantes zu denken erlauben. – *Lexika* sind nicht aufgelistet. Die meisten zu Wissenschaftstheorie und Philosophie sind brauchbar, solange man nicht vergisst, dass auch sie einen eigenen Standpunkt vertreten (was oft nicht zu übersehen ist).

Primärliteratur:

Adorno, Theodor W./Horkheimer, Max: Dialektik der Aufklärung. Philosophische Fragmente. Frankfurt am Main (Fischer) 1991.

Aristoteles: Hauptwerke. Stuttgart (Kröner) 1977.

Bacon, Francis: Novum Organum. Lat.-dt. Üs. von Rudolf Hoffmann, bearbeitet von Gertraud Korf. Hg. u. mit e. Einl. von Wolfgang Krohn. Hamburg (Meiner) 1990.

Carnap, Rudolf: Überwindung der Metaphysik durch logische Analyse der Sprache. In: Erkenntnis, 2, 1931/32, 219ff.

Descartes, René: Von der Methode des richtigen Verstandesgebrauchs und der wissenschaftlichen Forschung. Hamburg (Meiner) 1960.

Meditadiones de Prima Philosophia. Meditationen über die erste Philosophie. Lateinisch/deutsch. Üs. u. hg. von Gerhardt Schmidt. Stuttgart (UB 2888) 1991.

Devereux, Georges: Angst und Methode in den Verhaltenswissenschaften. München: (Hanser) 1967.

Dilthey, Wilhelm: Der Aufbau der geschichtlichen Welt in den Geisteswissenschaften. Frankfurt (Suhrkamp) 1974.

Droysen, Johann Gustav: Grundriss der Historik. Leipzig (Veit) 1868.

Falter, Jürgen W.: Die Behavioralismus-Kontroverse in der amerikanischen Politikwissenschaft. Ein Beispiel für die Übertragung von Thomas Kuhns Theorie wissenschaftlicher Revolutionen auf sozialwissenschaftliche Entwicklungsvorgänge. In: Topitsch, Ernst: Logik der Sozialwissenschaften. Königstein (Athenäum) 1984.

Feyerabend, Paul: Wider dem Methodenzwang. Skizze einer anarchistischen Erkenntnistheorie. Frankfurt (Suhrkamp) 1975.

Foerster, Heinz von: Wissen und Gewissen. Versuch einer Brücke. Hg. v. S. J. Schmidt. Frankfurt am Main (Suhrkamp) 1993.

Glasersfeld, Ernst von: Abschied von der Objektivität. In: Watzlawick, Paul (Hg.): Das Auge des Betrachters. München (Piper) 1991.

Hegel, Georg Friedrich Wilhelm: Phänomenologie des Geistes. In: Werke. Auf der Grundlage der Werke von 1832-45. Neu ed. Ausg. Bd. 3. Frankfurt am Main (Suhrkamp) 1989.

Wissenschaft der Logik. In: Werke. Auf der Grundlage der Werke von 1832-45. Neu ed. Ausg. Bde. 5 u. 6. Frankfurt am Main (Suhrkamp) 1986.

Hermann, Armin: Wie die Wissenschaft ihre Unschuld verlor. Macht und Missbrauch der Forscher. Stuttgart (DVA) 1984.

Hitzler, Ronald: Verstehen: Alltagspraxis und wissenschaftliches Programm. In: Jung, Thomas/Müller-Doohm, Stefan: „Wirklichkeit" im Deutungsprozess. Verstehen und Methoden in den Kultur- und Sozialwissenschaften. Frankfurt (Suhrkamp) 1993.

Horkheimer, Max: Kritische Theorie. Frankfurt (S. Fischer) 1968.

Hume, David: Eine Untersuchung über den menschlichen Verstand. Stuttgart (Reclam) 1967.

Kant, Immanuel: Kritik der reinen Vernunft. Hamburg (Meiner) 1998.

Knorr-Cetina, Karin: Die Fabrikation von Erkenntnis. Zur Anthropologie der Naturwissenschaft. Frankfurt am Main (Suhrkamp)1981.

Kuhn, Thomas: Die Struktur wissenschaftlicher Revolutionen. Frankfurt am Main 1967.

Leibnitz, Gottfried Wilhelm: Monadologie. Französisch/deutsch. Üs. und hg. von Hartmut Hecht. Stuttgart (Reclam) 1998.

Locke, John: An Essay Concerning Human Understanding. Hg. von Peter H. Nidditch. Oxford (Clarendon Press) 1979. – Dt. Versuch über den menschlichen Verstand. Üs. von C. Winckler. Leipzig (Meiner) 1911.

Luhmann, Niklas: Soziale Systeme. Grundriss einer allgemeinen Theorie. Frankfurt am Main (Suhrkamp) 1984.

Die Wissenschaft der Gesellschaft. Frankfurt (Suhrkamp) 1990.

Marx, Karl u. Engels, Friedrich: Werke. Berlin (Dietz) 1969.

Mill, John Stuart: A System of Logic, Ratiocinative and Inductive. New York (Harper) 1862.

Peirce, Charles Sanders: Schriften zum Pragmatismus und Pragmatizismus. Hg. von Karl-Otto Apel. Frankfurt am Main (Suhrkamp) 1976.

Piaget, Jean: Einführung in die genetische Erkenntnistheorie. Übersetzt von Friedhelm Herborth. Frankfurt am Main (Suhrkamp) 1996.

Das Weltbild des Kindes. Frankfurt am Main (Ullstein) 1980.

Platon: Der Staat. Stuttgart (Reclam UB 8205) 1988.

Schülein, Johann August: Autopoietische Realität und konnotative Theorie. Über Balanceprobleme sozialwissenschaftlichen Erkennens. Weilerswist (Velbrück) 2002.

Spinoza, Baruch de: Die Ethik. Stuttgart (UB 851) 1997.

Kurzgefasste Abhandlung von Gott, dem Menschen und dessen Glück. Hamburg (ed. W. Bartuschat) 1991.

Vico, Giambattista: Liber metaphysicus. München (Fink) 1979.

Systematische Darstellungen:

dtv-Atlas zur Philosophie. München (dtv) 1991. *(Wer einen extrem raschen Einstieg sucht und historische wie grafische Überblicke schätzt, kommt hier auf seine Rechnung. Achtung aber ist vor der Verführungskunst der Grafiken geboten.)*

Liessmann, Konrad Paul: Die großen Philosophen und ihre Probleme. Wien (WUV UTB) 2001. *(Eine gut lesbare Einführung zu Sokrates, Platon, Augustinus, Spinoza, Kant, Hegel, Marx, Kierkegaard, Nitzsche, Wittgenstein, Popper, Heidegger, Adorno, Anders und Arendt.)*

Russell, Bertrand: Denker des Abendlandes. Eine Geschichte der Philosophie. München (dtv) 2001. *(Die Philosophie-Geschichte in der Darstellung eines Charakter-Philosophen, der sein eigenes souverän-überspitztes Bild gibt.)*

Seiffert, Helmut: Einführung in die Wissenschaftstheorie. 3 Bde. München (Beck) 1983ff. *(Eine relativ neue allgemeine Einführung in die Wissenschaftstheorie, die erheblich ausführlicher ist als die hier vorliegende.)*

Störig, Hans Joachim: Weltgeschichte der Philosophie. Stuttgart (Kohlhammer) 1990. *(Ein etwas braves, aber bewährtes und umfassendes Werk aus dem Jahre 1950, das auch einen Überblick über außereuropäische Philosophie gibt.)*

Weischedel, Wilhelm: Die philosophische Hintertreppe. 34 große Philosophen in Alltag und Denken. München (dtv) 1975. *(Ein Einsteiger-Klassiker, der zu den großen Philosophen über die sogenannte Hintertreppe führt: Über ihre Persönlichkeit samt biografischen Anekdoten, von denen einige auch in den vorliegenden Band Eingang gefunden haben.)*

Weiterführende Anregungen (eine Auswahl):

Baraldi, Claudio u. a.: GLU. Glossar zu Niklas Luhmanns Theorie sozialer Systeme. Frankfurt am Main (Suhrkamp) 1997. *(Ein Glossar zu Luhmanns Systemtheorie, das den Überblick ungemein beschleunigt.)*

Claessens, Dieter: Das Konkrete und das Abstrakte. Soziologische Skizzen zur Anthropologie. Frankfurt am Main (Suhrkamp) 1993. *(Es schafft einen Vorteil, abstrahieren zu können; Hier eine Geschichte, wie es dazu gekommen sein kann und wer davon besonders profitiert.)*

Dux, Günter: Die Logik der Weltbilder. Sinnstrukturen im Wandel der Geschichte. Frankfurt am Main (Suhrkamp) 1990.

Historisch-genetische Theorie der Kultur. Instabile Welten. Zur prozessualen Logik im kulturellen Wandel. Weilerswist (Velbrück) 2000. – *(Dux schreibt seine kritische Geschichte der*

Logik – von der Ursprungs- zur Prozesslogik – aus der historisch-genetischen Perspektive des konstruktiven Realismus.)

Foucault, Michel: Die Ordnung des Diskurses. Üs. von Walter Seitter. Frankfurt am Main (Fischer) 1994. *(Ein relativ schwieriger Text, der ausführt, was Adorno und Horkheimer auf andere Art zeigten: Dass im Machtgefüge der Gesellschaft eine dominante Sprach-/Denkstruktur entsteht, unter der einzelne leiden.)*

Günther, Gotthard: Das Bewusstsein der Maschinen. Eine Metaphysik der Kybernetik. Krefeld u. a. (AGIS-Verlag) 1963. *(Im Anschluss an Hegel bildet Günther eine geschichtliche Theorie der Reflexion, die darin gipfelt, dass die Reflexion in die Computer übergegangen ist und sie folglich ein eigenes Denken haben.)*

Husserl, Edmund: Die Idee der Phänomenologie. Fünf Vorlesungen. Hamburg (Meiner) 1986. *(Der erkenntnistheoretische Ansatz der Phänomenologie versucht, zu einer vorurteilsfreien Wahrnehmung zu gelangen. Unter „Lebenswelt" versteht Husserl die Gesamtheit des möglichen Erfahrungshorizontes eines Menschen; in ihr spielt Intersubjektivität – Beziehung und Begegnung – eine wichtige Rolle.)*

Jaynes, Julian: Der Ursprung des Bewusstseins. Reinbek (Rowohlt) 1993 [The origin of Consciousness in the Breakdown of the Bicameral Mind. Boston 1976.]. *(Eine pikante These dazu, wie Bewusstsein und Denken entstanden sein können: Als Konkurrenz zu der „göttlichen" Stimme, die heute noch aktivierbar ist, und unter der insbesondere Schizophrenie-Patienten leiden.)*

Jung, Carl Gustav: Synchronizität als Prinzip kausaler Zusammenhänge. In: Gesammelte Werke. Hg. von Niehus-Jung, Marianne u. a. 4. Aufl. Olten 1987. Bd. 8, 457-553. *(Ein Ausflug in die sogenannte Parapsychologie entlang des Problems der Kausalität.)*

McLuhan, Marshall: Die magischen Kanäle. Understanding Media. Üs. v. Meinrad Amann. Dresden u. Basel 1994. *(Ein*

Klassiker der Medientheorie. Alles, was der nackte Mensch sich erfunden hat, dient ihm als Werkzeug, um die Natur oder den anderen zu beeinflussen.)

Nietzsche, Friedrich: Über Wahrheit und Lüge im außermoralischen Sinne. In: Nietzsche. Werke. Krit. Gesamtausg. Hg. v. Giorgio Colli u. Mazzino Montinari. Dritte Abteilung. 2. Bd. nachgelassene Schriften 1870-1873. Berlin u. New York (deGruyter) 1973. *(Ein Grundlagentext zu einem grundlegenden Problem: Jede Theorie besteht aus Metaphern, bunten Bildern, und nicht aus Wahrheiten. Fundamental-Kritik an jeder Art von Wissenschaft.)*

Reitze, Simon: Das Eigentätige. Bildung eines philosophischen Begriffs und seine Anwendung auf die Literaturwissenschaft in transversaler Absicht. Diss. Univ. Wien 2001. *(Immer steht das „Eigentätige" im Fokus des Denkens – sei es in Form des Helden oder im Begriff des Systems. Es ist Effekt des subjektivischen Schemas oder der Autopoiese und lässt sich in Wissenschaft, Literatur, Film und Fernsehen vergleichend untersuchen.)*

Welsch, Wolfgang: Vernunft. Die zeitgenössische Vernunftkritik und das Konzept der transversalen Vernunft. Frankfurt am Main (Suhrkamp) 1995. *(Wer sich für die Möglichkeiten und Ziele der menschlichen Vernunft aus philosophischer Sicht interessiert und einen guten und ausführlichen Überblick über Vernunftkonzepte auch aus der neueren französischen Philosophie haben möchte, wird hier umfassend bedient.)*

Wenzel, Ulrich: Vom Ursprung zum Prozess. Zur Rekonstruktion des Aristotelischen Kausalitätsverständnisses und seiner Wandlungen bis zur Neuzeit. Opladen (Leske & Budrich) 2000. (= Theorie des sozialen und kulturellen Wandels 1) *(Eine Geschichte der Kausalität an Hand von Aristoteles, aus der historisch-genetischen Perspektive des konstruktiven Realismus, anschließend an Jean Piaget und Günther Dux)*

Personenregister